전라북도교육청

교육공무직원

소양평가+실전 모의고사 3회분

전라북도교육청
교육공무직원
소양평가 + 실전 모의고사 3회분

초판 3쇄 발행　　　2023년 04월 07일
개정 1판 1쇄 발행　　2024년 02월 29일

편 저 자 │ 공무원시험연구소
발 행 처 │ (주)서원각
등록번호 │ 1999-1A-107호
주　　소 │ 경기도 고양시 일산서구 덕산로 88-45(가좌동)
대표번호 │ 031-923-2051
팩　　스 │ 031-923-3815
교재문의 │ 카카오톡 플러스 친구 [서원각]
홈페이지 │ goseowon.com

교육공무직원은 대한민국의 교육부 산하, 시도교육청 산하 학교와 기관에서 교사들이 학생지도에 전념할 수 있도록 교육업무지원과 행정업무 등을 담당하는 교직원이다. 교육공무직원은 응시한계연령 및 정년연령이 만60세인 국·공립교육기관에 속한 무기계약직으로 안정적 신분과 처우로 그 인기가 높다.

필요에 따라 공개경쟁으로 채용하는 교육공무직원은 소양평가(인성검사+직무능력검사)와 2차 시험인 면접으로 인재를 선발한다.

본서는 교육공무직원 채용을 준비하는 수험생을 위해 발행된 소양평가 대비 기본서이다. 공무원 및 공기업 신규 직원 채용 시 시행하는 인성검사의 유형을 분석하고 가장 대표적인 유형을 엄선하여 교육공무직원 인성검사에도 포괄적으로 대비할 수 있도록 구성하였다.

1 인성검사 파트에서는 교육공무직원에서 주요하게 보는 유형을 분석하고 수록하였습니다. 대표적으로 주요하게 보는 인성검사 유형에서 어떠한 질문을 하는지 명확하게 파악할 수 있도록 하였습니다.

2 영역별로 수록한 대표유형을 통해서 출제되는 유형을 파악하는 데에 도움이 되도록 하였습니다.

3 출제가 예상되는 문제를 정리하여 수록하였습니다.

4 실제 시험 유형에 맞춰서 실전 모의고사를 3회분 수록하였습니다. 수록한 모의고사를 풀어보면서 스스로의 실력점검에 도움이 될 수 있도록 구성하였습니다.

5 문제별로 상세한 해설을 통해 이해도를 높일 수 있도록 구성하였습니다.

본서를 통하여 교육공무직원 시험을 다각도로 대비할 수 있기를 바라며 교육공무직원 채용을 꿈꾸는 모든 수험생의 합격을 기원합니다.

Structure

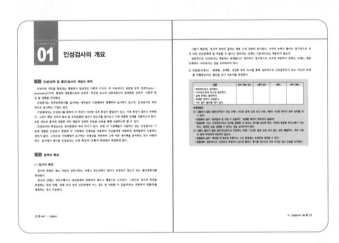

인성검사의 이해

근면성, 책임감 등 개인의 성격 및 적성을 파악하는 인성검사의 개념에 대해 소개하고 진위형 및 객관식을 포함한 다양한 유형의 인적성검사를 수록하였습니다.

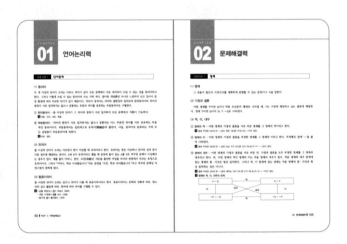

직무능력검사

언어논리력, 문제해결력, 수리력, 이해력, 공간지각력, 관찰탐구력의 직무능력검사 6과목을 정리하여 수록하였습니다.

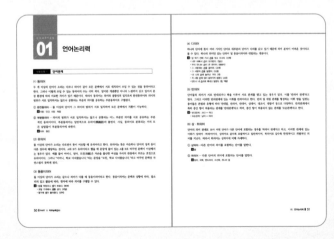

직무능력검사 대표유형 이론

영역별로 대표유형을 분류하여 시험에 출제되는 유형을 한눈에 파악하여 학습에 도움이 될 수 있도록 하였습니다. 영역별로 외워두면 좋은 내용, 알아두면 좋은 이론을 정리하였습니다.

직무능력검사 출제예상문제

영역별로 출제가 예상되는 문제를 수록하였습니다. 영역별로 수록한 예상문제를 풀면서 수험생이 스스로 학습에 도움이 되는 영역을 파악하는 데에 도움이 될 수 있도록 구성하였습니다.

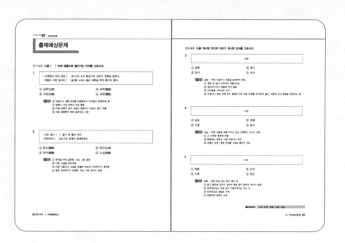

실전 모의고사

실전과 같은 문항수로 구성한 직무능력검사 3회분 모의고사로 최종점검이 가능하도록 하였습니다. 또한 상세한 해설을 통해 마지막 이론정리를 할 수 있습니다.

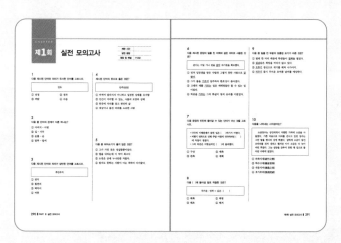

정답 및 해설

문제의 핵심을 꿰뚫는 명쾌하고 자세한 해설로 수험생들의 이해를 돕습니다.

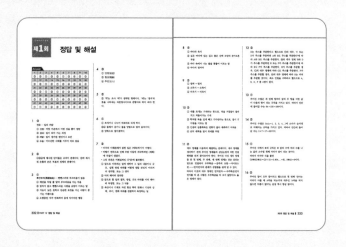

Information

응시 필수 자격요건과 결격사유은 뭔가요?

응시 필수 자격요건은 직종에 따라서 상이합니다. 이 부분은 공고문을 확인해보는 것이 좋습니다.

결격사유는 첫 번째로는 응시연령이 18세 이상이며 정년(만 60세)에 도달하지 아니한 자에 해당하야 하는 것입니다.

두번째에는 거주지 제한이 있습니다. 채용시험 공고일 전일(前日)부터 면접시험일까지 계속하여 본인의 주민등록상 주소지 또는 국내 거소 신고(재외국민에 한함)가 전라북도로 되어 있는 자(동 기간 중 주민등록말소 및 거주불명으로 등록된 사실이 없어야 함)이어야 합니다.

마지막으로「전라북도교육감 소속 교육공무직원 관리규정」제16조 채용결격사유에 해당되지 않는 자에 해당하여야 합니다.

시험은 어떻게 진행되나요?

1차에는 필기시험 소양평가를 진행합니다. 인성검사(50%)와 직무능력검사(50%)로 평정을 합니다.

인성검사는 객관식 200문항을 40분간 진행합니다. 인성검사는 응시자가 평소 자신의 행동 성향과 가깝다고 생각하는 대로 응답하고 응답 결과에 따라 성실성, 대인관계성, 이타성, 심리적 안정성으로 구분하여 점수를 산출하고, 산출된 점수를 집단평균 중심의 표준편차 단위로 표준 점수화하여 최종점수 산정합니다.

직무능력검사는 객관식 50문항을 50분간 진행합니다. 직무능력검사는 직무수행을 위해 기본적으로 갖추고 있어야 할 인지적 능력을 진단하는 것으로 언어 논리력, 수리력, 문제해결력 등을 평가하고 그 결과를 점수로 산정합니다.

2차에서는 면접심사를 진행합니다.

응시원서 제출할 때 유의사항이 있나요?

응시자는 지역과 직종에 중복하여 원서제출 할 수 없고(하나의 지역 하나의 직종만 응시), 지역·직종에 중복하여 제출할 경우 무효 처리됩니다. 그리고 응시원서 제출 이후에는 응시 직종과 지역 변경 및 제출 취소할 수 없습니다. 마지막으로 지역별 응시 현황에 따라 직종별 경쟁률, 최종 합격 점수선이 다릅니다.

1차 소양평가 합격자 결정방법은 어떻게 되나요?

소양평가의 경우 총점 40점 이상 득점자 중 고득점자 순으로 합격자를 결정합니다. 채용예정 인원의 1.3배수 합격자 결정(소수점 이하 인원 절상 되지만, 채용예정인원이 1명일 경우 3배수 합격자 결정합니다)되며 1차 합격자 공고 후 거주지, 필수자격증 등 자격요건이 기준에 미달할 경우 1차 합격을 취소하고, 성적이 우수한 사람 순으로 추가 합격을 결정합니다. 1차 필기시험 합격선의 동점자 발생(소수점 둘째자리에서 반올림) 시 1차 필기시험 합격 예정 인원을 초과하여도 모두 합격 처리합니다.

2차 면접시험 합격자 결정방법은 어떻게 되나요?

면접은 1차 필기시험 합격자를 대상으로 면접시험을 실시합니다. 정해진 평정 요소를 통해 직무수행에 필요한 능력 및 적격성을 평가합니다. 100점 만점(총 5개 평정요소로 각 20점)이고, 평정단위는 탁월(16~20점), 우수(11~15점), 보통(6~10점), 미흡(1~5점)입니다.

최종합격자 결정기준은 어떻게 되나요?

1차 필기시험(50%) 점수와 2차 면접시험(50%) 점수를 합산하여 평균 점수가 높은 사람 순으로 채용 예정 인원까지 합격 처리됩니다. 동점자 발생 시 순위 결정 방법은 ① 취업지원대상자, ② 1차 필기시험(소양평가) 고득점자, ③ 2차 면접시험 고득점자, ④ 주민등록상 생년월일이 빠른 사람(연장자) 순으로 진행됩니다.

응시 유의사항이 있나요?

자격요건에 적합 여부를 확인하고 응시원서를 제출해야 합니다. 응시원서나 각종 증명서 기재사항에 착오나 누락, 유효기간 미확인 등으로 인한 불이익은 응시자 책임이고, 결격사유가 발견되면 합격 이후에 취소 처리가 될 수 있습니다.

Contents

03 실전 모의고사

04 정답 및 해설

인성검사

인성검사의 개요

1 인성(성격 및 흥미)검사의 개념과 목적

인성이란 개인을 특징짓는 평범하고 일상적인 사회적 이미지, 즉 지속적이고 일관된 공적 성격(Public - personality)이며, 환경에 대응함으로써 선천적·후천적 요소의 상호작용으로 결정화된 심리적·사회적 특성 및 경향을 의미한다.

인성검사는 직무능력검사를 실시하는 대부분의 기업체에서 병행하여 실시하고 있으며, 인성검사만 독자적으로 실시하는 기업도 있다.

기업체에서는 인성검사를 통하여 각 개인이 어떠한 성격 특성이 발달되어 있고, 어떤 특성이 얼마나 부족한지, 그것이 해당 직무의 특성 및 조직문화와 얼마나 맞는지를 알아보고 이에 적합한 인재를 선발하고자 한다. 또한 개인의 흥미에 적합한 직무 배분과 부족한 부분을 교육을 통해 보완하도록 할 수 있다.

인성검사의 측정요소는 검사방법에 따라 차이가 있다. 또한 각 기업체들이 사용하고 있는 인성검사는 기존에 개발된 인성검사 방법에 각 기업체의 인재상을 적용하여 자신들에게 적합하게 재개발하여 사용하는 경우가 많다. 그러므로 기업체에서 요구하는 인재상을 파악하여 그에 따른 대비책을 준비하는 것이 바람직하다. 본서에서 제시된 인성검사는 크게 '특성'과 '유형'의 측면에서 측정하게 된다.

2 성격의 특성

(1) 정서적 측면

정서적 측면은 평소 마음의 당연시하는 자세나 정신상태가 얼마나 안정되어 있는지 또는 불안정한지를 측정한다.

정서의 상태는 직무수행이나 대인관계와 관련하여 태도나 행동으로 드러난다. 그러므로 정서적 측면을 측정하는 것에 의해, 장래 조직 내의 인간관계에 어느 정도 잘 적응할 수 있을까(또는 적응하지 못할까)를 예측하는 것이 가능하다.

(1) 정서적 측면

정서적 측면은 평소 마음의 당연시하는 자세나 정신상태가 얼마나 안정되어 있는지 또는 불안정한지를 측정한다.

정서의 상태는 직무수행이나 대인관계와 관련하여 태도나 행동으로 드러난다. 그러므로 정서적 측면을 측정하는 것에 의해, 장래 조직 내의 인간관계에 어느 정도 잘 적응할 수 있을까(또는 적응하지 못할까)를 예측하는 것이 가능하다.

그렇기 때문에, 정서적 측면의 결과는 채용 시에 상당히 중시된다. 아무리 능력이 좋아도 장기적으로 조직 내의 인간관계에 잘 적응할 수 없다고 판단되는 인재는 기본적으로는 채용되지 않는다.

일반적으로 인성검사는 채용과는 관계없다고 생각하나 정서적으로 조직에 적응하지 못하는 인재는 채용 단계에서 가려내지는 것을 유의하여야 한다.

① **민감성**(신경도) ⋯ 꼼꼼함, 섬세함, 성실함 등의 요소를 통해 일반적으로 신경질적인지 또는 자신의 존재를 위협받는다는 불안을 갖기 쉬운지를 측정한다.

질문	전혀 그렇지 않다	그렇지 않다	그렇다	매우 그렇다
• 배려적이라고 생각한다.				
• 어지러진 방에 있으면 불안하다.				
• 실패 후에는 불안하다.				
• 세세한 것까지 신경쓴다.				
• 이유 없이 불안할 때가 있다.				

▶측정결과

㉠ '그렇다'가 많은 경우(상처받기 쉬운 유형) : 사소한 일에 신경 쓰고 다른 사람의 사소한 한마디 말에 상처를 받기 쉽다.
- 면접관의 심리 : '동료들과 잘 지낼 수 있을까?', '실패할 때마다 위축되지 않을까?'
- 면접대책 : 다소 신경질적이라도 능력을 발휘할 수 있다는 평가를 얻도록 한다. 주변과 충분한 의사소통이 가능하고, 결정한 것을 실행할 수 있다는 것을 보여주어야 한다.

㉡ '그렇지 않다'가 많은 경우(정신적으로 안정적인 유형) : 사소한 일에 신경 쓰지 않고 금방 해결하며, 주위 사람의 말에 과민하게 반응하지 않는다.
- 면접관의 심리 : '계약할 때 필요한 유형이고, 사고 발생에도 유연하게 대처할 수 있다.'
- 면접대책 : 일반적으로 '민감성'의 측정치가 낮으면 플러스 평가를 받으므로 더욱 자신감 있는 모습을 보여준다.

② **자책성(과민도)** … 자신을 비난하거나 책망하는 정도를 측정한다.

질문	전혀 그렇지 않다	그렇지 않다	그렇다	매우 그렇다
• 후회하는 일이 많다.				
• 자신이 하찮은 존재라 생각된다.				
• 문제가 발생하면 자기의 탓이라고 생각한다.				
• 무슨 일이든지 끙끙대며 진행하는 경향이 있다.				
• 온순한 편이다.				

▶측정결과

㉠ '그렇다'가 많은 경우(자책하는 유형) : 비관적이고 후회하는 유형이다.

• 면접관의 심리 : '끙끙대며 괴로워하고, 일을 진행하지 못할 것 같다.'

• 면접대책 : 기분이 저조해도 항상 의욕을 가지고 생활하는 것과 책임감이 강하다는 것을 보여준다.

㉡ '그렇지 않다'가 많은 경우(낙천적인 유형) : 기분이 항상 밝은 편이다.

• 면접관의 심리 : '안정된 대인관계를 맺을 수 있고, 외부의 압력에도 흔들리지 않는다.'

• 면접대책 : 일반적으로 '자책성'의 측정치가 낮아야 좋은 평가를 받는다.

③ **기분성(불안도)** … 기분의 굴곡이나 감정적인 면의 미숙함이 어느 정도인지를 측정하는 것이다.

질문	전혀 그렇지 않다	그렇지 않다	그렇다	매우 그렇다
• 다른 사람의 의견에 자신의 결정이 흔들리는 경우가 많다.				
• 기분이 쉽게 변한다.				
• 종종 후회한다.				
• 다른 사람보다 의지가 약한 편이라고 생각한다.				
• 금방 싫증을 내는 성격이라는 말을 자주 듣는다.				

▶측정결과

㉠ '그렇다'가 많은 경우(감정의 기복이 많은 유형) : 의지력보다 기분에 따라 행동하기 쉽다.

• 면접관의 심리 : '감정적인 것에 약하며, 상황에 따라 생산성이 떨어지지 않을까?'

• 면접대책 : 주변 사람들과 항상 협조한다는 것을 강조하고 한결같은 상태로 일할 수 있다는 평가를 받도록 한다.

㉡ '그렇지 않다'가 많은 경우(감정의 기복이 적은 유형) : 감정의 기복이 없고, 안정적이다.

• 면접관의 심리 : '안정적으로 업무에 임할 수 있다.'

• 면접대책 : 기분성의 측정치가 낮으면 플러스 평가를 받으므로 자신감을 가지고 면접에 임한다.

④ **독자성(개인도)** … 주변에 대한 견해나 관심, 자신의 견해나 생각에 어느 정도의 속박감을 가지고 있는지를 측정한다.

질문	전혀 그렇지 않다	그렇지 않다	그렇다	매우 그렇다
• 창의적 사고방식을 가지고 있다.				
• 융통성이 없는 편이다.				
• 혼자 있는 편이 많은 사람과 있는 것보다 편하다.				
• 개성적이라는 말을 듣는다.				
• 교제는 번거로운 것이라고 생각하는 경우가 많다.				

▶측정결과

㉠ '그렇다'가 많은 경우 : 자기의 관점을 중요하게 생각하는 유형으로, 주위의 상황보다 자신의 느낌과 생각을 중시한다.

• 면접관의 심리 : '제멋대로 행동하지 않을까?'

• 면접대책 : 주위 사람과 협조하여 일을 진행할 수 있다는 것과 상식에 얽매이지 않는다는 인상을 심어준다.

㉡ '그렇지 않다'가 많은 경우 : 상식적으로 행동하고 주변 사람의 시선에 신경을 쓴다.

• 면접관의 심리 : '다른 직원들과 협조하여 업무를 진행할 수 있겠다.'

• 면접대책 : 협조성이 요구되는 기업체에서는 플러스 평가를 받을 수 있다.

⑤ **자신감(자존심도)** … 자기 자신에 대해 얼마나 긍정적으로 평가하는지를 측정한다.

질문	전혀 그렇지 않다	그렇지 않다	그렇다	매우 그렇다
• 다른 사람보다 능력이 뛰어나다고 생각한다.				
• 다소 반대의견이 있어도 나만의 생각으로 행동할 수 있다.				
• 나는 다른 사람보다 기가 센 편이다.				
• 동료가 나를 모욕해도 무시할 수 있다.				
• 대개의 일을 목적한 대로 헤쳐나갈 수 있다고 생각한다.				

▶측정결과

ⓐ '그렇다'가 많은 경우 : 자기 능력이나 외모 등에 자신감이 있고, 비판당하는 것을 좋아하지 않는다.
  • 면접관의 심리 : '자만하여 지시에 잘 따를 수 있을까?'
  • 면접대책 : 다른 사람의 조언을 잘 받아들이고, 겸허하게 반성하는 면이 있다는 것을 보여주고, 동료들과 잘 지내며 리더의 자질이 있다는 것을 강조한다.

ⓑ '그렇지 않다'가 많은 경우 : 자신감이 없고 다른 사람의 비판에 약하다.
  • 면접관의 심리 : '패기가 부족하지 않을까?', '쉽게 좌절하지 않을까?'
  • 면접대책 : 극도의 자신감 부족으로 평가되지는 않는다. 그러나 마음이 약한 면은 있지만 의욕적으로 일을 하겠다는 마음가짐을 보여준다.

⑥ **고양성(분위기에 들뜨는 정도)** … 자유분방함, 명랑함과 같이 감정(기분)의 높고 낮음의 정도를 측정한다.

질문	전혀 그렇지 않다	그렇지 않다	그렇다	매우 그렇다
• 침착하지 못한 편이다.				
• 다른 사람보다 쉽게 우쭐해진다.				
• 모든 사람이 아는 유명인사가 되고 싶다.				
• 모임이나 집단에서 분위기를 이끄는 편이다.				
• 취미 등이 오랫동안 지속되지 않는 편이다.				

▶측정결과

ⓐ '그렇다'가 많은 경우 : 자극이나 변화가 있는 일상을 원하고 기분을 들뜨게 하는 사람과 친밀하게 지내는 경향이 강하다.
  • 면접관의 심리 : '일을 진행하는 데 변덕스럽지 않을까?'
  • 면접대책 : 밝은 태도는 플러스 평가를 받을 수 있지만, 착실한 업무능력이 요구되는 직종에서는 마이너스 평가가 될 수 있다. 따라서 자기조절이 가능하다는 것을 보여준다.

ⓑ '그렇지 않다'가 많은 경우 : 감정이 항상 일정하고, 속을 드러내 보이지 않는다.
  • 면접관의 심리 : '안정적인 업무 태도를 기대할 수 있겠다.'
  • 면접대책 : '고양성'의 낮음은 대체로 플러스 평가를 받을 수 있다. 그러나 '무엇을 생각하고 있는지 모르겠다' 등의 평을 듣지 않도록 주의한다.

⑦ 허위성(진위성) … 필요 이상으로 자기를 좋게 보이려 하거나 기업체가 원하는 '이상형'에 맞춘 대답을 하고 있는지, 없는지를 측정한다.

질문	전혀 그렇지 않다	그렇지 않다	그렇다	매우 그렇다
• 약속을 깨뜨린 적이 한 번도 없다.				
• 다른 사람을 부럽다고 생각해 본 적이 없다.				
• 꾸지람을 들은 적이 없다.				
• 사람을 미워한 적이 없다.				
• 화를 낸 적이 한 번도 없다.				

▶측정결과

㉠ '그렇다'가 많은 경우 : 실제의 자기와는 다른, 말하자면 원칙으로 해답할 가능성이 있다.

• 면접관의 심리 : '거짓을 말하고 있다.'

• 면접대책 : 조금이라도 좋게 보이려고 하는 '거짓말쟁이'로 평가될 수 있다. '거짓을 말하고 있다.'는 마음 따위가 전혀 없다 해도 결과적으로는 정직하게 답하지 않는다는 것이 되어 버린다. '허위성'의 측정 질문은 구분되지 않고 다른 질문 중에 섞여 있다. 그러므로 모든 질문에 솔직하게 답하여야 한다. 또한 자기 자신과 너무 동떨어진 이미지로 답하면 좋은 결과를 얻지 못한다. 그리고 면접에서 '허위성'을 기본으로 한 질문을 받게 되므로 당황하거나 또다른 모순된 답변을 하게 된다. 겉치레를 하거나 무리한 욕심을 부리지 말고 '이런 사회인이 되고 싶다.'는 현재의 자신보다, 조금 성장한 자신을 표현하는 정도가 적당하다.

㉡ '그렇지 않다'가 많은 경우 : 냉정하고 정직하며, 외부의 압력과 스트레스에 강한 유형이다. '대쪽 같음'의 이미지가 굳어지지 않도록 주의한다.

(2) 행동적인 측면

행동적 측면은 인격 중에 특히 행동으로 드러나기 쉬운 측면을 측정한다. 사람의 행동 특징 자체에는 선도 악도 없으나, 일반적으로는 일의 내용에 의해 원하는 행동이 있다. 때문에 행동적 측면은 주로 직종과 깊은 관계가 있는데 자신의 행동 특성을 살려 적합한 직종을 선택한다면 플러스가 될 수 있다.

행동 특성에서 보여 지는 특징은 면접장면에서도 드러나기 쉬운데 본서의 모의 TEST의 결과를 참고하여 자신의 태도, 행동이 면접관의 시선에 어떻게 비치는지를 점검하도록 한다.

① **사회적 내향성** … 대인관계에서 나타나는 행동경향으로 '낯가림'을 측정한다.

질문	선택
A : 파티에서는 사람을 소개받은 편이다. B : 파티에서는 사람을 소개하는 편이다.	
A : 처음 보는 사람과는 어색하게 시간을 보내는 편이다. B : 처음 보는 사람과는 즐거운 시간을 보내는 편이다.	
A : 친구가 적은 편이다. B : 친구가 많은 편이다.	
A : 자신의 의견을 말하는 경우가 적다. B : 자신의 의견을 말하는 경우가 많다.	
A : 사교적인 모임에 참석하는 것을 좋아하지 않는다. B : 사교적인 모임에 항상 참석한다.	

▶측정결과

㉠ 'A'가 많은 경우 : 내성적이고 사람들과 접하는 것에 소극적이다. 자신의 의견을 말하지 않고 조심스러운 편이다.
- 면접관의 심리 : '소극적인데 동료와 잘 지낼 수 있을까?'
- 면접대책 : 대인관계를 맺는 것을 싫어하지 않고 의욕적으로 일을 할 수 있다는 것을 보여준다.

㉡ 'B'가 많은 경우 : 사교적이고 자기의 생각을 명확하게 전달할 수 있다.
- 면접관의 심리 : '사교적이고 활동적인 것은 좋지만, 자기주장이 너무 강하지 않을까?'
- 면접대책 : 협조성을 보여주고, 자기주장이 너무 강하다는 인상을 주지 않도록 주의한다.

② 내성성(침착도) … 자신의 행동과 일에 대해 침착하게 생각하는 정도를 측정한다.

질문	선택
A : 시간이 걸려도 침착하게 생각하는 경우가 많다. B : 짧은 시간에 결정을 하는 경우가 많다.	
A : 실패의 원인을 찾고 반성하는 편이다. B : 실패를 해도 그다지(별로) 개의치 않는다.	
A : 결론이 도출되어도 몇 번 정도 생각을 바꾼다. B : 결론이 도출되면 신속하게 행동으로 옮긴다.	
A : 여러 가지 생각하는 것이 능숙하다. B : 여러 가지 일을 재빨리 능숙하게 처리하는 데 익숙하다.	
A : 여러 가지 측면에서 사물을 검토한다. B : 행동한 후 생각을 한다.	

▶측정결과

㉠ 'A'가 많은 경우 : 행동하기 보다는 생각하는 것을 좋아하고 신중하게 계획을 세워 실행한다.

• 면접관의 심리 : '행동으로 실천하지 못하고, 대응이 늦은 경향이 있지 않을까?'

• 면접대책 : 발로 뛰는 것을 좋아하고, 일을 더디게 한다는 인상을 주지 않도록 한다.

㉡ 'B'가 많은 경우 : 차분하게 생각하는 것보다 우선 행동하는 유형이다.

• 면접관의 심리 : '생각하는 것을 싫어하고 경솔한 행동을 하지 않을까?'

• 면접대책 : 계획을 세우고 행동할 수 있는 것을 보여주고 '사려깊다'라는 인상을 남기도록 한다.

③ 신체활동성 … 몸을 움직이는 것을 좋아하는가를 측정한다.

질문	선택
A : 민첩하게 활동하는 편이다. B : 준비행동이 없는 편이다.	
A : 일을 척척 해치우는 편이다. B : 일을 더디게 처리하는 편이다.	
A : 활발하다는 말을 듣는다. B : 얌전하다는 말을 듣는다.	
A : 몸을 움직이는 것을 좋아한다. B : 가만히 있는 것을 좋아한다.	
A : 스포츠를 하는 것을 즐긴다. B : 스포츠를 보는 것을 좋아한다.	

▶측정결과

　㉠ 'A'가 많은 경우 : 활동적이고, 몸을 움직이게 하는 것이 컨디션이 좋다.

　　• 면접관의 심리 : '활동적으로 활동력이 좋아 보인다.'

　　• 면접대책 : 활동하고 얻은 성과 등과 주어진 상황의 대응능력을 보여준다.

　㉡ 'B'가 많은 경우 : 침착한 인상으로, 차분하게 있는 타입이다.

　　• 면접관의 심리 : '좀처럼 행동하려 하지 않아 보이고, 일을 빠르게 처리할 수 있을까?'

④ 지속성(노력성) … 무슨 일이든 포기하지 않고 끈기 있게 하려는 정도를 측정한다.

질문	선택
A : 일단 시작한 일은 시간이 걸려도 끝까지 마무리한다. B : 일을 하다 어려움에 부딪히면 단념한다.	
A : 끈질긴 편이다. B : 바로 단념하는 편이다.	
A : 인내가 강하다는 말을 듣는다. B : 금방 싫증을 낸다는 말을 듣는다.	
A : 집념이 깊은 편이다. B : 담백한 편이다.	
A : 한 가지 일에 구애되는 것이 좋다고 생각한다. B : 간단하게 체념하는 것이 좋다고 생각한다.	

▶측정결과

㉠ 'A'가 많은 경우 : 시작한 것은 어려움이 있어도 포기하지 않고 인내심이 높다.

- 면접관의 심리 : '한 가지의 일에 너무 구애되고, 업무의 진행이 원활할까?'

- 면접대책 : 인내력이 있는 것은 플러스 평가를 받을 수 있지만 집착이 강해 보이기도 한다.

㉡ 'B'가 많은 경우 : 뒤끝이 없고 조그만 실패로 일을 포기하기 쉽다.

- 면접관의 심리 : '질리는 경향이 있고, 일을 정확히 끝낼 수 있을까?'

- 면접대책 : 지속적인 노력으로 성공했던 사례를 준비하도록 한다.

⑤ 신중성(주의성) … 자신이 처한 주변상황을 즉시 파악하고 자신의 행동이 어떤 영향을 미치는지를 측정한다.

질문	선택
A : 여러 가지로 생각하면서 완벽하게 준비하는 편이다. B : 행동할 때부터 임기응변적인 대응을 하는 편이다.	
A : 신중해서 타이밍을 놓치는 편이다. B : 준비 부족으로 실패하는 편이다.	
A : 자신은 어떤 일에도 신중히 대응하는 편이다. B : 순간적인 충동으로 활동하는 편이다.	
A : 시험을 볼 때 끝날 때까지 재검토하는 편이다. B : 시험을 볼 때 한 번에 모든 것을 마치는 편이다.	
A : 일에 대해 계획표를 만들어 실행한다. B : 일에 대한 계획표 없이 진행한다.	

▶측정결과

㉠ 'A'가 많은 경우 : 주변 상황에 민감하고, 예측하여 계획 있게 일을 진행한다.

- 면접관의 심리 : '너무 신중해서 적절한 판단을 할 수 있을까?', '앞으로의 상황에 불안을 느끼지 않을까?'

- 면접대책 : 예측을 하고 실행을 하는 것은 플러스 평가가 되지만, 너무 신중하면 일의 진행이 정체될 가능성을 보이므로 추진력이 있다는 강한 의욕을 보여준다.

㉡ 'B'가 많은 경우 : 주변 상황을 살펴보지 않고 착실한 계획 없이 일을 진행시킨다.

- 면접관의 심리 : '사려 깊지 않고, 실패하는 일이 많지 않을까?', '판단이 빠르고 유연한 사고를 할 수 있을까?'

- 면접대책 : 사전준비를 중요하게 생각하고 있다는 것 등을 보여주고, 경솔한 인상을 주지 않도록 한다. 또한 판단력이 빠르거나 유연한 사고 덕분에 일 처리를 잘 할 수 있다는 것을 강조한다.

(3) 의욕적인 측면

의욕적인 측면은 의욕의 정도, 활동력의 유무 등을 측정한다. 여기서의 의욕이란 우리들이 보통 말하고 사용하는 '하려는 의지'와는 조금 뉘앙스가 다르다. '하려는 의지'란 그 때의 환경이나 기분에 따라 변화하는 것이지만, 여기에서는 조금 더 변화하기 어려운 특징, 말하자면 정신적 에너지의 양으로 측정하는 것이다.

의욕적 측면은 행동적 측면과는 다르고, 전반적으로 어느 정도 점수가 높은 쪽을 선호한다. 모의검사의 의욕적 측면의 결과가 낮다면, 평소 일에 몰두할 때 조금 의욕 있는 자세를 가지고 서서히 개선하도록 노력해야 한다.

① 달성의욕 ⋯ 목적의식을 가지고 높은 이상을 가지고 있는지를 측정한다.

질문	선택
A : 경쟁심이 강한 편이다. B : 경쟁심이 약한 편이다.	
A : 어떤 한 분야에서 제1인자가 되고 싶다고 생각한다. B : 어느 분야에서든 성실하게 임무를 진행하고 싶다고 생각한다.	
A : 규모가 큰 일을 해보고 싶다. B : 맡은 일에 충실히 임하고 싶다.	
A : 아무리 노력해도 실패한 것은 아무런 도움이 되지 않는다. B : 가령 실패했을 지라도 나름대로의 노력이 있었으므로 괜찮다.	
A : 높은 목표를 설정하여 수행하는 것이 의욕적이다. B : 실현 가능한 정도의 목표를 설정하는 것이 의욕적이다.	

▶측정결과

㉠ 'A'가 많은 경우 : 큰 목표와 높은 이상을 가지고 승부욕이 강한 편이다.

• 면접관의 심리 : '열심히 일을 해줄 것 같은 유형이다.'

• 면접대책 : 달성의욕이 높다는 것은 어떤 직종이라도 플러스 평가가 된다.

㉡ 'B'가 많은 경우 : 현재의 생활을 소중하게 여기고 비약적인 발전을 위하여 기를 쓰지 않는다.

• 면접관의 심리 : '외부의 압력에 약하고, 기획입안 등을 하기 어려울 것이다.'

• 면접대책 : 일을 통하여 하고 싶은 것들을 구체적으로 어필한다.

② **활동의욕** … 자신에게 잠재된 에너지의 크기로, 정신적인 측면의 활동력이라 할 수 있다.

질문	선택
A : 하고 싶은 일을 실행으로 옮기는 편이다. B : 하고 싶은 일을 좀처럼 실행할 수 없는 편이다.	
A : 어려운 문제를 해결해 가는 것이 좋다. B : 어려운 문제를 해결하는 것을 잘하지 못한다.	
A : 일반적으로 결단이 빠른 편이다. B : 일반적으로 결단이 느린 편이다.	
A : 곤란한 상황에도 도전하는 편이다. B : 사물의 본질을 깊게 관찰하는 편이다.	
A : 시원시원하다는 말을 잘 듣는다. B : 꼼꼼하다는 말을 잘 듣는다.	

▶측정결과

㉠ 'A'가 많은 경우 : 꾸물거리는 것을 싫어하고 재빠르게 결단해서 행동하는 타입이다.

• 면접관의 심리 : '일을 처리하는 솜씨가 좋고, 일을 척척 진행할 수 있을 것 같다.'

• 면접대책 : 활동의욕이 높은 것은 플러스 평가가 된다. 사교성이나 활동성이 강하다는 인상을 준다.

㉡ 'B'가 많은 경우 : 안전하고 확실한 방법을 모색하고 차분하게 시간을 아껴서 일에 임하는 타입이다.

• 면접관의 심리 : '재빨리 행동을 못하고, 일의 처리속도가 느린 것이 아닐까?'

• 면접대책 : 활동성이 있는 것을 좋아하고 움직임이 더디다는 인상을 주지 않도록 한다.

3 성격의 유형

(1) 인성검사 유형의 4가지 척도

정서적인 측면, 행동적인 측면, 의욕적인 측면의 요소들은 성격 특성이라는 관점에서 제시된 것들로 각 개인의 장·단점을 파악하는 데 유용하다. 그러나 전체적인 개인의 인성을 이해하는 데는 한계가 있다.

성격의 유형은 개인의 '성격적인 특색'을 가리키는 것으로, 사회인으로서 적합한지, 아닌지를 말하는 관점과는 관계가 없다. 따라서 채용의 합격 여부에는 사용되지 않는 경우가 많으며, 입사 후의 적정 부서 배치의 자료가 되는 편이라 생각하면 된다. 그러나 채용과 관계가 없다고 해서 아무런 준비도 필요없는 것은 아니다. 자신을 아는 것은 면접 대책의 밑거름이 되므로 모의검사 결과를 충분히 활용하도록 하여야 한다.

본서에서는 4개의 척도를 사용하여 기본적으로 16개의 패턴으로 성격의 유형을 분류하고 있다. 각 개인의 성격이 어떤 유형인지 재빨리 파악하기 위해 사용되며, '적성'에 맞는지, 맞지 않는지의 관점에 활용된다.

(2) 성격유형

① 흥미·관심의 방향(내향⇆외향) … 흥미·관심의 방향이 자신의 내면에 있는지, 주위환경 등 외면에 향하는 지를 가리키는 척도이다.

질문	선택
A : 내성적인 성격인 편이다. B : 개방적인 성격인 편이다.	
A : 항상 신중하게 생각을 하는 편이다. B : 바로 행동에 착수하는 편이다.	
A : 수수하고 조심스러운 편이다. B : 자기 표현력이 강한 편이다.	
A : 다른 사람과 함께 있으면 침착하지 않다. B : 혼자서 있으면 침착하지 않다.	

▶측정결과

㉠ 'A'가 많은 경우(내향) : 관심의 방향이 자기 내면에 있으며, 조용하고 낯을 가리는 유형이다. 행동력은 부족하나 집중력이 뛰어나고 신중하고 꼼꼼하다.

㉡ 'B'가 많은 경우(외향) : 관심의 방향이 외부환경에 있으며, 사교적이고 활동적인 유형이다. 꼼꼼함이 부족하여 대충하는 경향이 있으나 행동력이 있다.

② 일(사물)을 보는 **방법**(직감 ⇆ 감각) … 일(사물)을 보는 법이 직감적으로 형식에 얽매이는지, 감각적으로 상식적인지를 가리키는 척도이다.

질문	선택
A : 현실주의적인 편이다. B : 상상력이 풍부한 편이다.	
A : 정형적인 방법으로 일을 처리하는 것을 좋아한다. B : 만들어진 방법에 변화가 있는 것을 좋아한다.	
A : 경험에서 가장 적합한 방법으로 선택한다. B : 지금까지 없었던 새로운 방법을 개척하는 것을 좋아한다.	
A : 성실하다는 말을 듣는다. B : 호기심이 강하다는 말을 듣는다.	

▶측정결과

㉠ 'A'가 많은 경우(감각) : 현실적이고 경험주의적이며 보수적인 유형이다.

㉡ 'B'가 많은 경우(직관) : 새로운 주제를 좋아하며, 독자적인 시각을 가진 유형이다.

③ **판단하는 방법**(감정 ⇆ 사고) … 일을 감정적으로 판단하는지, 논리적으로 판단하는지를 가리키는 척도이다.

질문	선택
A : 인간관계를 중시하는 편이다. B : 일의 내용을 중시하는 편이다.	
A : 결론을 자기의 신념과 감정에서 이끌어내는 편이다. B : 결론을 논리적 사고에 의거하여 내리는 편이다.	
A : 다른 사람보다 동정적이고 눈물이 많은 편이다. B : 다른 사람보다 이성적이고 냉정하게 대응하는 편이다.	
A : 남의 이야기를 듣고 감정몰입이 빠른 편이다. B : 고민 상담을 받으면 해결책을 제시해주는 편이다.	

▶측정결과

㉠ 'A'가 많은 경우(감정) : 일을 판단할 때 마음·감정을 중요하게 여기는 유형이다. 감정이 풍부하고 친절하나 엄격함이 부족하고 우유부단하며, 합리성이 부족하다.

㉡ 'B'가 많은 경우(사고) : 일을 판단할 때 논리성을 중요하게 여기는 유형이다. 이성적이고 합리적이나 타인에 대한 배려가 부족하다.

④ **환경에 대한 접근방법** … 주변상황에 어떻게 접근하는지, 그 판단기준을 어디에 두는지를 측정한다.

질문	선택
A : 사전에 계획을 세우지 않고 행동한다. B : 반드시 계획을 세우고 그것에 의거해서 행동한다.	
A : 자유롭게 행동하는 것을 좋아한다. B : 조직적으로 행동하는 것을 좋아한다.	
A : 조직성이나 관습에 속박당하지 않는다. B : 조직성이나 관습을 중요하게 여긴다.	
A : 계획 없이 낭비가 심한 편이다. B : 예산을 세워 물건을 구입하는 편이다.	

▶측정결과

㉠ 'A'가 많은 경우(지각) : 일의 변화에 융통성을 가지고 유연하게 대응하는 유형이다. 낙관적이며 질서보다는 자유를 좋아하나 임기응변식의 대응으로 무계획적인 인상을 줄 수 있다.

㉡ 'B'가 많은 경우(판단) : 일의 진행시 계획을 세워서 실행하는 유형이다. 순차적으로 진행하는 일을 좋아하고 끈기가 있으나 변화에 대해 적절하게 대응하지 못하는 경향이 있다.

4 **인성검사의 대책**

(1) 미리 알아두어야 할 점

① 출제 문항 수 ⋯ 인성검사의 출제 문항 수는 특별히 정해진 것이 아니며 각 기업체의 기준에 따라 달라질 수 있다. 보통 100문항 이상에서 500문항까지 출제된다고 예상하면 된다.

② 출제형식

　㉠ 1Set로 묶인 세 개의 문항 중 자신에게 가장 가까운 것(Most)과 가장 먼 것(Least)을 하나씩 고르는 유형

　　다음 세 가지 문항 중 자신에게 가장 가까운 것은 Most, 가장 먼 것은 Least에 체크하시오.

질문	Most	Least
① 자신의 생각이나 의견은 좀처럼 변하지 않는다. ② 구입한 후 끝까지 읽지 않은 책이 많다. ③ 여행가기 전에 계획을 세운다.	✔	✔

　㉡ '예' 아니면 '아니오'의 유형

　　다음 문항을 읽고 자신에게 해당되는지 안 되는지를 판단하여 해당될 경우 '예'를, 해당되지 않을 경우 '아니오'를 고르시오.

질문	예	아니오
① 걱정거리가 있어서 잠을 못 잘 때가 있다. ② 시간에 쫓기는 것이 싫다.	✔	✔

　㉢ 그 외의 유형

　　다음 문항에 대해서 평소에 자신이 생각하고 있는 것이나 행동하고 있는 것에 체크하시오.

질문	전혀 그렇지 않다	그렇지 않다	그렇다	매우 그렇다
① 머리를 쓰는 것보다 땀을 흘리는 일이 좋다. ② 자신은 사교적이 아니라고 생각한다.	✔		✔	

(2) 임하는 자세

① **솔직하게 있는 그대로 표현한다** … 인성검사는 평범한 일상생활 내용들을 다룬 짧은 문장과 어떤 대상이나 일에 대한 선로를 선택하는 문장으로 구성되었으므로 평소에 자신이 생각한 바를 너무 골똘히 생각하지 말고 문제를 보는 순간 떠오른 것을 표현한다.

② **모든 문제를 신속하게 대답한다** … 인성검사는 시간 제한이 없는 것이 원칙이지만 기업체들은 일정한 시간 제한을 두고 있다. 인성검사는 개인의 성격과 자질을 알아보기 위한 검사이기 때문에 정답이 없다. 다만, 기업체에서 바람직하게 생각하거나 기대되는 결과가 있을 뿐이다. 따라서 시간에 쫓겨서 대충 대답을 하는 것은 바람직하지 못하다.

③ **일관성 있게 대답한다** … 간혹 반복되는 문제들이 출제되기 때문에 일관성 있게 답하지 않으면 감점될 수 있으므로 유의한다. 실제로 공기업 인사부 직원의 인터뷰에 따르면 일관성이 없게 대답한 응시자들이 감점을 받아 탈락했다고 한다. 거짓된 응답을 하다보면 일관성 없는 결과가 나타날 수 있으므로, 위에서 언급한 대로 신속하고 솔직하게 답해 일관성 있는 응답을 하는 것이 중요하다.

④ **마지막까지 집중해서 검사에 임한다** … 장시간 진행되는 검사에 지치지 않고 마지막까지 집중해서 정확히 답할 수 있도록 해야 한다.

CHAPTER
02

인성검사의 유형

》》 유형 Ⅰ

▌1~25 ▌ 다음 질문에 대해서 평소 자신이 생각하고 있는 것이나 행동하고 있는 것에 대해 주어진 응답요령에 따라 박스에 답하시오.

응답요령

• 응답 Ⅰ : 제시된 문항들을 읽은 다음 각각의 문항에 대해 자신이 동의하는 정도를 ①(전혀 그렇지 않다)~⑤(매우 그렇다)로 표시하면 된다.
• 응답 Ⅱ : 제시된 문항들을 비교하여 상대적으로 자신의 성격과 가장 가까운 문항 하나와 가장 거리가 먼 문항 하나를 선택하여야 한다(응답 Ⅱ의 응답은 가깝다 1개, 멀다 1개, 무응답 2개이어야 한다).

1

문항	응답 Ⅰ					응답 Ⅱ	
	①	②	③	④	⑤	멀다	가깝다
A. 몸을 움직이는 것을 좋아하지 않는다.							
B. 쉽게 질리는 편이다.							
C. 경솔한 편이라고 생각한다.							
D. 인생의 목표는 손이 닿을 정도면 된다.							

2

문항	응답 Ⅰ					응답 Ⅱ	
	①	②	③	④	⑤	멀다	가깝다
A. 무슨 일도 좀처럼 시작하지 못한다.							
B. 초면인 사람과도 바로 친해질 수 있다.							
C. 행동하고 나서 생각하는 편이다.							
D. 쉬는 날은 집에 있는 경우가 많다.							

3

문항	응답 I					응답 II	
	①	②	③	④	⑤	멀다	가깝다
A. 조금이라도 나쁜 소식은 절망의 시작이라고 생각해 버린다.							
B. 언제나 실패가 걱정이 되어 어쩔 줄 모른다.							
C. 다수결의 의견에 따르는 편이다.							
D. 혼자서 술집에 들어가는 것은 전혀 두려운 일이 아니다.							

4

문항	응답 I					응답 II	
	①	②	③	④	⑤	멀다	가깝다
A. 승부근성이 강하다.							
B. 자주 흥분해서 침착하지 못하다.							
C. 지금까지 살면서 타인에게 폐를 끼친 적이 없다.							
D. 소곤소곤 이야기하는 것을 보면 자기에 대해 험담하고 있는 것으로 생각된다.							

5

문항	응답 I					응답 II	
	①	②	③	④	⑤	멀다	가깝다
A. 무엇이든지 자기가 나쁘다고 생각하는 편이다.							
B. 자신을 변덕스러운 사람이라고 생각한다.							
C. 고독을 즐기는 편이다.							
D. 자존심이 강하다고 생각한다.							

6

문항	응답 I					응답 II	
	①	②	③	④	⑤	멀다	가깝다
A. 금방 흥분하는 성격이다.							
B. 거짓말을 한 적이 없다.							
C. 신경질적인 편이다.							
D. 끙끙대며 고민하는 타입이다.							

7

문항	응답 I					응답 II	
	①	②	③	④	⑤	멀다	가깝다
A. 감정적인 사람이라고 생각한다.							
B. 자신만의 신념을 가지고 있다.							
C. 다른 사람을 바보 같다고 생각한 적이 있다.							
D. 금방 말해버리는 편이다.							

8

문항	응답 I					응답 II	
	①	②	③	④	⑤	멀다	가깝다
A. 싫어하는 사람이 없다.							
B. 대재앙이 오지 않을까 항상 걱정을 한다.							
C. 쓸데없는 고생을 하는 일이 많다.							
D. 자주 생각이 바뀌는 편이다.							

9

문항	응답 I					응답 II	
	①	②	③	④	⑤	멀다	가깝다
A. 문제점을 해결하기 위해 여러 사람과 상의한다.							
B. 내 방식대로 일을 한다.							
C. 영화를 보고 운 적이 많다.							
D. 어떤 것에 대해서도 화낸 적이 없다.							

10

문항	응답 I					응답 II	
	①	②	③	④	⑤	멀다	가깝다
A. 사소한 충고에도 걱정을 한다.							
B. 자신은 도움이 안 되는 사람이라고 생각한다.							
C. 금방 싫증을 내는 편이다.							
D. 개성적인 사람이라고 생각한다.							

11

문항	응답 I					응답 II	
	①	②	③	④	⑤	멀다	가깝다
A. 자기주장이 강한 편이다.							
B. 뒤숭숭하다는 말을 들은 적이 있다.							
C. 학교를 쉬고 싶다고 생각한 적이 한 번도 없다.							
D. 사람들과 관계 맺는 것을 보면 잘하지 못한다.							

12

문항	응답 I					응답 II	
	①	②	③	④	⑤	멀다	가깝다
A. 사려 깊은 편이다.							
B. 몸을 움직이는 것을 좋아한다.							
C. 끈기가 있는 편이다.							
D. 신중한 편이라고 생각한다.							

13

문항	응답 I					응답 II	
	①	②	③	④	⑤	멀다	가깝다
A. 인생의 목표는 큰 것이 좋다.							
B. 어떤 일이라도 바로 시작하는 타입이다.							
C. 낯가림을 하는 편이다.							
D. 생각하고 나서 행동하는 편이다.							

14

문항	응답 I					응답 II	
	①	②	③	④	⑤	멀다	가깝다
A. 쉬는 날은 밖으로 나가는 경우가 많다.							
B. 시작한 일은 반드시 완성시킨다.							
C. 면밀한 계획을 세운 여행을 좋아한다.							
D. 야망이 있는 편이라고 생각한다.							

15

문항	응답 I					응답 II	
	①	②	③	④	⑤	멀다	가깝다
A. 활동력이 있는 편이다.							
B. 많은 사람들과 와자지껄하게 식사하는 것을 좋아하지 않는다.							
C. 돈을 허비한 적이 없다.							
D. 운동회를 아주 좋아하고 기대했다.							

16

문항	응답 I					응답 II	
	①	②	③	④	⑤	멀다	가깝다
A. 하나의 취미에 열중하는 타입이다.							
B. 모임에서 회장에 어울린다고 생각한다.							
C. 입신출세의 성공이야기를 좋아한다.							
D. 어떠한 일도 의욕을 가지고 임하는 편이다.							

17

문항	응답 I					응답 II	
	①	②	③	④	⑤	멀다	가깝다
A. 학급에서는 존재가 희미했다.							
B. 항상 무언가를 생각하고 있다.							
C. 스포츠는 보는 것보다 하는 게 좋다.							
D. 잘한다라는 말을 자주 듣는다.							

18

문항	응답 I					응답 II	
	①	②	③	④	⑤	멀다	가깝다
A. 흐린 날은 반드시 우산을 가지고 간다.							
B. 주연상을 받을 수 있는 배우를 좋아한다.							
C. 공격하는 타입이라고 생각한다.							
D. 리드를 받는 편이다.							

19

문항	응답 I					응답 II	
	①	②	③	④	⑤	멀다	가깝다
A. 너무 신중해서 기회를 놓친 적이 있다.							
B. 시원시원하게 움직이는 타입이다.							
C. 야근을 해서라도 업무를 끝낸다.							
D. 누군가를 방문할 때는 반드시 사전에 확인한다.							

20

문항	응답 I					응답 II	
	①	②	③	④	⑤	멀다	가깝다
A. 노력해도 결과가 따르지 않으면 의미가 없다.							
B. 무조건 행동해야 한다.							
C. 유행에 둔감하다고 생각한다.							
D. 정해진 대로 움직이는 것은 시시하다.							

21

문항	응답 I					응답 II	
	①	②	③	④	⑤	멀다	가깝다
A. 꿈을 계속 가지고 있고 싶다.							
B. 질서보다 자유를 중요시하는 편이다.							
C. 혼자서 취미에 몰두하는 것을 좋아한다.							
D. 직관적으로 판단하는 편이다.							

22

문항	응답 I					응답 II	
	①	②	③	④	⑤	멀다	가깝다
A. 영화나 드라마를 보면 등장인물의 감정에 이입된다.							
B. 시대의 흐름에 역행해서라도 자신을 관철하고 싶다.							
C. 다른 사람의 소문에 관심이 없다.							
D. 창조적인 편이다.							

23

문항	응답 I					응답 II	
	①	②	③	④	⑤	멀다	가깝다
A. 비교적 눈물이 많은 편이다.							
B. 융통성이 있다고 생각한다.							
C. 친구의 휴대전화 번호를 잘 모른다.							
D. 스스로 고안하는 것을 좋아한다.							

24

문항	응답 I					응답 II	
	①	②	③	④	⑤	멀다	가깝다
A. 정이 두터운 사람으로 남고 싶다.							
B. 조직의 일원으로 별로 안 어울린다.							
C. 세상의 일에 별로 관심이 없다.							
D. 변화를 추구하는 편이다.							

25

문항	응답 I					응답 II	
	①	②	③	④	⑤	멀다	가깝다
A. 업무는 인간관계로 선택한다.							
B. 환경이 변하는 것에 구애되지 않는다.							
C. 불안감이 강한 편이다.							
D. 인생은 살 가치가 없다고 생각한다.							

〉〉 유형 II

┃1~30┃ 다음 각 문제에서 제시된 4개의 질문 중 자신의 생각과 일치하거나 자신을 가장 잘 나타내는 질문과 가장 거리가 먼 질문을 각각 하나씩 고르시오.

	질문	가깝다	멀다
1	나는 계획적으로 일을 하는 것을 좋아한다.		
	나는 꼼꼼하게 일을 마무리 하는 편이다.		
	나는 새로운 방법으로 문제를 해결하는 것을 좋아한다.		
	나는 빠르고 신속하게 일을 처리해야 마음이 편하다.		
2	나는 문제를 해결하기 위해 여러 사람과 상의한다.		
	나는 어떠한 결정을 내릴 때 신중한 편이다.		
	나는 시작한 일은 반드시 완성시킨다.		
	나는 문제를 현실적이고 객관적으로 해결한다.		
3	나는 글보다 말로 표현하는 것이 편하다.		
	나는 논리적인 원칙에 따라 행동하는 것이 좋다.		
	나는 집중력이 강하고 매사에 철저하다.		
	나는 자기능력을 뽐내지 않고 겸손하다.		
4	나는 융통성 있게 업무를 처리한다.		
	나는 질문을 받으면 충분히 생각하고 나서 대답한다.		
	나는 긍정적이고 낙천적인 사고방식을 갖고 있다.		
	나는 매사에 적극적인 편이다.		
5	나는 기발한 아이디어를 많이 낸다.		
	나는 새로운 일을 하는 것이 좋다.		
	나는 타인의 견해를 잘 고려한다.		
	나는 사람들을 잘 설득시킨다.		
6	나는 종종 화가 날 때가 있다.		
	나는 화를 잘 참지 못한다.		
	나는 단호하고 통솔력이 있다.		
	나는 집단을 이끌어가는 능력이 있다.		
7	나는 조용하고 성실하다.		
	나는 책임감이 강하다.		
	나는 독창적이며 창의적이다.		
	나는 복잡한 문제도 간단하게 해결한다.		

질문	가깝다	멀다
나는 관심 있는 분야에 몰두하는 것이 즐겁다.		
나는 목표를 달성하는 것을 중요하게 생각한다.		
나는 상황에 따라 일정을 조율하는 융통성이 있다.		
나는 의사결정에 신속함이 있다.		
나는 정리 정돈과 계획에 능하다.		
나는 사람들의 관심을 받는 것이 기분 좋다.		
나는 때로는 고집스러울 때도 있다.		
나는 원리원칙을 중시하는 편이다.		
나는 맡은 일에 헌신적이다.		
나는 타인의 감정에 민감하다.		
나는 목적과 방향은 변화할 수 있다고 생각한다.		
나는 다른 사람과 의견의 충돌은 피하고 싶다.		
나는 구체적인 사실을 잘 기억하는 편이다.		
나는 새로운 일을 시도하는 것이 즐겁다.		
나는 겸손하다.		
나는 다른 사람과 별다른 마찰이 없다.		
나는 나이에 비해 성숙한 편이다.		
나는 유머감각이 있다.		
나는 다른 사람의 생각이나 의견을 중요시 생각한다.		
나는 솔직하고 단호한 편이다.		
나는 낙천적이고 긍정적이다.		
나는 집단을 이끌어가는 능력이 있다.		
나는 사람들에게 인기가 많다.		
나는 활동을 조직하고 주도해나가는데 능하다.		
나는 사람들에게 칭찬을 잘 한다.		
나는 사교성이 풍부한 편이다.		
나는 동정심이 많다.		
나는 정보에 밝고 지식에 대한 욕구가 높다.		
나는 호기심이 많다.		
나는 다수결의 의견에 쉽게 따른다.		
나는 승부근성이 강하다.		
나는 자존심이 강한 편이다.		

질문		가깝다	멀다
24	나는 부지런한 편이다.		
	나는 일을 하는 속도가 빠르다.		
	나는 독특하고 창의적인 생각을 잘한다.		
	나는 약속한 일은 어기지 않는다.		
25	나는 환경의 변화에도 쉽게 적응할 수 있다.		
	나는 망설이는 것보다 도전하는 편이다.		
	나는 완벽주의자이다.		
	나는 팀을 짜서 일을 하는 것이 재미있다.		
17	나는 문제를 해결하기 위해 많은 사람의 의견을 참고한다.		
	나는 몸을 움직이는 것을 좋아한다.		
	나는 시작한 일은 반드시 완성시킨다.		
	나는 문제 상황을 객관적으로 대처하는데 자신이 있다.		
18	나는 목표를 향해 계속 도전하는 편이다.		
	나는 실패하는 것이 두렵지 않다.		
	나는 친구들이 많은 편이다.		
	나는 다른 사람의 시선을 고려하여 행동한다.		
19	나는 추상적인 이론을 잘 기억하는 편이다.		
	나는 적극적으로 행동하는 편이다.		
	나는 말하는 것을 좋아한다.		
	나는 꾸준히 노력하는 타입이다.		
20	나는 실행력이 있는 편이다.		
	나는 조직 내 분위기 메이커이다.		
	나는 세심하지 못한 편이다.		
	나는 모임에서 지원자 역할을 맡는 것이 좋다.		
21	나는 현실적이고 실용적인 것을 추구한다.		
	나는 계획을 세우고 실행하는 것이 재미있다.		
	나는 꾸준한 취미를 갖고 있다.		
	나는 성급하게 결정하지 않는다.		
22	나는 싫어하는 사람과도 아무렇지 않게 이야기 할 수 있다.		
	내 책상은 항상 깔끔히 정돈되어 있다.		
	나는 실패보다 성공을 먼저 생각한다.		
	나는 동료와의 경쟁도 즐긴다.		

	질문	가깝다	멀다
23	나는 능력을 칭찬받는 경우가 많다.		
	나는 논리정연하게 말을 하는 편이다.		
	나는 사물의 근원과 배경에 대해 관심이 많다.		
	나는 문제에 부딪히면 스스로 해결하는 편이다.		
24	나는 부지런한 편이다.		
	나는 일을 하는 속도가 빠르다.		
	나는 독특하고 창의적인 생각을 잘한다.		
	나는 약속한 일은 어기지 않는다.		
25	나는 환경의 변화에도 쉽게 적응할 수 있다.		
	나는 망설이는 것보다 도전하는 편이다.		
	나는 완벽주의자이다.		
	나는 팀을 짜서 일을 하는 것이 재미있다.		
26	나는 조직을 위해서 내 이익을 포기할 수 있다.		
	나는 상상력이 풍부하다.		
	나는 여러 가지 각도로 사물을 분석하는 것이 좋다.		
	나는 인간관계를 중시하는 편이다.		
27	나는 경험한 방법 중 가장 적합한 방법으로 일을 해결한다.		
	나는 독자적인 시각을 갖고 있다.		
	나는 시간이 걸려도 침착하게 생각하는 경우가 많다.		
	나는 높은 목표를 설정하고 이루기 위해 노력하는 편이다.		
28	나는 성격이 시원시원하다는 말을 자주 듣는다.		
	나는 자기 표현력이 강한 편이다.		
	나는 일의 내용을 중요시 여긴다.		
	나는 다른 사람보다 동정심이 많은 편이다.		
29	나는 하기 싫은 일을 맡아도 표시내지 않고 마무리 한다.		
	나는 누가 시키지 않아도 일을 계획적으로 진행한다.		
	나는 한 가지 일에 집중을 잘 하는 편이다.		
	나는 남을 설득하고 이해시키는데 자신이 있다.		
30	나는 비합리적이거나 불의를 보면 쉽게 지나치지 못한다.		
	나는 무엇이던 시작하면 이루어야 직성이 풀린다.		
	나는 사람을 가리지 않고 쉽게 사귄다.		
	나는 어렵고 힘든 일에 도전하는 것에 쾌감을 느낀다.		

>> 유형 III

|1~200| 다음 (   ) 안에 당신에게 해당사항이 있으면 'YES', 그렇지 않다면 'NO'를 선택하시오.

	YES	NO
1. 사람들이 붐비는 도시보다 한적한 시골이 좋다.	( )	( )
2. 전자기기를 잘 다루지 못하는 편이다.	( )	( )
3. 인생에 대해 깊이 생각해 본 적이 없다.	( )	( )
4. 혼자서 식당에 들어가는 것은 전혀 두려운 일이 아니다.	( )	( )
5. 남녀 사이의 연애에서 중요한 것은 돈이다.	( )	( )
6. 걸음걸이가 빠른 편이다.	( )	( )
7. 육류보다 채소류를 더 좋아한다.	( )	( )
8. 소곤소곤 이야기하는 것을 보면 자기에 대해 험담하고 있는 것으로 생각된다.	( )	( )
9. 여럿이 어울리는 자리에서 이야기를 주도하는 편이다.	( )	( )
10. 집에 머무는 시간보다 밖에서 활동하는 시간이 더 많은 편이다.	( )	( )
11. 무엇인가 창조해내는 작업을 좋아한다.	( )	( )
12. 자존심이 강하다고 생각한다.	( )	( )
13. 금방 흥분하는 성격이다.	( )	( )
14. 거짓말을 한 적이 많다.	( )	( )
15. 신경질적인 편이다.	( )	( )
16. 끙끙대며 고민하는 타입이다.	( )	( )
17. 자신이 맡은 일에 반드시 책임을 지는 편이다.	( )	( )
18. 누군가와 마주하는 것보다 통화로 이야기하는 것이 더 편하다.	( )	( )
19. 운동신경이 뛰어난 편이다.	( )	( )
20. 생각나는 대로 말해버리는 편이다.	( )	( )
21. 싫어하는 사람이 없다.	( )	( )
22. 학창시절 국·영·수보다는 예체능 과목을 더 좋아했다.	( )	( )
23. 쓸데없는 고생을 하는 일이 많다.	( )	( )

	YES	NO

24. 자주 생각이 바뀌는 편이다. ···( )( )

25. 갈등은 대화로 해결한다. ···( )( )

26. 내 방식대로 일을 한다. ···( )( )

27. 영화를 보고 운 적이 많다. ···( )( )

28. 어떤 것에 대해서도 화낸 적이 없다. ·································( )( )

29. 좀처럼 아픈 적이 없다. ···( )( )

30. 자신은 도움이 안 되는 사람이라고 생각한다. ·················( )( )

31. 어떤 일이든 쉽게 싫증을 내는 편이다. ·······························( )( )

32. 개성적인 사람이라고 생각한다. ···( )( )

33. 자기주장이 강한 편이다. ···( )( )

34. 뒤숭숭하다는 말을 들은 적이 있다. ·····································( )( )

35. 인터넷 사용이 아주 능숙하다. ···( )( )

36. 사람들과 관계 맺는 것을 보면 잘하지 못한다. ·················( )( )

37. 사고방식이 독특하다. ···( )( )

38. 대중교통보다는 걷는 것을 더 선호한다. ·····························( )( )

39. 끈기가 있는 편이다. ···( )( )

40. 신중한 편이라고 생각한다. ···( )( )

41. 인생의 목표는 큰 것이 좋다. ···( )( )

42. 어떤 일이라도 바로 시작하는 타입이다. ·····························( )( )

43. 낯가림을 하는 편이다. ···( )( )

44. 생각하고 나서 행동하는 편이다. ···( )( )

45. 쉬는 날은 밖으로 나가는 경우가 많다. ·······························( )( )

46. 시작한 일은 반드시 완성시킨다. ···( )( )

47. 면밀한 계획을 세운 여행을 좋아한다. ·································( )( )

48. 야망이 있는 편이라고 생각한다. ···( )( )

49. 활동력이 있는 편이다. ···( )( )

50. 많은 사람들과 왁자지껄하게 식사하는 것을 좋아하지 않는다. ·······( )( )

51. 장기적인 계획을 세우는 것을 꺼려한다. ·······································( )( )

52. 자기 일이 아닌 이상 무심한 편이다. ···( )( )

53. 하나의 취미에 열중하는 타입이다. ··( )( )

54. 스스로 모임에서 회장에 어울린다고 생각한다. ·····························( )( )

55. 입신출세의 성공이야기를 좋아한다. ··( )( )

56. 어떠한 일도 의욕을 가지고 임하는 편이다. ·································( )( )

57. 학급에서는 존재가 희미했다. ··( )( )

58. 항상 무언가를 생각하고 있다. ··( )( )

59. 스포츠는 보는 것보다 하는 게 좋다. ··( )( )

60. 문제 상황을 바르게 인식하고 현실적이고 객관적으로 대처한다. ·······( )( )

61. 흐린 날은 반드시 우산을 가지고 간다. ·······································( )( )

62. 여러 명보다 1 : 1로 대화하는 것을 선호한다. ····························( )( )

63. 공격하는 타입이라고 생각한다. ···( )( )

64. 리드를 받는 편이다. ··( )( )

65. 너무 신중해서 기회를 놓친 적이 있다. ·······································( )( )

66. 시원시원하게 움직이는 타입이다. ··( )( )

67. 야근을 해서라도 업무를 끝낸다. ···( )( )

68. 누군가를 방문할 때는 반드시 사전에 확인한다. ··························( )( )

69. 아무리 노력해도 결과가 따르지 않는다면 의미가 없다. ················( )( )

70. 솔직하고 타인에 대해 개방적이다. ··( )( )

71. 유행에 둔감하다고 생각한다. ··( )( )

72. 정해진 대로 움직이는 것은 시시하다. ···( )( )

73. 꿈을 계속 가지고 있고 싶다. ···( )( )

74. 질서보다 자유를 중요시하는 편이다. ···( )( )

75. 혼자서 취미에 몰두하는 것을 좋아한다. ···( )( )

76. 직관적으로 판단하는 편이다. ··( )( )

77. 영화나 드라마를 보며 등장인물의 감정에 이입된다. ···························( )( )

78. 시대의 흐름에 역행해서라도 자신을 관철하고 싶다. ·························( )( )

79. 다른 사람의 소문에 관심이 없다. ···( )( )

80. 창조적인 편이다. ···( )( )

81. 비교적 눈물이 많은 편이다. ··( )( )

82. 융통성이 있다고 생각한다. ··( )( )

83. 친구의 휴대전화 번호를 잘 모른다. ··( )( )

84. 스스로 고안하는 것을 좋아한다. ···( )( )

85. 정이 두터운 사람으로 남고 싶다. ···( )( )

86. 새로 나온 전자제품의 사용방법을 익히는 데 오래 걸린다. ················( )( )

87. 세상의 일에 별로 관심이 없다. ···( )( )

88. 변화를 추구하는 편이다. ···( )( )

89. 업무는 인간관계로 선택한다. ···( )( )

90. 환경이 변하는 것에 구애되지 않는다. ···( )( )

91. 다른 사람들에게 첫인상이 좋다는 이야기를 자주 듣는다. ··················( )( )

92. 인생은 살 가치가 없다고 생각한다. ··( )( )

93. 의지가 약한 편이다. ···( )( )

94. 다른 사람이 하는 일에 별로 관심이 없다. ···( )( )

95. 자주 넘어지거나 다치는 편이다. ···( )( )

96. 심심한 것을 못 참는다. ···( )( )

97. 다른 사람을 욕한 적이 한 번도 없다. ···( )( )

98. 몸이 아프더라도 병원에 잘 가지 않는 편이다. ·····································( )( )

99. 금방 낙심하는 편이다. ··( )( )

100. 평소 말이 빠른 편이다. ···( )( )

101. 어려운 일은 되도록 피하는 게 좋다. ·····································( )( )

102. 다른 사람이 내 의견에 간섭하는 것이 싫다. ························( )( )

103. 낙천적인 편이다. ···( )( )

104. 남을 돕다가 오해를 산 적이 있다. ··( )( )

105. 모든 일에 준비성이 철저한 편이다. ·······································( )( )

106. 상냥하다는 말을 들은 적이 있다. ··( )( )

107. 맑은 날보다 흐린 날을 더 좋아한다. ·····································( )( )

108. 많은 친구들을 만나는 것보다 단 둘이 만나는 것이 더 좋다. ····( )( )

109. 평소에 불평불만이 많은 편이다. ···( )( )

110. 가끔 나도 모르게 엉뚱한 행동을 하는 때가 있다. ··················( )( )

111. 생리현상을 잘 참지 못하는 편이다. ·······································( )( )

112. 다른 사람을 기다리는 경우가 많다. ·······································( )( )

113. 술자리나 모임에 억지로 참여하는 경우가 많다. ·····················( )( )

114. 결혼과 연애는 별개라고 생각한다. ··( )( )

115. 노후에 대해 걱정이 될 때가 많다. ··( )( )

116. 잃어버린 물건은 쉽게 찾는 편이다. ·······································( )( )

117. 비교적 쉽게 감격하는 편이다. ··( )( )

118. 어떤 것에 대해서는 불만을 가진 적이 없다. ··························( )( )

119. 걱정으로 밤에 못 잘 때가 많다. ···( )( )

120. 자주 후회하는 편이다. ···( )( )

121. 쉽게 학습하지만 쉽게 잊어버린다. ··( )( )

122. 낮보다 밤에 일하는 것이 좋다. ··( )( )

123. 많은 사람 앞에서도 긴장하지 않는다. ····································( )( )

124. 상대방에게 감정 표현을 하기가 어렵게 느껴진다. ·····················( )( )

125. 인생을 포기하는 마음을 가진 적이 한 번도 없다. ·····················( )( )

126. 규칙에 대해 드러나게 반발하기보다 속으로 반발한다. ················( )( )

127. 자신의 언행에 대해 자주 반성한다. ·····································( )( )

128. 활동범위가 좁아 늘 가던 곳만 고집한다. ·······························( )( )

129. 나는 끈기가 다소 부족하다. ··( )( )

130. 좋다고 생각하더라도 좀 더 검토하고 나서 실행한다. ················( )( )

131. 위대한 인물이 되고 싶다. ··( )( )

132. 한 번에 많은 일을 떠맡아도 힘들지 않다. ·····························( )( )

133. 사람과 약속은 부담스럽다. ··( )( )

134. 질문을 받으면 충분히 생각하고 나서 대답하는 편이다. ··············( )( )

135. 머리를 쓰는 것보다 땀을 흘리는 일이 좋다. ··························( )( )

136. 결정한 것에는 철저히 구속받는다. ······································( )( )

137. 아무리 바쁘더라도 자기관리를 위한 운동을 꼭 한다. ···············( )( )

138. 이왕 할 거라면 일등이 되고 싶다. ······································( )( )

139. 과감하게 도전하는 타입이다. ···( )( )

140. 자신은 사교적이 아니라고 생각한다. ··································( )( )

141. 무심코 도리에 대해서 말하고 싶어진다. ······························( )( )

142. 목소리가 큰 편이다. ···( )( )

143. 단념하기보다 실패하는 것이 낫다고 생각한다. ······················( )( )

144. 예상하지 못한 일은 하고 싶지 않다. ··································( )( )

145. 파란만장하더라도 성공하는 인생을 살고 싶다. ······················( )( )

146. 활기찬 편이라고 생각한다. ···( )( )

147. 자신의 성격으로 고민한 적이 있다. ···································( )( )

148. 무심코 사람들을 평가 한다. ··( )( )

149. 때때로 성급하다고 생각한다. ···( )( )

150. 자신은 꾸준히 노력하는 타입이라고 생각한다. ··················( )( )

151. 터무니없는 생각이라도 메모한다. ·····································( )( )

152. 리더십이 있는 사람이 되고 싶다. ·····································( )( )

153. 열정적인 사람이라고 생각한다. ·······································( )( )

154. 다른 사람 앞에서 이야기를 하는 것이 조심스럽다. ·············( )( )

155. 세심하기보다 통찰력이 있는 편이다. ·······························( )( )

156. 엉덩이가 가벼운 편이다. ··( )( )

157. 여러 가지로 구애받는 것을 견디지 못한다. ·······················( )( )

158. 돌다리도 두들겨 보고 건너는 쪽이 좋다. ·························( )( )

159. 자신에게는 권력욕이 있다. ···( )( )

160. 자신의 능력보다 과중한 업무를 할당받으면 기쁘다. ···········( )( )

161. 사색적인 사람이라고 생각한다. ·······································( )( )

162. 비교적 개혁적이다. ···( )( )

163. 좋고 싫음으로 정할 때가 많다. ·······································( )( )

164. 전통에 얽매인 습관은 버리는 것이 적절하다. ····················( )( )

165. 교제 범위가 좁은 편이다. ··( )( )

166. 발상의 전환을 할 수 있는 타입이라고 생각한다. ···············( )( )

167. 주관적인 판단으로 실수한 적이 있다. ·······························( )( )

168. 현실적이고 실용적인 면을 추구한다. ·······························( )( )

169. 타고난 능력에 의존하는 편이다. ·····································( )( )

170. 다른 사람을 의식하여 외모에 신경을 쓴다. ·······················( )( )

171. 마음이 담겨 있으면 선물은 아무 것이나 좋다. ··················( )( )

172. 여행은 내 마음대로 하는 것이 좋다. ·······························( )( )

173. 추상적인 일에 관심이 있는 편이다. ·································( )( )

174. 큰일을 먼저 결정하고 세세한 일을 나중에 결정하는 편이다. ·····················( )( )

175. 괴로워하는 사람을 보면 답답하다. ··( )( )

176. 자신의 가치기준을 알아주는 사람은 아무도 없다. ···························( )( )

177. 인간성이 없는 사람과는 함께 일할 수 없다. ·······························( )( )

178. 상상력이 풍부한 편이라고 생각한다. ·······································( )( )

179. 의리, 인정이 두터운 상사를 만나고 싶다. ·································( )( )

180. 인생은 앞날을 알 수 없어 재미있다. ·······································( )( )

181. 조직에서 분위기 메이커다. ···( )( )

182. 반성하는 시간에 차라리 실수를 만회할 방법을 구상한다. ···················( )( )

183. 늘 하던 방식대로 일을 처리해야 마음이 편하다. ·························( )( )

184. 쉽게 이룰 수 있는 일에는 흥미를 느끼지 못한다. ·························( )( )

185. 좋다고 생각하면 바로 행동한다. ···( )( )

186. 후배들은 무섭게 가르쳐야 따라온다. ·······································( )( )

187. 한 번에 많은 일을 떠맡는 것이 부담스럽다. ·······························( )( )

188. 능력 없는 상사라도 진급을 위해 아부할 수 있다. ·························( )( )

189. 질문을 받으면 그때의 느낌으로 대답하는 편이다. ·························( )( )

190. 땀을 흘리는 것보다 머리를 쓰는 일이 좋다. ·······························( )( )

191. 단체 규칙에 그다지 구속받지 않는다. ·····································( )( )

192. 물건을 자주 잃어버리는 편이다. ···( )( )

193. 불만이 생기면 즉시 말해야 한다. ··( )( )

194. 안전한 방법을 고르는 타입이다. ···( )( )

195. 사교성이 많은 사람을 보면 부럽다. ·······································( )( )

196. 성격이 급한 편이다. ···( )( )

197. 갑자기 중요한 프로젝트가 생기면 혼자서라도 야근할 수 있다. ···············( )( )

198. 내 인생에 절대로 포기하는 경우는 없다. ···································( )( )

199. 예상하지 못한 일도 해보고 싶다. ··( )( )

200. 평범하고 평온하게 행복한 인생을 살고 싶다. ·······························( )( )

PART

II

직무능력검사

언어논리력

대표유형 1 단어관계

(1) 동의어

두 개 이상의 단어가 소리는 다르나 의미가 같아 모든 문맥에서 서로 대치되어 쓰일 수 있는 것을 동의어라고 한다. 그러나 이렇게 쓰일 수 있는 동의어의 수는 극히 적다. 말이란 개념뿐만 아니라 느낌까지 싣고 있어서 문장 환경에 따라 미묘한 차이가 있기 때문이다. 따라서 동의어는 의미와 결합성의 일치로써 완전동의어와 의미의 범위가 서로 일치하지는 않으나 공통되는 부분의 의미를 공유하는 부분동의어로 구별된다.

① **완전동의어** … 둘 이상의 단어가 그 의미의 범위가 서로 일치하여 모든 문맥에서 치환이 가능하다.
　　예 사람 : 인간, 사망 : 죽음

② **부분동의어** … 의미의 범위가 서로 일치하지는 않으나 공통되는 어느 부분만 의미를 서로 공유하는 부분적인 동의어이다. 부분동의어는 일반적으로 유의어(類義語)라 불린다. 사실, 동의어로 분류되는 거의 모든 낱말들이 부분동의어에 속한다.
　　예 이유 : 원인

(2) 유의어

둘 이상의 단어가 소리는 다르면서 뜻이 비슷할 때 유의어라고 한다. 유의어는 뜻은 비슷하나 단어의 성격 등이 다른 경우에 해당하는 것이다. A와 B가 유의어라고 했을 때 문장에 들어 있는 A를 B로 바꾸면 문맥이 이상해지는 경우가 있다. 예를 들어 어머니, 엄마, 모친(母親)은 자손을 출산한 여성을 자식의 관점에서 부르는 호칭으로 유의어이다. 그러나 "어머니, 학교 다녀왔습니다."라는 문장을 "모친, 학교 다녀왔습니다."라고 바꾸면 문맥상 자연스럽지 못하게 된다.

(3) 동음이의어

둘 이상의 단어가 소리는 같으나 의미가 다를 때 동음이의어라고 한다. 동음이의어는 문맥과 상황에 따라, 말소리의 길고 짧음에 따라, 한자에 따라 의미를 구별할 수 있다.
예 • 밥을 먹었더니 배가 부르다. (복부)
　• 과일 가게에서 배를 샀다. (과일)
　• 항구에 배가 들어왔다. (선박)

(4) 다의어

하나의 단어에 뜻이 여러 가지인 단어로 대부분의 단어가 다의를 갖고 있기 때문에 의미 분석이 어려운 것이라고 볼 수 있다. 하나의 의미만 갖는 단의어 및 동음이의어와 대립되는 개념이다.

> **예** • 밥 먹기 전에 가서 손을 씻고 오너라. (신체)
> • 너무 바빠서 손이 모자란다. (일손)
> • 우리 언니는 손이 큰 편이야. (씀씀이)
> • 그 사람과는 손을 끊어라. (교제)
> • 그 사람의 손을 빌렸어. (도움)
> • 넌 나의 손에 놀아난 거야. (꾀)
> • 저 사람 손에 집이 넘어가게 생겼다. (소유)
> • 반드시 내 손으로 해내고 말겠다. (힘, 역량)

(5) 반의어

단어들의 의미가 서로 반대되거나 짝을 이루어 서로 관계를 맺고 있는 경우가 있다. 이를 '반의어 관계'라고 한다. 그리고 이러한 반의관계에 있는 어휘를 반의어라고 한다. 반의 및 대립 관계를 형성하는 어휘 쌍을 일컫는 용어들은 관점과 유형에 따라 '반대말, 반의어, 반대어, 상대어, 대조어, 대립어' 등으로 다양하다. 반의관계에서 특히 중간 항이 허용되는 관계를 '반대관계'라고 하며, 중간 항이 허용되지 않는 관계를 '모순관계'라고 한다.

> **예** • 반대관계 : 크다 ↔ 작다
> • 모순관계 : 남자 ↔ 여자

(6) 상 · 하의어

단어의 의미 관계로 보아 어떤 단어가 다른 단어에 포함되는 경우를 '하의어 관계'라고 하고, 이러한 관계에 있는 어휘가 상의어 · 하의어이다. 상의어로 갈수록 포괄적이고 일반적이며, 하의어로 갈수록 한정적이고 개별적인 의미를 지닌다. 따라서 하의어는 상의어에 비해 자세하다.

① 상의어…다른 단어의 의미를 포함하는 단어를 말한다.

> **예** 꽃

② 하의어 … 다른 단어의 의미에 포함되는 단어를 말한다.

> **예** 장미, 국화, 맨드라미, 수선화, 개나리 등

(1) 관용표현

관용표현이란 둘 이상의 낱말이 합쳐져 원래의 뜻과는 전혀 다른 새로운 뜻으로 굳어져서 쓰이는 표현을 말한다.

> 예 발을 끊다. → 오가지 않거나 관계를 끊다.
> 손이 크다. → 씀씀이가 후하고 크다.

(2) 단위를 나타내는 말

① 길이

뼘	엄지손가락과 다른 손가락을 완전히 펴서 벌렸을 때에 두 끝 사이의 거리
발	한 발은 두 팔을 양옆으로 펴서 벌렸을 때 한쪽 손끝에서 다른 쪽 손끝까지의 길이
길	한 길은 여덟 자 또는 열 자로 약 3m에 해당함. 사람의 키 정도의 길이
치	길이의 단위. 한 치는 한 자의 10분의 1 또는 약 3.33cm
자	길이의 단위. 한 자는 한 치의 열 배로 약 30.3cm
리	거리의 단위. 1리는 약 0.393km
마장	거리의 단위. 오 리나 십 리가 못 되는 거리

② 부피

술	한 술은 숟가락 하나 만큼의 양
홉	곡식의 부피를 재기 위한 기구들이 만들어지고, 그 기구들의 이름이 그대로 부피를 재는 단위가 된다. '홉'은 그 중 가장 작은 단위(180ml에 해당)이며, 곡식 외에 가루, 액체 따위의 부피를 잴 때도 쓰임(10홉 = 1되, 10되 = 1말, 10말 = 1섬).
되	곡식이나 액체 따위의 분량을 헤아리는 단위. '말'의 10분의 1, '홉'의 10배이며, 약 1.8l
섬	곡식·가루·액체 따위의 부피를 잴 때 씀. 한 섬은 한 말의 열 배로 약 180l

③ 무게

돈	귀금속이나 한약재 따위의 무게를 잴 때 쓰는 단위. 한 돈은 한 냥의 10분의 1, 한 푼의 열 배로 3.75g
냥	한 냥은 귀금속 무게를 잴 때는 한 돈의 열 배이고, 한약재의 무게를 잴 때는 한 근의 16분의 1로 37.5g
근	고기나 한약재의 무게를 잴 때는 600g에 해당하고, 과일이나 채소 따위의 무게를 잴 때는 한 관의 10분의 1로 375g
관	한 관은 한 근의 열 배로 3.75kg

④ 낱개

개비	가늘고 짤막하게 쪼개진 도막을 세는 단위
그루	식물, 특히 나무를 세는 단위
닢	가마니, 돗자리, 멍석 등을 세는 단위
땀	바느질할 때 바늘을 한 번 뜬, 그 눈
마리	짐승이나 물고기, 벌레 따위를 세는 단위
모	두부나 묵 따위를 세는 단위
올(오리)	실이나 줄 따위의 가닥을 세는 단위
자루	필기 도구나 연장, 무기 따위를 세는 단위
채	집이나 큰 가구, 기물, 가마, 상여, 이불 등을 세는 단위
코	그물이나 뜨개질한 물건에서 지어진 하나하나의 매듭
타래	사리어 뭉쳐 놓은 실이나 노끈 따위의 뭉치를 세는 단위
톨	밤이나 곡식의 낟알을 세는 단위
통	배추나 박 따위를 세는 단위
포기	뿌리를 단위로 하는 초목을 세는 단위

⑤ 넓이

평	땅 넓이의 단위. 한 평은 여섯 자 제곱으로 약 $3.3058m^2$
홉지기	땅 넓이의 단위. 한 홉은 1평의 10분의 1
마지기	논과 밭의 넓이를 나타내는 단위. 한 마지기는 볍씨 한 말의 모 또는 씨앗을 심을 만한 넓이로, 지방마다 다르나 논은 약 150~300평. 밭은 약 100평 정도
되지기	넓이의 단위. 한 되지기는 볍씨 한 되의 모 또는 씨앗을 심을 만한 넓이로 한 마지기의 10분의 1
섬지기	논과 밭의 넓이를 나타내는 단위. 한 섬지기는 볍씨 한 섬의 모 또는 씨앗을 심을 만한 넓이로, 한 마지기의 10배이며, 논은 약 2,000평, 밭은 약 1,000평 정도
간	가옥의 넓이를 나타내는 말. '간'은 네 개의 도리로 둘러싸인 면적의 넓이로, 약 6자×6자 정도의 넓이

⑥ 수량

갓	굴비, 고사리 따위를 묶어 세는 단위. 고사리 따위 10모숨을 한 줄로 엮은 것
꾸러미	달걀 10개
동	붓 10자루
두름	조기 따위의 물고기를 짚으로 한 줄에 10마리씩 두 줄로 엮은 것을 세는 단위. 고사리 따위의 산나물을 10모숨 정도로 엮은 것을 세는 단위
벌	옷이나 그릇 따위가 짝을 이루거나 여러 가지가 모여 갖추어진 한 덩이를 세는 단위
손	한 손에 잡을 만한 분량을 세는 단위. 조기·고등어·배추 따위의 한 손은 큰 것과 작은 것을 합한 것을 이르고, 미나리나 파 따위 한 손은 한 줌 분량을 말함
쌈	바늘 24개를 한 묶음으로 하여 세는 단위
접	채소나 과일 따위를 묶어 세는 단위. 한 접은 채소나 과일 100개
제(劑)	탕약 20첩 또는 그만한 분량으로 지은 환약
죽	옷이나 그릇 따위의 10벌을 묶어 세는 단위
축	오징어를 묶어 세는 단위. 오징어 한 축은 20마리
켤레	신, 양말, 버선, 방망이 따위의 짝이 되는 2개를 한 벌로 세는 단위
쾌	북어 20마리
톳	김을 묶어 세는 단위. 김 한 톳은 100장

(3) 나이에 관한 어휘

나이	어휘	나이	어휘
10대	충년(沖年)	15세	지학(志學)
20세	약관(弱冠)	30세	이립(而立)
40세	불혹(不惑)	50세	지천명(知天命)
60세	이순(耳順)	61세	환갑(還甲), 화갑(華甲), 회갑(回甲)
62세	진갑(進甲)	70세	고희(古稀)
77세	희수(喜壽)	80세	산수(傘壽)
88세	미수(米壽)	90세	졸수(卒壽)
99세	백수(白壽)	100세	기원지수(期願之壽)

(4) 가족에 관한 호칭

구분	본인의 가족		타인의 가족	
	생전	사후	생전	사후
父(아버지)	家親(가친) 嚴親(엄친) 父主(부주)	先親(선친) 先考(선고) 先父君(선부군)	春府丈(춘부장) 椿丈(춘장) 椿當(춘당)	先大人(선대인) 先考丈(선고장) 先人(선인)
母(어머니)	慈親(자친) 母生(모생) 家慈(가자)	先妣(선비) 先慈(선자)	慈堂(자당) 大夫人(대부인) 萱堂(훤당) 母堂(모당) 北堂(북당)	先大夫人(선대부인) 先大夫(선대부)
子(아들)	家兒(가아) 豚兒(돈아) 家豚(가돈) 迷豚(미돈)		令郞(영랑) 令息(영식) 令胤(영윤)	
女(딸)	女兒(여아) 女息(여식) 息鄙(식비)		令愛(영애) 令嬌(영교) 令孃(영양)	

(5) 어림수를 나타내는 수사, 수관형사

한두	하나나 둘쯤	예 어려움이 한두 가지가 아니다.
두세	둘이나 셋	예 두세 마리
두셋	둘 또는 셋	예 사람 두셋
두서너	둘, 혹은 서너	예 과일 두서너 개
두서넛	둘 혹은 서넛	예 과일을 두서넛 먹었다.
두어서너	두서너	
서너	셋이나 넷쯤	예 쌀 서너 되
서넛	셋이나 넷	예 사람 서넛
서너너덧	서넛이나 너덧. 셋이나 넷 또는 넷이나 다섯	예 서너너덧 명
너덧	넷 가량	예 너덧 개
네댓	넷이나 다섯 가량	
네다섯	넷이나 다섯	
대엿	대여섯. 다섯이나 여섯 가량	
예닐곱	여섯이나 일곱	예 예닐곱 사람이 왔다.
일여덟	일고여덟	예 과일 일여덟 개

(1) 한글 맞춤법

① 표기원칙 … 한글 맞춤법은 표준어를 소리대로 적되, 어법에 맞도록 함을 원칙으로 한다.

② 맞춤법에 유의해야 할 말

　　㉠ 한 단어 안에서 뚜렷한 까닭 없이 나는 된소리는 다음 음절의 첫소리를 된소리로 적는다.

　　　　예 소쩍새, 아끼다, 어떠하다, 해쓱하다, 거꾸로, 가끔, 어찌, 이따금, 산뜻하다, 몽땅

　　　　※ 다만, 'ㄱ, ㅂ' 받침 뒤에서는 된소리로 적지 아니한다.

　　　　　　예 국수, 깍두기, 색시, 싹둑, 법석, 갑자기, 몹시, 딱지

　　㉡ 'ㄷ' 소리로 나는 받침 중에서 'ㄷ'으로 적을 근거가 없는 것은 'ㅅ'으로 적는다.

　　　　예 덧저고리, 돗자리, 엇셈, 웃어른, 핫옷, 무릇, 사뭇, 얼핏, 자칫하면

　　㉢ '계, 례, 몌, 폐, 혜'의 'ㅖ'는 'ㅔ'로 소리 나는 경우가 있더라도 'ㅖ'로 적는다.

　　　　예 계수(桂樹), 혜택(惠澤), 사례(謝禮), 연몌(連袂), 계집, 핑계

　　　　※ 다만, 다음 말은 본음대로 적는다.

　　　　　　예 게송(偈頌), 게시판(揭示板), 휴게실(休憩室)

　　㉣ '의'나, 자음을 첫소리로 가지고 있는 음절의 'ㅢ'는 'ㅣ'로 소리 나는 경우가 있더라도 'ㅢ'로 적는다.

　　　　예 무늬(紋), 보늬, 늴리리, 닝큼, 오늬, 하늬바람

　　㉤ 어간에 '-이'나 '-음 / -ㅁ'이 붙어서 명사로 된 것과 '-이'나 '-히'가 붙어서 부사로 된 것은 그 어간의 원형을 밝히어 적는다.

　　　　예 얼음, 굳이, 더욱이, 일찍이, 익히, 앎, 만듦, 짓궂이, 밝히

　　• 어간에 '-이'나 '-음'이 붙어서 명사로 바뀐 것이라도 그 어간의 뜻과 멀어진 것은 원형을 밝히어 적지 아니한다.

　　　　예 굽도리, 다리(髢), 목거리(목병), 무녀리, 거름(비료), 고름(膿), 노름(도박)

　　• 어간에 '-이'나 '-음' 이외의 모음으로 시작된 접미사가 붙어서 다른 품사로 바뀐 것은 그 어간의 원형을 밝히어 적지 아니한다.

　　　　예 귀머거리, 까마귀, 너머, 마개, 비렁뱅이, 쓰레기, 올가미, 주검, 도로, 뜨덤뜨덤, 바투, 비로소

　　㉥ 명사 뒤에 '-이'가 붙어서 된 말은 그 명사의 원형을 밝히어 적는다.

　　　　예 곳곳이, 낱낱이, 몫몫이, 샅샅이, 집집이, 곰배팔이, 바둑이, 삼발이, 애꾸눈이, 육손이, 절뚝발이 / 절름발이, 딸깍발이

　　　　※ '-이' 이외의 모음으로 시작된 접미사가 붙어서 된 말은 그 명사의 원형을 밝히어 적지 아니한다.

　　　　　　예 꼬락서니, 끄트머리, 모가치, 바가지, 사타구니, 싸라기, 이파리, 지붕, 지푸라기, 짜개

　　㉦ '-하다'가 붙는 어근에 '-히'나 '-이'가 붙어 부사가 되거나, 부사에 '-이'가 붙어서 뜻을 더하는 경우에는, 그 어근이나 부사의 원형을 밝히어 적는다.

　　　　예 급히, 꾸준히, 도저히, 딱히, 어렴풋이, 깨끗이, 곰곰이, 더욱이, 생긋이, 오뚝이, 일찍이, 해죽이

　　　　※ '-하다'가 붙지 않는 경우에는 소리대로 적는다.

　　　　　　예 갑자기, 반드시(꼭), 슬며시

ⓞ 사이시옷은 다음과 같은 경우에 받치어 적는다.

- 순 우리말로 된 합성어로서 앞말이 모음으로 끝난 경우

-뒷말의 첫소리가 된소리로 나는 것

> 예 귓밥, 나룻배, 나뭇가지, 냇가, 댓가지, 뒷갈망, 맷돌, 머릿기름, 모깃불, 부싯돌, 선짓국, 잇자국, 쳇바퀴, 킷값, 핏대, 혓바늘

-뒷말의 첫소리 'ㄴ, ㅁ' 앞에서 'ㄴ' 소리가 덧나는 것

> 예 멧나물, 아랫니, 텃마당, 아랫마을, 뒷머리, 잇몸, 깻묵

-뒷말의 첫소리 모음 앞에서 'ㄴㄴ' 소리가 덧나는 것

> 예 도리깻열, 뒷윷, 두렛일, 뒷일, 뒷입맛, 베갯잇, 욧잇, 깻잎, 나뭇잎, 댓잎

- 순 우리말과 한자어로 된 합성어로서 앞말이 모음으로 끝난 경우

-뒷말의 첫소리가 된소리로 나는 것

> 예 귓병, 머릿방, 샛강, 아랫방, 자릿세, 전셋집, 찻잔, 콧병, 탯줄, 텃세, 햇수, 횟배

-뒷말의 첫소리 'ㄴ, ㅁ' 앞에서 'ㄴ' 소리가 덧나는 것

> 예 곗날, 제삿날, 훗날, 툇마루, 양칫물

-뒷말의 첫소리 모음 앞에서 'ㄴㄴ' 소리가 덧나는 것

> 예 가욋일, 사삿일, 예삿일, 훗일

- 두 음절로 된 다음 한자어

> 예 곳간(庫間), 셋방(貰房), 숫자(數字), 찻간(車間), 툇간(退間), 횟수(回數)

※ 사이시옷을 붙이지 않는 경우

> 예 개수(個數), 전세방(傳貰房), 초점(焦點), 대구법(對句法)

ⓩ 두 말이 어울릴 적에 'ㅂ' 소리나 'ㅎ' 소리가 덧나는 것은 소리대로 적는다.

> 예 댑싸리, 멥쌀, 볍씨, 햅쌀, 머리카락, 살코기, 수컷, 수탉, 안팎, 암캐, 암탉

ⓒ 어간의 끝음절 '하'의 'ㅏ'가 줄고 'ㅎ'이 다음 음절의 첫소리와 어울려 거센소리로 될 적에는 거센소리로 적는다.

본말	준말	본말	준말
간편하게	간편케	다정하다	다정타
연구하도록	연구토록	정결하다	정결타
가하다	가타	흔하다	흔타

- 어간의 끝음절 '하'가 아주 줄 적에는 준 대로 적는다.

본말	준말	본말	준말
거북하지	거북지	넉넉하지 않다	넉넉지 않다
생각하건대	생각건대	생각하다 못해	생각다 못해
섭섭하지 않다	섭섭지 않다	익숙하지 않다	익숙지 않다

- 다음과 같은 부사는 소리대로 적는다.

> 예 결단코, 결코, 기필코, 무심코, 아무튼, 요컨대, 정녕코, 필연코, 하마터면, 하여튼, 한사코

㉠ 부사의 끝음절이 분명히 '이'로만 나는 것은 '-이'로 적고, '히'로만 나거나 '이'나 '히'로 나는 것은 '-히'로 적는다.

- '이'로만 나는 것

  예 가붓이, 깨끗이, 나붓이, 느긋이, 둥긋이, 따뜻이, 반듯이, 버젓이, 산뜻이, 의젓이, 가까이, 고이, 날카로이, 대수로이, 번거로이, 많이, 적이, 겹겹이, 번번이, 일일이, 틈틈이

- '히'로만 나는 것

  예 극히, 급히, 딱히, 속히, 작히, 족히, 특히, 엄격히, 정확히

- '이, 히'로 나는 것

  예 솔직히, 가만히, 소홀히, 쓸쓸히, 정결히, 꼼꼼히, 열심히, 급급히, 답답히, 섭섭히, 공평히, 분명히, 조용히, 간소히, 고요히, 도저히

③ 띄어쓰기 ··· 문장의 각 단어는 띄어 씀을 원칙으로 한다(다만, 조사는 붙여 씀).

㉠ 조사는 그 앞말에 붙여 쓴다.

  예 너조차, 꽃마저, 꽃입니다, 꽃처럼, 어디까지나, 거기도, 멀리는, 웃고만

㉡ 의존 명사는 띄어 쓴다.

  예 아는 것이 힘이다. 나도 할 수 있다. 먹을 만큼 먹어라. 아는 이를 만났다.

㉢ 단위를 나타내는 명사는 띄어 쓴다.

  예 한 개, 차 한 대, 금 서 돈, 조기 한 손, 버선 한 죽

  ※ 다만, 순서를 나타내는 경우나 숫자와 어울리어 쓰이는 경우에는 붙여 쓸 수 있다.

  예 두시 삼십분 오초, 제일과, 삼학년, 1446년 10월 9일, 2대대, 16동 502호, 제1어학 실습실

㉣ 수를 적을 적에는 '만(萬)' 단위로 띄어 쓴다.

  예 십이억 삼천사백오십육만 칠천팔백구십팔, 12억 3456만 7898

㉤ 두 말을 이어 주거나 열거할 적에 쓰이는 말들은 띄어 쓴다.

  예 국장 겸 과장, 열 내지 스물, 청군 대 백군, 이사장 및 이사들

㉥ 단음절로 된 단어가 연이어 나타날 적에는 붙여 쓸 수 있다.

  예 그때 그곳, 좀더 큰것, 이말 저말, 한잎 두잎

㉦ 보조 용언은 띄어 씀을 원칙으로 하되, 경우에 따라 붙여 씀도 허용한다.

원칙	허용
불이 꺼져 간다.	불이 꺼져간다.
내 힘으로 막아 낸다.	내 힘으로 막아낸다.
어머니를 도와 드린다.	어머니를 도와드린다.
비가 올 성싶다.	비가 올성싶다.
잘 아는 척한다.	잘 아는척한다.

㉧ 성과 이름, 성과 호 등은 붙여 쓰고, 이에 덧붙는 호칭어, 관직명 등은 띄어 쓴다.

  예 서화담(徐花潭), 채영신 씨, 최치원 선생, 박동식 박사, 충무공 이순신 장군

㉨ 성명 이외의 고유 명사는 단어별로 띄어 씀을 원칙으로 하되, 단위별로 띄어 쓸 수 있다.

  예 한국 대학교 사범 대학(원칙), 한국대학교 사범대학(허용)

(2) 표준어 규정

① 제정 원칙 ··· 표준어는 교양 있는 사람들이 두루 쓰는 현대 서울말로 정함을 원칙으로 한다.

② 주요 표준어

ㄱ 다음 단어들은 거센소리를 가진 형태를 표준어로 삼는다.

> 예 끄나풀, 빈 칸, 부엌, 살쾡이, 녘

ㄴ 어원에서 멀어진 형태로 굳어져서 널리 쓰이는 것은, 그것을 표준어로 삼는다.

ㄷ 다음 단어들은 의미를 구별함이 없이, 한 가지 형태만을 표준어로 삼는다.

> 예 돌, 둘째, 셋째, 넷째, 열두째, 빌리다

ㄹ 수컷을 이르는 접두사는 '수-'로 통일한다.

> 예 수꿩, 수소, 수나사, 수놈, 수사돈, 수은행나무

- 다음 단어에서는 접두사 다음에서 나는 거센소리를 인정한다. 접두사 '암-'이 결합되는 경우에도 이에 준한다.

> 예 수캉아지, 수캐, 수컷, 수키와, 수탉, 수탕나귀, 수톨쩌귀, 수퇘지, 수평아리

- 다음 단어의 접두사는 '숫-'으로 한다.

> 예 숫양, 숫쥐, 숫염소

ㅁ 양성 모음이 음성 모음으로 바뀌어 굳어진 다음 단어는 음성 모음 형태를 표준어로 삼는다.

> 예 깡충깡충, -둥이, 발가숭이, 보퉁이, 뻗정다리, 아서, 아서라, 오뚝이, 주추

> ※ 다만, 어원 의식이 강하게 작용하는 다음 단어에서는 양성 모음 형태를 그대로 표준어로 삼는다.
> > 예 부조(扶助), 사돈(査頓), 삼촌(三寸)

ㅂ 'ㅣ' 역행 동화 현상에 의한 발음은 원칙적으로 표준 발음으로 인정하지 아니하되, 다만 다음 단어들은 그러한 동화가 적용된 형태를 표준어로 삼는다.

> 예 풋내기, 냄비, 동댕이치다

- 다음 단어는 'ㅣ' 역행 동화가 일어나지 아니한 형태를 표준어로 삼는다.

> 예 아지랑이

- 기술자에게는 '-장이', 그 외에는 '-쟁이'가 붙는 형태를 표준어로 삼는다.

> 예 미장이, 유기장이, 멋쟁이, 소금쟁이, 담쟁이덩굴

ㅅ 다음 단어는 모음이 단순화한 형태를 표준어로 삼는다.

> 예 괴팍하다, 미루나무, 미륵, 여느, 으레, 케케묵다, 허우대

ㅇ 다음 단어에서는 모음의 발음 변화를 인정하여, 발음이 바뀌어 굳어진 형태를 표준어로 삼는다.

> 예 깍쟁이, 나무라다, 바라다, 상추, 주책, 지루하다, 튀기, 허드레, 호루라기, 시러베아들

ㅈ '웃-' 및 '윗-'은 명사 '위'에 맞추어 '윗-'으로 통일한다.

> 예 윗도리, 윗니, 윗목, 윗몸, 윗자리, 윗잇몸

- 된소리나 거센소리 앞에서는 '위-'로 한다.

> 예 위쪽, 위층, 위치마, 위턱

- '아래, 위'의 대립이 없는 단어는 '웃-'으로 발음되는 형태를 표준어로 삼는다.

> 예 웃국, 웃돈, 웃비, 웃어른, 웃옷

ⓒ 준말이 널리 쓰이고 본말이 잘 쓰이지 않는 경우에는, 준말만을 표준어로 삼는다.

> **예** 귀찮다, 또리, 무, 뱀, 빔, 샘, 생쥐, 솔개, 온갖, 장사치

ⓚ 준말이 쓰이고 있더라도, 본말이 널리 쓰이고 있으면 본말을 표준어로 삼는다.

> **예** 경황없다, 궁상떨다, 귀이개, 낌새, 낙인찍다, 돗자리, 뒤웅박, 마구잡이, 부스럼, 살얼음판, 수두룩하다, 일구다, 퇴박맞다

ⓣ 어감의 차이를 나타내는 단어 또는 발음이 비슷한 단어들이 다 같이 널리 쓰이는 경우에는, 그 모두를 표준어로 삼는다.

> **예** 거슴츠레하다 / 게슴츠레하다, 고린내 / 코린내, 꺼림하다 / 께름하다, 나부랭이 / 너부렁이

ⓟ 사어(死語)가 되어 쓰이지 않게 된 단어는 고어로 처리하고, 현재 널리 사용되는 단어를 표준어로 삼는다.

> **예** 난봉, 낭떠러지, 설거지하다, 애달프다, 자두

ⓗ 한 가지 의미를 나타내는 형태 몇 가지가 널리 쓰이며 표준어 규정에 맞으면, 그 모두를 표준어로 삼는다(복수 표준어).

> **예** 멍게 / 우렁쉥이, 가없다 / 가엾다, 넝쿨 / 덩굴, 눈대중 / 눈어림 / 눈짐작, -뜨리다 / -트리다, 부침개질 / 부침질 / 지짐질, 생 / 새앙 / 생강, 여쭈다 / 여쭙다, 우레 / 천둥, 엿가락 / 엿가래, 자물쇠 / 자물통

③ **표준 발음법** … 표준 발음법은 표준어의 실제 발음을 따르되, 국어의 전통성과 합리성을 고려하여 정함을 원칙으로 한다.

ⓐ 겹받침 'ㄳ', 'ㄵ', 'ㄼ, ㄽ, ㄾ', 'ㅄ'은 어말 또는 자음 앞에서 각각 [ㄱ, ㄴ, ㄹ, ㅂ]으로 발음한다.

> **예** 넋[넉], 넋과[넉꽈], 앉다[안따], 여덟[여덜], 넓다[널따], 외곬[외골], 핥다[할따], 값[갑], 없다[업 : 따]

ⓑ '밟-'은 자음 앞에서 [밥]으로 발음하고, '넓-'은 다음과 같은 경우에 [넙]으로 발음한다.

> **예** 밟다[밥 : 따], 밟는[밤 : 는], 넓죽하다[넙쭈카다], 넓둥글다[넙뚱글다]

ⓒ 겹받침 'ㄺ', 'ㄻ', 'ㄿ'은 어말 또는 자음 앞에서 각각 [ㄱ, ㅁ, ㅂ]으로 발음한다.

> **예** 닭[닥], 흙과[흑꽈], 맑다[막따], 늙지[늑찌], 삶[삼 :], 젊다[점 : 따], 읊고[읍꼬], 읊다[읍따]

ⓓ 용언의 어간 말음 'ㄺ'은 'ㄱ' 앞에서 [ㄹ]로 발음한다.

> **예** 맑게[말께], 묽고[물꼬], 얽거나[얼꺼나]

ⓔ 'ㅎ(ㄶ, ㅀ)' 뒤에 'ㄱ, ㄷ, ㅈ'이 결합되는 경우에는, 뒤음절 첫소리와 합쳐서 [ㅋ, ㅌ, ㅊ]으로 발음한다.

> **예** 놓고[노코], 좋던[조 : 턴], 쌓지[싸치], 많고[만 : 코], 닳지[달치]

ⓕ 'ㅎ(ㄶ, ㅀ)' 뒤에 모음으로 시작된 어미나 접미사가 결합되는 경우에는, 'ㅎ'을 발음하지 않는다.

> **예** 낳은[나은], 놓아[노아], 쌓이다[싸이다], 싫어도[시러도]

ⓖ 받침 뒤에 모음 'ㅏ, ㅓ, ㅗ, ㅜ, ㅟ'들로 시작되는 실질 형태소가 연결되는 경우에는, 대표음으로 바꾸어서 뒤 음절 첫소리로 옮겨 발음한다.

> **예** 밭 아래[바다래], 늪 앞[느밥], 젖어미[저더미], 맛없다[마덥따], 겉옷[거돋], 헛웃음[허두슴], 꽃 위[꼬뒤]

> ※ '맛있다, 멋있다'는 [마싣따], [머싣따]로도 발음할 수 있다.

ⓒ 받침 'ㄷ, ㅌ(ㄾ)'이 조사나 접미사의 모음 'ㅣ'와 결합되는 경우에는, [ㅈ, ㅊ]으로 바꾸어서 뒤 음절 첫소리로 옮겨 발음한다.

> 예 굳이듣데[고지듣따], 굳이[구지], 미닫이[미다지], 땀받이[땀바지]

ⓩ 받침 'ㄱ(ㄲ, ㅋ, ㄳ, ㄺ), ㄷ(ㅅ, ㅆ, ㅈ, ㅊ, ㅌ, ㅎ), ㅂ(ㅍ, ㄼ, ㄿ, ㅄ)'은 'ㄴ, ㅁ' 앞에서 [ㅇ, ㄴ, ㅁ]으로 발음한다.

> 예 먹는[멍는], 국물[궁물], 깎는[깡는], 키읔만[키응만], 몫몫이[몽목씨], 긁는[긍는], 흙만[흥만], 짓는[진 : 는], 옷맵시[온맵씨], 맞는[만는], 젖멍울[전멍울], 쫓는[쫀는], 꽃망울[꼰망울], 놓는[논는], 잡는[잠는], 앞마당[암마당], 밟는[밤 : 는], 읊는[음는], 없는[엄 : 는]

ⓒ 받침 'ㅁ, ㅇ' 뒤에 연결되는 'ㄹ'은 [ㄴ]으로 발음한다.

> 예 담력[담 : 녁], 침략[침냑], 강릉[강능], 대통령[대 : 통녕]

ⓚ 'ㄴ'은 'ㄹ'의 앞이나 뒤에서 [ㄹ]로 발음한다.

> 예 난로[날 : 로], 신라[실라], 광한루[광 : 할루], 대관령[대 : 괄령], 칼날[칼랄]

※ 다만, 다음과 같은 단어들은 'ㄹ'을 [ㄴ]으로 발음한다.

> 예 의견란[의 : 견난], 임진란[임 : 진난], 생산량[생산냥], 결단력[결딴녁], 공권력[공꿘녁], 상견례[상견녜], 횡단로[횡단노], 이원론[이 : 원논], 입원료[이붠뇨]

ⓣ 받침 'ㄱ(ㄲ, ㅋ, ㄳ, ㄺ), ㄷ(ㅅ, ㅆ, ㅈ, ㅊ, ㅌ), ㅂ(ㅍ, ㄼ, ㄿ, ㅄ)' 뒤에 연결되는 'ㄱ, ㄷ, ㅂ, ㅅ, ㅈ'은 된소리로 발음한다.

> 예 국밥[국빱], 깎다[각따], 삯돈[삭똔], 닭장[닥짱], 옷고름[옫꼬름], 낯설다[낟썰다], 덮개[덥깨], 넓죽하다[넙쭈카다], 읊조리다[읍쪼리다], 값지다[갑찌다]

ⓟ 어간 받침 'ㄴ(ㄵ), ㅁ(ㄻ)' 뒤에 결합되는 어미의 첫소리 'ㄱ, ㄷ, ㅅ, ㅈ'은 된소리로 발음한다.

> 예 신고[신 : 꼬], 껴안다[껴안따], 앉고[안꼬], 닮고[담 : 꼬], 젊지[점 : 찌]

※ 다만, 피동, 사동의 접미사 '-기-'는 된소리로 발음하지 않는다.

> 예 안기다, 감기다, 굶기다, 옮기다

ⓗ 사이시옷이 붙은 단어는 다음과 같이 발음한다.

- 'ㄱ, ㄷ, ㅂ, ㅅ, ㅈ'으로 시작되는 단어 앞에 사이시옷이 올 때에는 이들 자음만을 된소리로 발음하는 것을 원칙으로 하되, 사이시옷을 [ㄷ]으로 발음하는 것도 허용한다.

> 예 냇가[내 : 까 / 낻 : 까], 샛길[새 : 낄 / 샏 : 낄], 깃발[기빨 / 긷빨], 뱃전[배쩐 / 밷쩐]

- 사이시옷 뒤에 'ㄴ, ㅁ'이 결합되는 경우에는 [ㄴ]으로 발음한다.

> 예 콧날[콛날 → 콘날], 아랫니[아랟니 → 아랜니], 툇마루[퇻 : 마루 → 퇸 : 마루], 뱃머리[밷머리 → 밴머리]

- 사이시옷 뒤에 '이' 음이 결합되는 경우에는 [ㄴㄴ]으로 발음한다.

> 예 베갯잇[베갣닏 → 베갠닏], 깻잎[깯닙 → 깬닙], 나뭇잎[나묻닙 → 나문닙], 도리깻열[도리깯녈 → 도리깬녈], 뒷윷[뒫 : 늍 → 뒨 : 뉻]

(3) 외래어 표기법

① 외래어는 국어의 현용 24자모만으로 적는다.

② 외래어의 1음운은 원칙적으로 1기호로 적는다.

③ 받침에는 'ㄱ, ㄴ, ㄹ, ㅁ, ㅂ, ㅅ, ㅇ'만을 쓴다.

④ 파열음 표기에는 된소리를 쓰지 않는 것을 원칙으로 한다.

⑤ 이미 굳어진 외래어는 관용을 존중하되, 그 범위와 용례는 따로 정한다.

⁺PLUS TIP

자주 출제되지만 틀리기 쉬운 외래어 표기

- 초콜렛 → 초콜릿
- 부르조아 → 부르주아
- 비스켓 → 비스킷
- 앰브란스 → 앰뷸런스
- 스티로폴 → 스티로폼
- 샹들리에 → 샹들리에
- 샌달 → 샌들
- 쇼파 → 소파
- 렌트카 → 렌터카
- 요쿠르트 → 요구르트
- 카운셀링 → 카운슬링
- 플랭카드 → 플래카드
- 심포지움 → 심포지엄
- 팜플렛 → 팸플릿
- 앵콜 → 앙코르
- 레미컨 → 레미콘
- 스폰지 → 스펀지
- 모라토리옴 → 모라토리엄

---

(4) 로마자 표기법

① 표기의 기본 원칙

㉠ 국어의 로마자 표기는 국어의 표준 발음법에 따라 적는 것을 원칙으로 한다.

㉡ 로마자 이외의 부호는 되도록 사용하지 않는다.

㉢ 표기 일람

- 모음
- 단모음

ㅏ	ㅓ	ㅗ	ㅜ	ㅡ	ㅣ	ㅐ	ㅔ	ㅚ	ㅟ
a	eo	o	u	eu	i	ae	e	oe	wi

- 이중모음

ㅑ	ㅕ	ㅛ	ㅠ	ㅒ	ㅖ	ㅘ	ㅙ	ㅝ	ㅞ	ㅢ
ya	yeo	yo	yu	yae	ye	wa	wae	wo	we	ui

- 자음
- 파열음

ㄱ	ㄲ	ㅋ	ㄷ	ㄸ	ㅌ	ㅂ	ㅃ	ㅍ
g, k	kk	k	d, t	tt	t	b, p	pp	p

- 파찰음

ㅈ	ㅉ	ㅊ
j	jj	ch

- 마찰음

ㅅ	ㅆ	ㅎ
s	ss	h

- 비음

ㄴ	ㅁ	ㅇ
n	m	ng

- 유음

ㄹ
r, l

② 로마자 표기 용례

㉠ 자음 사이에서 동화 작용이 일어나는 경우

　예　백마[뱅마] Baengma, 신문로[신문노] Sinmunno, 종로[종노] Jongno, 신라[실라] Silla, 왕십리[왕심니] Wangsimni

㉡ 'ㄴ, ㄹ'이 덧나는 경우

　예　학여울[항녀울] Hangnyeoul

㉢ 구개음화가 되는 경우

　예　해돋이[해도지] haedoji　같이[가치] gachi

㉣ 체언에서 'ㄱ, ㄷ, ㅂ' 뒤에 'ㅎ'이 따를 때에는 'ㅎ'을 밝혀 적는다.

　예　묵호 Mukho　집현전 Jiphyeonjeon

㉤ 된소리되기는 표기에 반영하지 않는다.

　예　압구정 Apgujeong, 샛별 saetbyeol, 울산 Ulsan, 낙성대 Nakseongdae, 합정 Hapjeong,　낙동강 Nakdonggang

ⓑ 인명은 성과 이름의 순서로 띄어 쓴다. 이름은 붙여 쓰는 것을 원칙으로 하되 음절 사이에 붙임표 (-)를 쓰는 것을 허용한다(〈 〉안의 표기를 허용함).

> **예** 민용하 Min Yongha 〈Min Yong-ha〉, 송나리 Song Nari 〈Song Na-ri〉

ⓢ '도, 시, 군, 구, 읍, 면, 리, 동'의 행정 구역 단위와 '가'는 각각 'do, si, gun, gu, eup, myeon, ri, dong, ga'로 적고, 그 앞에는 붙임표(-)를 넣는다. 붙임표(-) 앞뒤에서 일어나는 음운 변화는 표기에 반영하지 않는다.

> **예** 양주군 Yangju-gun, 충청북도 Chungcheongbuk-do, 종로 2가 Jongno 2(i)-ga, 도봉구 Dobong-gu, 신창읍 Sinchang-eup, 의정부시 Uijeongbu-si

ⓞ 자연 지물명, 문화재명, 인공 축조물명은 붙임표(-) 없이 붙여 쓴다.

> **예** 독도 Dokdo, 경복궁 Gyeongbokgung, 독립문 Dongnimmun, 현충사 Hyeonchungsa, 남산 Namsan, 속리산 Songnisan, 금강 Geumgang, 남한산성 Namhansanseong

(5) 높임 표현

① **주체 높임법** … 용언 어간 + 선어말 어미 '-시-'의 형태로 이루어져 서술어가 나타내는 행위의 주체를 높여 표현하는 문법 기능을 말한다.

> **예** 선생님께서 그 책을 읽으셨(시었)다.

② **객체 높임법** … 말하는 이가 서술의 객체를 높여 표현하는 문법 기능을 말한다(드리다, 여쭙다, 뵙다, 모시다 등).

> **예** 나는 그 책을 선생님께 드렸다.

③ **상대 높임법** … 말하는 이가 말을 듣는 상대를 높여 표현하는 문법 기능을 말한다.

㉠ 격식체

등급	높임 정도	종결 어미	예
해라체	아주 낮춤	-아라	여기에 앉아라.
하게체	예사 낮춤	-게	여기에 앉게.
하오체	예사 높임	-시오	여기에 앉으시오.
합쇼체	아주 높임	-ㅂ시오	여기에 앉으십시오.

㉡ 비격식체

등급	높임 정도	종결 어미	예
해체	두루 낮춤	-아	여기에 앉아.
해요체	두루 높임	-아요	여기에 앉아요.

※ 공손한 뜻으로 높임을 나타낼 때는 선어말 어미 '-오-', '-사오-' 등을 쓴다.

> **예** 변변치 못하오나 선물을 보내 드리오니 받아 주십시오.

속담 및 한자성어

(1) 속담

- **가까운 제 눈썹 못 본다** : 멀리 보이는 것은 용케 잘 보면서도 자기 눈앞에 가깝게 보이는 것은 잘 못 본다는 뜻
- **가꿀 나무는 밑동을 높이 자른다** : 어떠한 일이나 장래의 안목을 생각해서 미리부터 준비를 철저하게 해 두어야 한다는 뜻
- **가난한 집 제사 돌아오듯 한다** : 힘들고 괴로운 일이 자주 닥쳐옴을 일컫는 말
- **가난할수록 기와집 짓는다** : 가난할수록 업신여김을 당하기 싫어서 허세를 부린다는 뜻
- **가을에는 부지깽이도 덤빈다** : 바쁠 때는 모양이 비슷하기만 해도 사용해도 된다는 뜻
- **가을 바람에 새털 날 듯 한다** : 가을바람에 새털이 잘 날듯이 사람의 처신머리가 몹시 가볍다는 뜻
- **가지 따먹고 외수 한다** : 남의 눈을 피하여 나쁜 짓을 하고 시치미를 뗀다는 뜻
- **간다간다 하면서 아이 셋 낳고 간다** : 하던 일을 말로만 그만둔다고 하고서 실제로는 그만두지 못하고 질질 끈다는 말
- **갈치가 갈치 꼬리 문다** : 친근한 사이에 서로 모함한다는 말
- **감투가 크면 어깨를 누른다** : 실력이나 능력도 없이 과분한 지위에서 일을 하게 되면 감당할 수 없게 된다는 뜻
- **강아지 메주 먹듯 한다** : 강아지가 좋아하는 메주를 먹듯이 음식을 매우 맛있게 먹는다는 말
- **같은 값이면 다홍치마** : 같은 조건이라면 좀 더 좋고 편리한 것을 택함
- **개도 얻어맞은 골목에는 가지 않는다** : 한 번 실패한 경험이 있는 사람은 다시는 그 때의 전철을 밟지 않도록 경계한다는 뜻
- **개 못된 것은 들에 나가 짖는다** : 자기의 할 일은 하지 않고 쓸데없는 짓을 하는 사람을 가리키는 말
- **개미가 절구통을 물어 간다** : 개미들도 서로 힘을 합치면 절구통을 운반할 수 있듯이 사람들도 협동하여 일을 하면 불가능한 일이 없다는 뜻
- **개미 나는 곳에 범 난다** : 처음에는 개미만큼 작고 대수롭지 않던 것이 점점 커져서 나중에는 범같이 크고 무서운 것이 된다는 말
- **개살구가 먼저 익는다** : 개살구가 참살구보다 먼저 익듯이 악이 선보다 더 가속도로 발전하게 된다는 뜻(개살구가 지레 터진다)
- **거미줄로 방귀동이 듯 한다** : 일을 함에 있어 건성으로 형용만 하는 체 하는 말
- **게으른 놈 짐 많이 진다** : 게으른 사람이 일을 조금이라도 덜 할까 하고 짐을 한꺼번에 많이 지면 힘에 겨워 움직이지 못하므로 도리어 더 더디다는 말
- **경치고 포도청 간다** : 죽을 고비를 넘겨가면서도 또 제 스스로 고문을 당하려고 포도청을 가듯이 혹독한 형벌을 거듭 당한다는 뜻

- 군자는 입을 아끼고 범은 발톱을 아낀다 : 학식과 덕망이 높은 사람일수록 항상 말을 조심해서 한다는 뜻
- 굴러 온 돌이 박힌 돌 뺀다 : 외부에서 들어온 지 얼마 안 된 사람이나 물건이 원래의 것을 내쫓고 대치함
- 굽은 나무가 선산을 지킨다 : 쓸모없는 것이 도리어 소용이 된다는 뜻
- 굿하고 싶지만 맏며느리 춤추는 것 보기 싫다 : 무엇을 하려고 할 때 자기 마음에 들지 않는 미운 사람이 참여하여 기뻐함이 보기 싫어서 꺼려한다는 말
- 그물이 열 자라도 벼리가 으뜸이다 : 아무리 수가 많더라도 주장되는 것이 없으면 소용이 없다는 뜻
- 급하면 임금 망건 값도 쓴다 : 경제적으로 곤란에 빠지면 아무 돈이라도 있기만 하면 쓰게 된다는 뜻
- 기름 엎지르고 깨 줍는다 : 많은 손해를 보고 조그만 이익을 추구한다는 말

- 나무는 큰 나무 덕을 못 보아도 사람은 큰 사람의 덕을 본다 : 뛰어난 인물에게서는 알게 모르게 가르침이나 영향을 받게 된다는 말
- 내 발등의 불을 꺼야 아비 발등의 불을 끈다 : 급할 때는 남의 일보다 자기 일을 먼저 하기 마련이라는 뜻
- 노름에 미치면 신주도 팔아먹는다 : 노름에 깊이 빠져든 사람은 노름 돈을 마련하기 위해 수단과 방법을 가리지 않고 나쁜 짓까지 해 가면서 노름하게 된다는 뜻
- 놀부 제사지내듯 한다 : 놀부가 제사를 지낼 때 제물 대신 돈을 놓고 제사를 지냈듯이 몹시 인색하고 고약한 짓을 한다는 뜻

- 다리가 위에 붙었다 : 몸체의 아래에 붙어야 할 다리가 위에 가 붙어서 쓸모없듯이 일이 반대로 되어 아무짝에도 소용이 없다는 뜻
- 다리 아래서 원을 꾸짖는다 : 직접 말을 못하고 안 들리는 곳에서 불평이나 욕을 한다는 말
- 대가리 삶으면 귀까지 익는다 : 제일 중요한 것만 처리하면 다른 것은 자연히 해결된다는 뜻
- 도깨비도 수풀이 있어야 모인다 : 의지할 곳이 있어야 무슨 일이나 이루어진다는 뜻
- 도둑놈 개 꾸짖듯 한다 : 남에게 들리지 않게 입 속으로 중얼거림
- 도둑은 뒤로 잡으랬다 : 도둑을 섣불리 앞에서 잡으려 하다가는 직접적으로 해를 당할 수 있기 때문에 뒤로 잡아야 한다는 뜻
- 도둑의 때는 벗어도 자식의 때는 못 벗는다 : 도둑의 누명은 범인이 잡히면 벗을 수 있으나 자식의 잘못을 그 부모가 지지 않을 수 없다는 뜻

- 독을 보아 쥐를 못 잡는다 : 독 사이에 숨은 쥐를 독 깰까봐 못 잡듯이 감정나는 일이 있어도 곁에 있는 사람 체면을 생각해서 자신이 참는다는 뜻
- 들은 풍월 얻은 문자다 : 자기가 직접 공부해서 배운 것이 아니라 보고 들어서 알게 된 글이라는 뜻
- 등잔불에 콩 볶아 먹는 놈 : 어리석고 옹졸하며 하는 짓마다 보기에 답답한 일만 하는 사람을 두고 이름
- 디딜방아질 삼 년에 엉덩이춤만 배웠다 : 디딜방아질을 오랫동안 하다보면 엉덩이춤도 절로 추게 된다는 뜻
- 떠들기는 천안(天安) 삼거리 같다 : 늘 끊이지 않고 떠들썩한 것
- 똥 싼 주제에 애화타령 한다 : 잘못하고도 뉘우치지 못하고 비위 좋게 행동하는 사람을 비웃는 말

- 마디가 있어야 새순이 난다 : 어떤 일이든 특정한 계기가 있어야 참신한 일이 생긴다는 뜻
- 망건 쓰자 파장된다 : 준비를 하다가 시와 때를 놓쳐 목적한 바를 달성하지 못함
- 망신살이 무지갯 살 뻗치듯 한다 : 많은 사람으로부터 심한 원망과 욕을 먹게 되었을 때 쓰는 말
- 망치로 얻어맞고 홍두깨로 친다 : 복수란 언제나 제가 받은 피해보다 더 무섭게 한다는 뜻
- 명태 한 마리 놓고 딴전 본다 : 곁에 벌여 놓고 있는 일보다는 딴 벌이하는 일이 있다는 뜻
- 문전 낙래 흔연 대접 : 어떤 신분의 사람이라도 자기를 찾아온 사람은 친절히 대하라는 말
- 물방아 물도 서면 언다 : 물방아가 정지하고 있으면 그 물도 얼듯이 사람도 운동을 하지 않고 있으면 건강이 나빠진다는 뜻

- 백일 장마에도 하루만 더 왔으면 한다 : 자기 이익 때문에 자기 본위로 이야기하는 것을 말함
- 뱁새는 작아도 알만 잘 낳는다 : 작아도 제 구실 못하는 법이 없다는 뜻
- 버들가지가 바람에 꺾일까 : 부드러워서 곧 바람에 꺾일 것 같은 버들가지가 끝까지 꺾이지 않듯이 부드러운 것이 단단한 것보다 더 강하다는 뜻
- 벌거벗고 환도 찬다 : 그것이 그 격에 어울리지 않음을 두고 이르는 말
- 벙어리 재판 : 아주 곤란한 일을 두고 하는 말
- 벼룩의 간에 육간 대청을 짓겠다 : 도량이 좁고 하는 일이 이치에 어긋남
- 변죽을 치면 복판이 울린다 : 슬며시 귀띔만 해 주어도 눈치가 빠른 사람은 곧 알아듣는다는 뜻
- 보리 주면 오이 안 주랴 : 제 것은 아끼면서 남만 인색하다고 여기는 사람에게 하는 말
- 분다 분다 하니 하루 아침에 왕겨 석 섬 분다 : 잘한다고 추어주니까 무작정 자꾸 한다는 뜻

- 빛 좋은 개살구 : 겉만 그럴듯하고 실속이 없음
- 뺨을 맞아도 은가락지 낀 손에 맞는 것이 좋다 : 이왕 욕을 당하거나 복종할 바에야 지위가 높고 덕망이 있는 사람에게 당하는 것이 낫다는 말

- 사람과 쪽박은 있는 대로 쓴다 : 살림살이를 하는 데 있어 쪽박이 있는 대로 다 쓰이고 사람도 다 제각기 쓸모가 있다는 말
- 사람 살 곳은 골골이 있다 : 이 세상은 어디에 가나 서로 도와주는 풍습이 있어 살아갈 수 있다는 말
- 사자 어금니 같다 : 사자의 어금니는 가장 요긴한 것이니 반드시 있어야만 하는 것을 말함
- 사주 팔자에 없는 관을 쓰면 이마가 벗어진다 : 제 분수에 넘치는 일을 하게 되면 도리어 괴롭다는 뜻
- 산 개가 죽은 정승보다 낫다 : 아무리 구차하고 천한 신세라도 죽는 것보다는 사는 것이 낫다는 말
- 산 밑 집에 방앗공이가 논다 : 그 고장 산물이 오히려 그 곳에서 희귀하다는 말
- 산에 들어가 호랑이를 피하랴 : 이미 앞에 닥친 위험은 도저히 못 피한다는 말
- 산이 높아야 골이 깊다 : 원인이나 조건이 갖추어져야 일이 이루어진다는 뜻
- 산 호랑이 눈썹 : 도저히 얻을 수 없는 것을 얻으려 하는 것
- 삼수갑산을 가도 님 따라 가랬다 : 부부 간에는 아무리 큰 고생이 닥치더라도 같이 해야 한다는 뜻
- 삼촌 못난 것이 조카 짐만 지고 다닌다 : 체구는 크면서 못난 짓만 하는 사람을 비웃는 말
- 새도 날려면 움츠린다 : 어떤 일이든지 사전에 만반의 준비가 있어야 한다는 뜻
- 새 옷도 두드리면 먼지 난다 : 아무리 청백한 사람이라도 속속들이 파헤쳐 보면 부정이 드러난다는 뜻
- 생나무에 좀이 날까 : 생나무에는 좀이 나지 않듯이 건실하고 튼튼하면 내부가 부패되지 않는다는 뜻
- 생 감도 떨어지고 익은 감도 떨어진다 : 늙은 사람만 죽는 것이 아니라 젊은 사람도 죽는다는 뜻
- 섣달 그믐날 개밥 퍼주듯 한다 : 시집을 가지 못하고 해를 넘기게 된 처녀가 홧김에 개밥을 퍽퍽 퍼주듯, 무엇을 푹푹 퍼 주는 모양을 나타내는 말
- 섶을 지고 불로 들어가려 한다 : 짐짓 그릇된 짓을 하여 화를 더 당하려 한다는 뜻
- 소매 긴 김에 춤춘다 : 별로 생각이 없던 일이라도 그 일을 할 조건이 갖추어졌기 때문에 하게 될 때 쓰는 말
- 쇠가 쇠를 먹고 살이 살을 먹는다 : 동족끼리 서로 싸우는 것
- 쇠가죽을 무릅쓰다 : 체면을 생각하지 아니한다는 말
- 숙수가 많으면 국수가 수제비 된다 : 일을 하는 데 참견하는 사람이 많으면 오히려 일을 그르치게 된다는 뜻
- 시루에 물 퍼붓기 : 아무리 비용을 들이고 애를 써도 효과가 나타나지 않음
- 신 신고 발바닥 긁기다 : 일하기는 해도 시원치 않다는 말
- 씻어놓은 흰 죽사발 같다 : 생김새가 허여멀건 한 사람을 가리키는 말

- 안방에 가면 시어머니 말이 옳고 부엌에 가면 며느리 말이 옳다 : 각각 일리가 있어 그 시비를 가리기 어렵다는 말
- 언 발에 오줌 누기 : 눈앞에 급한 일을 피하기 위해서 하는 임시변통이 결과적으로 더 나쁘게 되었을 때 하는 말
- 얻은 떡이 두레 반이다 : 여기저기서 조금씩 얻은 것이 남이 애써 만든 것보다 많다는 말
- 염불 못하는 중이 아궁이에 불 땐다 : 무능한 사람은 같은 계열이라도 가장 천한 일을 하게 된다는 뜻
- 오소리 감투가 둘이다 : 한 가지 일에 책임질 사람이 두 명이 있어서 서로 다툰다는 뜻
- 오동나무 보고 춤춘다 : 성미가 급하여 빨리 서둔다는 뜻
- 우박 맞은 호박잎이다 : 우박 맞아 잎이 다 찢어져 보기가 흉한 호박잎처럼 모양이 매우 흉측하다는 뜻
- 윷짝 가르듯 한다 : 윷짝의 앞뒤가 분명하듯이 무슨 일에 대한 판단을 분명히 한다는 말
- 이사가는 놈이 계집 버리고 간다 : 자신이 하는 일 중에서 가장 중요한 것을 잊어버렸거나 잃었다는 말
- 우선 먹기는 곶감이 달다 : 당장은 실속 있고 이득이 되는 것 같지만 뒤에는 손해를 본다는 말

- 자는 범 침주기 : 그대로 가만 두었으면 아무 일도 없었을 것을 공연히 건드려서 일을 저질러 위태롭게 된다는 말
- 자라 알 지켜보듯 한다 : 어떻게 일을 처리하려고 노력하지는 않고 그저 묵묵히 들여다 보고만 있다는 뜻
- 자루 속 송곳은 빠져나오기 마련이다 : 남들이 알지 못하도록 아무리 은폐하려 해도 탄로날 것은 저절로 탄로가 난다는 뜻
- 잔고기가 가시는 세다 : 몸집이 자그마한 사람이 속은 꽉 차고 야무지며 단단할 때 이르는 말
- 장구치는 놈 따로 있고 고개 까딱이는 놈 따로 있나? : 저 혼자서 할 수 있는 일을 남에게 나누어 하자고 할 때 핀잔주는 말
- 적게 먹으면 명주요 많이 먹으면 망주라 : 모든 일은 정도에 맞게 하여야 한다는 말
- 접시 밥도 담을 탓이다 : 좋지 아니한 조건에서도 솜씨나 마음가짐에 따라서 좋은 성과를 이룰 수 있다는 말
- 정성이 있으면 한식에도 세배 간다 : 마음에만 있으면 언제라도 제 성의는 표시할 수 있다는 말
- 주린 개 뒷간 넘겨다보듯 한다 : 누구나 배가 몹시 고플 때는 무엇이고 먹을 것을 찾기 위해 여기저기를 기웃거린다는 말
- 주인 많은 나그네 밥 굶는다 : 해 준다는 사람이 너무 많으면 서로 미루다가 결국 안 된다는 뜻
- 주인 모르는 공사 없다 : 무슨 일이든지 주장하는 사람이 모르거나 참여하지 않으면 안 된다는 뜻
- 죽 푸다 흘려도 솥 안에 떨어진다 : 일이 제대로 안 되어 막상 손해를 본 것 같지만 따지고 보면 결코 손해는 없다는 뜻

- **쥐 잡으려다가 장독 깬다 :** 조그만 일을 하려다가 큰일을 그르친다는 말
- **지붕 호박도 못 따는 주제에 하늘의 천도 따겠단다 :** 아주 쉬운 일도 못하면서 당치도 않은 어려운 일을 하겠다고 덤빈다는 뜻

ㅊ

- **참새가 허수아비 무서워 나락 못 먹을까 :** 반드시 큰 일을 하려면 다소의 위험 정도는 감수해야 한다는 뜻
- **참외 장수는 사촌이 지나가도 못 본 척 한다 :** 장사하는 사람은 인색하다는 뜻
- **책망은 몰래하고 칭찬은 알게 하랬다 :** 남을 책망할 때에는 다른 사람이 없는 데에서 하고 칭찬할 때에는 다른 사람 보는 앞에서 하여 자신감을 심어주라는 뜻
- **처갓집에 송곳 차고 간다 :** 처갓집 밥은 눌러 담았기 때문에 송곳으로 파야 먹을 수 있다는 말로, 처갓집에서는 사위 대접을 극진히 한다는 뜻
- **천둥에 개 놀라듯 한다 :** 몹시도 놀라서 허둥대며 정신을 못 차리고 날뛴다는 뜻
- **천만 재산이 서투른 기술만 못하다 :** 자기가 지닌 돈은 있다가도 없어질 수 있지만 한 번 배운 기술은 죽을 때까지 지니고 있기 때문에 생활의 안정을 기할 수 있다는 뜻
- **초사를 달은 부지런한 며느리만 본다 :** 부지런한 사람이 아니고서는 사소한 일까지 모두 헤아려서 살필 수 없다는 뜻
- **초상 술에 권주가 부른다 :** 때와 장소를 분별하지 못하고 행동한다는 말
- **촌놈은 밥그릇 큰 것만 찾는다 :** 무식한 사람은 어떠한 물건의 질은 무시하고 그저 양이 많은 것만 요구한다는 뜻
- **칠 년 가뭄에 하루 쓸 날 없다 :** 오랫동안 날씨가 개고 좋다가도 모처럼 무슨 일을 하려고 하면 비가 온다는 말

ㅋ

- **콩 볶아 먹다가 가마솥 터뜨린다 :** 작은 이익을 탐내다가 도리어 큰 해를 입는다는 말
- **콩 심은 데 콩 나고 팥 심은 데 팥 난다 :** 원인에 따라서 결과가 생긴다는 말
- **콩으로 메주를 쑨다 하여도 곧이 듣지 않는다 :** 거짓말을 잘하여 신용할 수 없다는 말

- 태산 명동에 서일필(泰山 鳴動에 鼠一匹) : 무엇을 크게 떠벌였는데 실제의 결과는 작다는 뜻
- 태산을 넘으면 평지를 본다 : 고생을 하게 되면 그 다음에는 즐거움이 온다는 말
- 털을 뽑아 신을 삼는다 : 자신의 온 정성을 다하여 은혜를 꼭 갚겠다는 말
- 토끼를 다 잡으면 사냥개를 삶는다 : 필요할 때에는 소중히 여기다가도 필요 없게 되면 천대하고 없애 버림을 비유하는 말

- 평생 신수가 편하려면 두 집을 거느리지 말랬다 : 두 집 살림을 차리게 되면 대부분 집안이 항상 편하지 못하다는 뜻
- 포도청 문고리도 빼겠다 : 겁이 없고 대담한 사람을 두고 하는 말
- 풍년 거지 더 섧다 : 다른 사람들은 모두 잘 살아가는데, 자신만 고달프고 서러운 신세를 이르는 말
- 핑계 없는 무덤 없다 : 무슨 일이라도 반드시 핑계거리는 있다는 말

- 함박 시키면 바가지 시키고, 바가지 시키면 쪽박 시킨다 : 어떤 일을 윗사람이 아랫사람에게 시키면 그는 또 제 아랫사람에게 다시 시킨다는 말
- 항우도 댕댕이 덩굴에 넘어진다 : 항우와 같은 장사라도 보잘 것 없는 덩굴에 걸려 낙상할 때가 있다는 말로 아무리 작은 일도 무시하면 실패하기 쉽다는 뜻
- 허허해도 빚이 열닷냥이다 : 겉으로는 호기 있게 보이나 속으로는 근심이 가득하다는 뜻
- 호랑이에게 개 꾸어 주기 : 빌려주면 다시 받을 가망이 없다는 말
- 황금 천냥이 자식 교육만 못 하다 : 막대한 유산을 남겨 주는 것보다는 자녀 교육이 더 중요한 것이라는 뜻

(2) 한자성어

- 家給人足(가급인족) : 집집마다 살림이 넉넉하고, 사람마다 의식에 부족함이 없음
- 街談巷說(가담항설) : 길거리나 항간에 떠도는 소문
- 苛斂誅求(가렴주구) : 조세 따위를 가혹하게 거두어들여, 백성을 못살게 들볶음
- 家無擔石(가무담석) : 담(擔)은 두 항아리, 석(石)은 한 항아리라는 뜻으로 집에 저축이 조금도 없음을 이르는 말
- 可東可西(가동가서) : 동쪽이라도 좋고 서쪽이라도 좋다. 이러나저러나 상관없다.
- 佳人薄命(가인박명) : 여자의 용모가 아름다우면 운명이 기박하다는 말
- 刻骨難忘(각골난망) : 입은 은혜에 대한 고마움을 뼛속 깊이 새기어 잊지 않음
- 刻舟求劍(각주구검) : 판단력이 둔하여 세상일에 어둡고 어리석다는 말
- 竿頭之勢(간두지세) : 댓가지 꼭대기에 서게 된 형상으로 어려움이 극도에 달하여 아주 위태로운 형세를 이르는 말
- 敢不生心(감불생심) : 힘이 부치어 감히 마음을 먹지 못함
- 感之德之(감지덕지) : 몹시 고맙게 여김
- 甘呑苦吐(감탄고토) : 달면 삼키고 쓰면 뱉는다는 뜻으로 신의(信義)를 돌보지 않고 사리(私利)를 꾀한다는 말
- 甲男乙女(갑남을녀) : 보통의 평범한 사람들
- 康衢煙月(강구연월) : 태평한 시대의 평화스러운 길거리의 모습
- 强近之親(강근지친) : 도와줄 만한 가까운 친척
- 江湖煙波(강호연파) : 강이나 호수 위에 안개처럼 보얗게 이는 잔물결. 대자연의 풍경을 뜻함
- 改過遷善(개과천선) : 지나간 허물을 고치고 착하게 됨
- 去頭截尾(거두절미) : 앞뒤의 잔사설을 빼놓고 요점만을 말함
- 車載斗量(거재두량) : 차에 싣고 말에 실을 만큼 많다는 뜻으로 물건이나 인재 따위가 아주 흔하여 귀하지 않음을 이르는 말
- 乾坤一擲(건곤일척) : 흥망, 승패를 걸고 단판 승부를 겨룸
- 隔靴搔癢(격화소양) : 신을 신은 채 가려운 발바닥을 긁음과 같이 일의 효과를 나타내지 못함을 이르는 말
- 牽强附會(견강부회) : 이치에 맞지 않는 말을 억지로 끌어 붙여 자기의 주장하는 조건에 맞도록 함
- 犬馬之勞(견마지로) : 임금이나 나라를 위하여 바치는 자기의 노력을 낮추어 이르는 말
- 見物生心(견물생심) : 물건을 보면 욕심이 생긴다는 말
- 見危致命(견위치명) : 나라의 위태로움을 보고는 목숨을 아끼지 않고 나라를 위하여 싸움
- 堅忍不拔(견인불발) : 굳게 참고 견디어 마음이 흔들리지 않음
- 結草報恩(결초보은) : 죽어 혼령이 되어도 은혜를 잊지 않고 갚음

- 經國濟世(경국제세) : 나라 일을 경륜하고 세상을 구함
- 傾國之色(경국지색) : 임금이 혹하여 국정을 게을리 함으로써 나라를 위태롭게 할 정도의 미인(美人)을 일컫는 말
- 輕佻浮薄(경조부박) : 마음이 침착하지 못하고 행동이 신중하지 못함
- 驚天動地(경천동지) : 하늘이 놀라고 땅이 흔들린다는 뜻으로 세상을 몹시 놀라게 함
- 鏡花水月(경화수월) : 거울에 비친 꽃과 물에 비친 달처럼 볼 수만 있고 가질 수 없는 것
- 鷄卵有骨(계란유골) : 달걀 속에도 뼈가 있다는 뜻으로 뜻밖에 장애물이 생김을 이르는 말
- 鷄鳴狗盜(계명구도) : '닭의 울음소리를 잘 내는 사람과 개의 흉내를 잘 내는 좀도둑'이라는 뜻으로, 천한 재주를 가진 사람도 때로는 요긴하게 쓸모가 있음을 비유하여 이르는 말(학문이 깊지 않으면서 잔재주만 지닌 사람을 가리킬 때는 부정적 의미로 쓰임)
- 股肱之臣(고굉지신) : 자신의 팔, 다리와 같이 믿고 중하게 여기는 신하
- 孤掌難鳴(고장난명) : 손바닥 하나로는 소리가 나지 않는다는 뜻으로 상대가 없이 혼자 힘으로 일하기 어렵다는 말
- 苦盡甘來(고진감래) : 고생 끝에 낙이 온다는 말
- 曲學阿世(곡학아세) : 그릇된 학문을 하여 세속에 아부함
- 骨肉相殘(골육상잔) : 같은 혈족끼리 서로 다투고 해하는 것[骨肉相爭(골육상쟁)]
- 空手來空手去(공수래공수거) : 세상에 빈손으로 왔다가 빈손으로 간다는 뜻으로 재물에 대한 욕심을 부릴 필요가 없음을 이르는 말
- 誇大妄想(과대망상) : 자기의 능력, 용모, 지위 등을 과대하게 평가하여 사실인 것처럼 믿는 일 또는 그런 생각
- 過猶不及(과유불급) : 지나친 것은 미치지 못한 것과 같다는 말
- 管鮑之交(관포지교) : 제(齊)나라 관중(管仲)과 포숙(鮑叔)의 사귐이 매우 친밀했다는 고사에서 유래한 말로, 친구끼리의 매우 두터운 사귐을 이르는 말
- 刮目相對(괄목상대) : 눈을 비비고 다시 본다는 말로, 다른 사람의 학문이나 덕행이 크게 진보한 것을 말함
- 矯角殺牛(교각살우) : 뿔을 고치려다 소를 죽인다는 뜻으로, 작은 일에 힘쓰다가 큰일을 망친다는 말
- 巧言令色(교언영색) : 교묘한 말과 보기 좋게 꾸민 얼굴 빛
- 膠柱鼓瑟(교주고슬) : 고지식하여 융통성이 없는 사람을 이르는 말
- 敎學相長(교학상장) : 가르쳐 주거나 배우거나 다 나의 학업을 증진시킨다는 뜻
- 九十春光(구십춘광) : 노인의 마음이 청년같이 젊음을 이르는 말. 봄의 석 달 구십일 동안 화창한 날씨
- 九折羊腸(구절양장) : 아홉 번 꼬부라진 양의 창자라는 뜻으로 산길 따위가 몹시 험하게 꼬불꼬불한 것을 이르는 말
- 群鷄一鶴(군계일학) : 닭의 무리 속에 끼어 있는 한 마리의 학이란 뜻으로 평범한 사람 가운데서 뛰어난 사람을 일컫는 말
- 權謀術數(권모술수) : 목적 달성을 위해서는 인정이나 도덕을 가리지 않고 권세와 모략, 중상 등 갖은 방법과 수단을 쓰는 술책

- 勸善懲惡(권선징악) : 착한 행실을 권장하고 악한 행실을 징계함
- 捲土重來(권토중래) : 한번 실패에 굴하지 않고 몇 번이고 다시 일어남. 한 번 패하였다가 세력을 회복하여 다시 쳐들어옴
- 近墨者黑(근묵자흑) : 먹을 가까이 하면 검어진다는 뜻으로 나쁜 사람과 사귀면 그 버릇에 물들기 쉽다는 말
- 金科玉條(금과옥조) : 금이나 옥같이 귀중한 법칙이나 규정
- 錦上添花(금상첨화) : 좋고 아름다운 것 위에 더 좋은 것을 더함
- 金石盟約(금석맹약) : 쇠와 돌같이 굳게 맹세하여 맺은 약속
- 錦衣還鄕(금의환향) : 비단 옷을 입고 고향으로 돌아온다는 뜻으로 타향에서 크게 성공하여 자기 집으로 돌아감을 이르는 말
- 金枝玉葉(금지옥엽) : 임금의 자손이나 집안을 높여 이르거나 귀여운 자손을 일컫는 말
- 氣高萬丈(기고만장) : 씩씩한 기운이 크게 떨침. 일이 뜻대로 잘 되어 기세가 대단함

- 落井下石(낙정하석) : 우물 아래에 돌을 떨어뜨린다는 뜻으로, 다른 사람이 재앙을 당하면 도와주기는커녕 오히려 더 큰 재앙이 닥치도록 한다는 말
- 爛商公論(난상공론) : 여러 사람들이 잘 의논함
- 難兄難弟(난형난제) : 누구를 형이라 하고 누구를 동생이라 해야 할지 분간하기 어렵다는 뜻으로 사물의 우열이 없다는 말
- 南柯一夢(남가일몽) : 꿈과 같이 헛된 한때의 부귀영화
- 男負女戴(남부여대) : 남자는 짐을 등에 지고 여자는 짐을 머리에 인다는 뜻으로 가난에 시달린 사람들이 살 곳을 찾아 떠돌아 다님
- 南船北馬(남선북마) : 바쁘게 여기저기를 돌아다님
- 囊中之錐(낭중지추) : 주머니 속에 든 송곳이라는 뜻으로 재주가 뛰어난 사람은 숨어 있어도 저절로 사람들이 알게 됨을 이르는 말
- 囊中取物(낭중취물) : 주머니 속의 물건을 꺼내는 것과 같이 매우 용이한 일
- 勞心焦思(노심초사) : 몹시 마음을 졸이는 것
- 綠衣紅裳(녹의홍상) : 연두저고리에 다홍치마라는 뜻으로 곱게 차려 입은 젊은 아가씨의 복색을 이르는 말
- 論功行賞(논공행상) : 공로를 논하여 그에 맞는 상을 줌
- 弄璋之慶(농장지경) : 아들을 낳은 기쁨
- 累卵之危(누란지위) : 달걀을 쌓아 놓은 것과 같이 매우 위태함

- 多岐亡羊(다기망양) : 길이 여러 갈래여서 양을 잃는다는 뜻으로 학문의 길이 다방면이어서 진리를 깨치기 어려움을 이르는 말
- 多多益善(다다익선) : 많으면 많을수록 좋음
- 斷機之戒(단기지계) : 학문을 중도에 그만둔다는 것은 짜던 베를 끊음과 같다는 맹자 어머니의 교훈
- 簞食瓢飮(단사표음) : 한 소쿠리 밥과 표주박 물, 즉 변변치 못한 살림을 가리키는 말로 청빈한 생활을 이름
- 丹脣皓齒(단순호치) : 붉은 입술과 흰 이, 즉 미인의 얼굴
- 螳螂拒轍(당랑거철) : 제 분수도 모르고 강적에게 대항함
- 大器晩成(대기만성) : 큰 그릇은 이루어짐이 더디다는 뜻으로 크게 될 사람은 성공이 늦다는 말
- 道聽塗說(도청도설) : 거리에서 들은 것을 곧 남에게 아는 체하며 말함. 깊이 생각하지 않고 예사로 듣고 예사로 말함. 떠돌아다니는 뜬소문
- 塗炭之苦(도탄지고) : 진흙탕이나 숯불에 빠졌다는 뜻으로 몹시 고생스러움을 일컬음
- 東家食西家宿(동가식서가숙) : 먹을 곳, 잘 곳이 없이 떠도는 사람 또는 그런 짓
- 棟樑之材(동량지재) : 기둥이나 들보가 될 만한 훌륭한 인재, 즉 한 집이나 한 나라의 요한 일을 맡을 만한 사람
- 同病相憐(동병상련) : 처지가 서로 비슷한 사람끼리 서로 동정하고 도움
- 東奔西走(동분서주) : 사방으로 이리저리 부산하게 돌아다님
- 同床異夢(동상이몽) : 같은 처지와 입장에서 저마다 딴 생각을 함
- 杜門不出(두문불출) : 세상과 인연을 끊고 출입을 하지 않음
- 得隴望蜀(득롱망촉) : 인간의 욕심은 한이 없음
- 登高自卑(등고자비) : 높은 곳에 오르려면 낮은 곳에서부터 오른다는 뜻으로, 일을 순서대로 하여야 함을 이르는 말
- 燈下不明(등하불명) : 등잔 밑이 어둡다는 뜻으로 가까이 있는 것이 오히려 알아내기 어려움을 이르는 말

- 磨斧爲針(마부위침) : 아무리 이루기 힘든 일이라도 끊임없는 노력과 끈기 있는 인내가 있으면 성공하고야 만다는 뜻
- 馬耳東風(마이동풍) : 남의 말을 귀담아 듣지 않고 흘려 버림
- 萬頃蒼波(만경창파) : 한없이 넓고 푸른 바다
- 面從腹背(면종복배) : 겉으로는 순종하는 척하고 속으로 딴 마음을 먹음

- 明若觀火(명약관화) : 불을 보는 듯이 환하게 분명히 알 수 있음
- 命在頃刻(명재경각) : 곧 숨이 끊어질 지경에 이름
- 矛盾撞着(모순당착) : 같은 사람의 문장이나 언행이 앞뒤가 서로 어그러져서 모순됨
- 目不忍見(목불인견) : 차마 눈 뜨고 볼 수 없는 참상이나 꼴불견
- 無不通知(무불통지) : 무슨 일이든 모르는 것이 없음
- 門前成市(문전성시) : 권세를 드날리거나 부자가 되어 집문 앞이 찾아오는 손님들로 가득 차서 시장을 이룬 것 같음
- 門前沃畓(문전옥답) : 집 앞 가까이에 있는 좋은 논, 즉 많은 재산을 일컫는 말

- 拍掌大笑(박장대소) : 손바닥을 치면서 크게 웃음
- 拔本塞源(발본색원) : 폐단의 근원을 아주 뽑아서 없애 버림
- 傍若無人(방약무인) : 언행이 방자하고 제멋대로 행동하는 사람
- 背恩忘德(배은망덕) : 은혜를 잊고 도리어 배반함
- 白骨難忘(백골난망) : 죽어서도 잊지 못할 큰 은혜를 입음
- 百年河淸(백년하청) : 아무리 세월이 가도 일을 해결할 희망이 없음
- 伯樂一顧(백락일고) : 남이 자기 재능을 알고 잘 대우함
- 白面書生(백면서생) : 한갓 글만 읽고 세상 일에 어두운 사람
- 百折不屈(백절불굴) : 아무리 꺾으려 해도 굽히지 않음
- 辟邪進慶(벽사진경) : 간사한 귀신을 물리치고 경사스러운 일로 나아감
- 夫唱婦隨(부창부수) : 남편이 창을 하면 아내가 따른다는 뜻으로 부부 간의 정이 깊고 화목함을 일컫는 말
- 附和雷同(부화뇌동) : 제 주견이 없이 남이 하는 대로 그저 무턱대고 따라함
- 粉骨碎身(분골쇄신) : 뼈가 가루가 되고 몸이 부서지도록 힘을 다하고 고생하며 일함
- 不共戴天之讐(불공대천지수) : 세상을 같이 살 수 없는 원수, 즉 어버이의 원수
- 不問可知(불문가지) : 묻지 않아도 가히 알 수 있음
- 不問曲直(불문곡직) : 옳고 그름을 가리지 않고 함부로 일을 처리함
- 非夢似夢(비몽사몽) : 꿈인지 생시인지 알 수 없는 어렴풋함
- 氷炭之間(빙탄지간) : 얼음과 숯불처럼 서로 화합될 수 없음

- 四顧無親(사고무친) : 친척이 없어 의지할 곳 없이 외로움[四顧無人(사고무인)]
- 四面楚歌(사면초가) : 한 사람도 도우려는 자가 없이 고립되어 곤경에 처해 있음
- 四面春風(사면춘풍) : 항상 좋은 얼굴로 남을 대하여 누구에게나 호감을 삼
- 事必歸正(사필귀정) : 무슨 일이든지 결국은 옳은 대로 돌아간다는 뜻
- 死後藥方文(사후약방문) : 이미 때가 늦음
- 山海珍味(산해진미) : 산과 바다의 산물(産物)을 다 갖추어 썩 잘 차린 귀한 음식
- 殺身成人(살신성인) : 자기의 몸을 희생하여 옳은 도리를 행함
- 三顧草廬(삼고초려) : 유비가 제갈량을 세 번이나 찾아가 군사로 초빙한 데에서 유래한 말로 인재를 얻기 위해 끈기 있게 노력한다는 말
- 三遷之敎(삼천지교) : 맹자의 어머니가 아들의 교육을 위하여 세 번 거처를 옮겼다는 고사에서 유래하는 말로 생활 환경이 교육에 있어 큰 구실을 한다는 말
- 桑田碧海(상전벽해) : 뽕나무밭이 변하여 바다가 된다는 뜻으로 세상일의 변천이 심하여 사물이 바뀜을 비유하는 말
- 塞翁之馬(새옹지마) : 세상일은 복이 될지 화가 될지 예측할 수 없다는 말
- 黍離之歎(서리지탄) : 세상의 영고성쇠가 무상함
- 仙姿玉質(선자옥질) : 용모가 아름답고 재질도 뛰어남
- 雪膚花容(설부화용) : 눈처럼 흰 살결과 꽃같이 예쁜 얼굴이라는 뜻으로 아름다운 여인의 모습을 이르는 말
- 雪上加霜(설상가상) : 눈 위에 또 서리가 덮인다는 뜻으로 불행이 엎친 데 덮친 격으로 거듭 생김을 이르는 말
- 說往說來(설왕설래) : 서로 변론(辯論)을 주고받으며 옥신각신함
- 小隙沈舟(소극침주) : 작은 일을 게을리 하면 큰 재앙이 닥치게 됨을 비유하는 말
- 首丘初心(수구초심) : 고향을 그리워하는 마음을 일컫는 말
- 壽福康寧(수복강녕) : 오래 살고 복되며 건강하고 편안함
- 袖手傍觀(수수방관) : 팔짱을 끼고 보고만 있다는 뜻으로 마땅히 해야 할 일에 그저 옆에서 보고만 있는 것을 이르는 말
- 水深可知 人心難知(수심가지 인심난지) : 물의 깊이는 알 수 있으나 사람의 속마음은 헤아리기가 어렵다는 뜻
- 水魚之交(수어지교) : 교분이 매우 깊은 것을 말함[君臣水魚(군신수어)]
- 誰怨誰咎(수원수구) : 남을 원망하거나 책망할 것이 없음
- 脣亡齒寒(순망치한) : 입술이 없으면 이가 시린 것처럼 서로 돕던 이가 망하면 다른 한쪽 사람도 함께 위험하다는 말
- 是是非非(시시비비) : 옳고 그름을 가림
- 識字憂患(식자우환) : 아는 것이 탈이라는 말로 학식이 있는 것이 도리어 근심을 사게 됨을 이름

- 身言書判(신언서판) : 사람됨을 판단하는 네 가지 기준, 즉 신수(身手)와 말씨와 문필과 판단력을 일컬음
- 心心相人(심심상인) : 마음에서 마음을 전한다는 뜻으로, 묵묵한 가운데 서로 마음이 통함.
- 十匙一飯(십시일반) : 열 사람이 한 술씩 보태면 한 사람 먹을 분량이 된다는 뜻으로 여러 사람이 힘을 합하면 한 사람을 쉽게 도울 수 있다는 말

- 阿叫喚(아비규환) : 지옥 같은 고통에 못 견디어 구원을 부르짖는 소리라는 뜻으로 참혹한 고통 가운데에서 살려 달라고 울부짖는 상태를 이르는 말
- 我田引水(아전인수) : 제 논에 물대기. 자기에게 유리하도록 행동하는 것
- 安貧樂道(안빈낙도) : 빈궁한 가운데 편안하게 생활하여 도(道)를 즐김
- 眼下無人(안하무인) : 태도가 몹시 거만하여 모든 사람을 업신여김
- 暗中摸索(암중모색) : 물건을 어둠 속에서 더듬어 찾는다는 뜻으로, 확실한 방법을 모르는 채 이리저리 시도해 본다는 말
- 羊頭狗肉(양두구육) : 양의 머리를 내걸고 개고기를 판다는 뜻으로 겉모양은 훌륭하나 속은 변변치 않음을 이르는 말
- 梁上君子(양상군자) : 들보 위에 있는 군자라는 뜻으로 도둑을 미화(美化)한 말
- 漁父之利(어부지리) : 도요새가 조개를 쪼아 먹으려다가 둘 다 물리어 서로 다투고 있을 때 어부가 와서 둘을 잡아갔다는 고사에서 나온 말로 둘이 다투는 사이에 제3자가 이득을 보는 것
- 言中有骨(언중유골) : 예사로운 말 속에 깊은 뜻이 있음
- 如履薄氷(여리박빙) : 살얼음을 밟는 듯 아슬아슬하고 불안한 지경을 비유하여 이르는 말
- 如反掌(여반장) : 손바닥을 뒤집는 것과 같이 매우 쉬움
- 緣木求魚(연목구어) : 나무에 올라가 물고기를 구하듯 불가능한 일을 하고자 할 때를 비유하는 말
- 寤寐不忘(오매불망) : 자나깨나 잊지 못함
- 烏飛梨落(오비이락) : 까마귀 날자 배 떨어진다는 뜻으로 공교롭게도 어떤 일이 같은 때에 일어나 남의 의심을 받게 됨을 이르는 말
- 傲霜孤節(오상고절) : 서릿발 속에서도 굴하지 않고 외로이 지키는 절개라는 뜻으로 충신 또는 국화를 두고 하는 말
- 五十步百步(오십보백보) : 양자 간에 차이는 있으나 본질적으로는 같다는 뜻
- 吳越同舟(오월동주) : 사이가 좋지 못한 사람끼리도 자기의 이익을 위해서는 행동을 같이 한다는 말
- 溫故知新(온고지신) : 옛 것을 익히고 나아가 새 것을 앎
- 臥薪嘗膽(와신상담) : 섶에 누워 자고 쓴 쓸개를 씹는다는 뜻으로 원수를 갚고자 고생을 참고 견딤을 이르는 말

- 樂山樂水(요산요수) : '智者樂水 仁者樂山(지자요수 인자요산)'의 준말로 지혜 있는 자는 사리에 통달하여 물과 같이 막힘이 없으므로 물을 좋아하고, 어진 자는 의리에 밝고 산과 같이 중후하여 변하지 않으므로 산을 좋아 한다는 말
- 窈窕淑女(요조숙녀) : 마음씨가 얌전하고 자태가 아름다운 여자
- 欲速不達(욕속부달) : 일을 속히 하려고 하면 도리어 이루지 못한다는 말
- 龍頭蛇尾(용두사미) : 처음엔 그럴 듯하다가 끝이 흐지부지되는 것
- 雲泥之差(운니지차) : 구름과 진흙의 차이란 뜻으로 주로 사정이 크게 다를 경우나 서로의 차이가 클 때 사용한다.
- 有備無患(유비무환) : 어떤 일에 미리 준비가 있으면 걱정이 없다는 말
- 唯我獨尊(유아독존) : 이 세상에는 나보다 더 잘난 사람이 없다고 뽐냄
- 流言蜚語(유언비어) : 근거 없는 좋지 못한 말
- 泣斬馬謖(읍참마속) : 큰 목적을 위해 아끼는 사람을 버림
- 以心傳心(이심전심) : 마음과 마음이 서로 통함
- 二律背反(이율배반) : 서로 모순되는 명제(命題), 즉 정립(定立)과 반립(反立)이 동등한 권리를 가지고 주장 되는 일
- 李下不整冠(이하부정관) : 자두나무 아래에서는 갓을 고쳐 쓰지 말라는 뜻으로 남에게 의심받을 일을 하지 않도 록 주의하라는 말
- 耳懸令 鼻懸令(이현령 비현령) : 귀에 걸면 귀걸이, 코에 걸면 코걸이라는 뜻으로 이렇게도 저렇게도 될 수 있 음을 비유하는 말
- 益者三友(익자삼우) : 사귀어 이롭고 보탬이 되는 세 벗으로 정직한 사람, 신의 있는 사람, 학식 있는 사람을 가리킴
- 因果應報(인과응보) : 좋은 일에는 좋은 결과가, 나쁜 일에는 나쁜 결과가 따름
- 一擧兩得(일거양득) : 하나의 행동으로 두 가지의 성과를 거두는 것
- 一網打盡(일망타진) : 한꺼번에 모조리 다 잡음
- 一魚濁水(일어탁수) : 물고기 한 마리가 큰물을 흐리게 하듯 한 사람의 악행으로 인하여 여러 사람이 그 해를 입게 되는 것을 뜻함
- 一場春夢(일장춘몽) : 인생의 영화(榮華)는 한바탕의 봄꿈과 같이 헛됨
- 日就月將(일취월장) : 나날이 다달이 진보함
- 一筆揮之(일필휘지) : 단숨에 글씨나 그림을 줄기차게 쓰거나 그림

- 自家撞着(자가당착) : 자기의 언행이 전후 모순되어 들어맞지 않음
- 自繩自縛(자승자박) : 자기의 줄로 자기를 묶는다는 뜻으로 자신이 한 말이나 행동 때문에 자기가 얽매이게 된다는 말
- 張三李四(장삼이사) : 장씨(張氏)의 삼남(三男)과 이씨(李氏)의 사남(四男)이라는 뜻으로 평범한 사람을 가리키는 말
- 賊反荷杖(적반하장) : 도둑이 도리어 매를 든다는 뜻으로 잘못한 사람이 도리어 잘한 사람을 나무라는 경우에 쓰는 말
- 戰戰兢兢(전전긍긍) : 몹시 두려워 벌벌 떨면서 조심한다는 말
- 轉禍爲福(전화위복) : 화를 바꾸어 복이 되게 한다는 뜻으로 궂은 일을 당하였을 때 그것을 잘 처리하여 좋은 일이 되게 하는 것
- 切磋琢磨(절차탁마) : 학문과 덕행을 갈고 닦음을 가리키는 말
- 漸入佳境(점입가경) : 점점 더 재미있는 경지로 들어감
- 頂門一鍼(정문일침) : 정수리에 침을 놓는다는 뜻으로 따끔한 비판이나 충고를 뜻함
- 井底之蛙(정저지와) : 우물 안 개구리. 견문이 좁고 세상 형편을 모름
- 糟糠之妻(조강지처) : 가난을 참고 고생을 같이 하며 남편을 섬긴 아내
- 朝令暮改(조령모개) : 법령을 자꾸 바꾸어서 종잡을 수 없음을 비유하는 말
- 朝三暮四(조삼모사) : 간사한 꾀로 사람을 속여 희롱함. 눈앞에 당장 나타나는 차별만 알고 그 결과가 같음을 모름
- 鳥足之血(조족지혈) : 새 발의 피. 양이 아주 적음
- 左顧右眄(좌고우면) : 좌우를 자주 둘러본다는 뜻으로 무슨 일에 얼른 결정을 짓지 못함을 이르는 말[左右顧眄(좌우고면)]
- 坐不安席(좌불안석) : 마음에 불안이나 근심 등이 있어 한 자리에 오래 앉아 있지 못함
- 晝耕夜讀(주경야독) : 낮에 일하고 밤에 공부함. 바쁜 틈을 타서 어렵게 공부를 함
- 主客顚倒(주객전도) : 주인과 손님이 뒤바뀌다는 뜻으로 주되는 것과 종속되는 것의 위치가 뒤바뀜을 말함
- 走馬加鞭(주마가편) : 달리는 말에 채찍을 더한다는 뜻으로 잘하는 사람에게 더 잘하도록 하는 것을 일컬음
- 走馬看山(주마간산) : 말을 달리면서 산을 본다는 말로 바빠서 자세히 보지 못하고 지나침을 뜻함
- 竹馬故友(죽마고우) : 죽마를 타고 놀던 벗, 즉 어릴 때 같이 놀던 친한 친구
- 竹杖芒鞋(죽장망혜) : 대지팡이와 짚신. 먼 길을 떠날 때의 간편한 차림
- 衆寡不敵(중과부적) : 적은 수효로는 많은 수효를 대적하지 못한다는 뜻
- 衆口難防(중구난방) : 여러 사람의 입을 막기 어렵다는 뜻으로, 막기 어려울 정도(程度)로 여럿이 마구 지껄임을 이르는 말

- 重言復言(중언부언) : 한 말을 자꾸 되풀이 함
- 指鹿爲馬(지록위마) : 중국 진나라의 조고(趙高)가 이세 황제(二世皇帝)의 권력을 농락하려고 일부러 사슴을 말이라고 속여 바쳤다는 고사에서 유래한 것으로 윗사람을 농락하여 권세를 마음대로 함을 가리킴
- 支離滅裂(지리멸렬) : 갈가리 흩어지고 찢기어 갈피를 잡을 수 없음
- 知足不辱(지족불욕) : 모든 일에 분수를 알고 만족하게 생각하면 모욕을 받지 않는다는 말
- 盡人事待天命(진인사대천명) : 노력을 다한 후에 천명을 기다림
- 進退維谷(진퇴유곡) : 앞으로 나아갈 수도 뒤로 물러설 수도 없이 꼼짝할 수 없는 궁지에 빠짐[進退兩難(진퇴양난)]
- 嫉逐排斥(질축배척) : 시기하고 미워하여 물리침

- 創業易守成難(창업이수성난) : 어떤 일을 시작하기는 쉬우나, 이룬 것을 지키기는 어렵다는 말
- 滄海桑田(창해상전) : 푸른 바다가 변하여 뽕밭으로 된다는 뜻으로 세상일이 덧없이 바뀜을 이르는 말[桑田碧海(상전벽해)]
- 滄海一粟(창해일속) : 넓은 바다에 떠 있는 한 알의 좁쌀이라는 뜻으로 아주 큰 물건 속에 있는 아주 작은 물건을 이르는 말
- 天高馬肥(천고마비) : 하늘이 높고 말이 살찐다는 뜻으로 가을철을 일컫는 말
- 千慮一得(천려일득) : 천 번을 생각하면 한 번 얻는 것이 있다는 뜻으로, 많이 생각할수록 좋은 것을 얻음을 비유하는 말
- 千慮一失(천려일실) : 여러 번 생각하여 신중하고 조심스럽게 한 일에도 때로는 한 가지 실수가 있음을 이르는 말
- 天方地軸(천방지축) : 너무 바빠서 두서를 잡지 못하고 허둥대는 모습. 어리석은 사람이 갈 바를 몰라 두리번거리는 모습
- 泉石膏肓(천석고황) : 고질병이 되다시피 산수풍경을 좋아함
- 千衣無縫(천의무봉) : 천사의 옷은 기울 데가 없다는 뜻으로 문장이 훌륭하여 손댈 곳이 없을 만큼 잘 되었음을 일컫는 말
- 千仞斷崖(천인단애) : 천 길이나 되는 깎아지른 벼랑
- 千紫萬紅(천자만홍) : 여러 가지 빛깔의 꽃이 만발함
- 千載一遇(천재일우) : 천 년에나 한번 만날 수 있는 기회, 즉 좀처럼 얻기 어려운 기회
- 徹頭徹尾(철두철미) : 머리에서 꼬리까지 투철함, 즉 처음부터 끝까지 투철함
- 靑天霹靂(청천벽력) : 맑게 갠 하늘에서 치는 벼락, 즉 뜻밖에 생긴 변을 일컫는 말
- 靑出於藍(청출어람) : 쪽에서 우러난 푸른빛이 쪽보다 낫다는 뜻으로 제자가 스승보다 더 뛰어남을 이르는 말

- 草綠同色(초록동색) : 풀과 녹색은 같은 빛임. 같은 처지나 같은 유의 사람들은 그들끼리 함께 행동함
- 寸鐵殺人(촌철살인) : 조그만 쇠붙이로 사람을 죽인다는 뜻으로 간단한 말이나 문장으로 사물의 가장 요긴한 데를 찔러 듣는 사람을 감동하게 하는 것
- 春秋筆法(춘추필법) : 5경의 하나인 춘추와 같이 비판의 태도가 썩 엄정함을 이르는 말. 대의명분을 밝히어 세우는 사실의 논법
- 醉生夢死(취생몽사) : 아무 뜻과 이룬 일도 없이 한평생을 흐리멍덩하게 살아감
- 七顚八起(칠전팔기) : 여러 번 실패해도 굽히지 않고 분투함을 일컫는 말
- 七縱七擒(칠종칠금) : 제갈량의 전술로 일곱 번 놓아 주고 일곱 번 잡는다는 뜻으로 자유자재 전술을 일컬음
- 針小棒大(침소봉대) : 바늘을 몽둥이라고 말하듯 과장해서 말하는 것

- 他山之石(타산지석) : 다른 산에서 나는 하찮은 돌도 자기의 옥(玉)을 가는 데에 도움이 된다는 뜻으로 다른 사람의 하찮은 언행일지라도 자기의 지덕을 연마하는 데에 도움이 된다는 말
- 卓上空論(탁상공론) : 실현성이 없는 허황된 이론
- 太剛則折(태강즉절) : 너무 강하면 부러지기 쉽다는 말
- 泰山北斗(태산북두) : 태산과 북두칠성을 여러 사람이 우러러 보는 것처럼 남에게 존경받는 뛰어난 존재
- 兎營三窟(토영삼굴) : 자신의 안전을 위하여 미리 몇 가지 술책을 마련함
- 吐盡肝膽(토진간담) : 솔직한 심정을 숨김없이 모두 말함

- 波瀾萬丈(파란만장) : 물결이 만 길 높이로 인다는 뜻으로 인생을 살아가는 데 있어 기복과 변화가 심함을 이르는 말
- 波瀾重疊(파란중첩) : 일의 진행에 있어서 온갖 변화나 난관이 많음
- 破竹之勢(파죽지세) : 대를 쪼개는 것처럼 거침없이 나아가는 세력
- 弊袍破笠(폐포파립) : 해진 옷과 부서진 갓, 즉 너절하고 구차한 차림새를 말함
- 抱腹絶倒(포복절도) : 배를 안고 몸을 가누지 못할 정도로 몹시 웃음
- 風樹之嘆(풍수지탄) : 부모가 이미 세상을 떠나 효도할 수 없음을 한탄함
- 風前燈火(풍전등화) : 바람 앞의 등불처럼 매우 위급한 경우에 놓여 있음을 일컫는 말
- 風餐露宿(풍찬노숙) : 바람과 이슬을 무릅쓰고 한 데에서 먹고 잠, 즉 큰일을 이루려는 사람이 고초를 겪는 모양
- 匹夫匹婦(필부필부) : 평범한 남자와 평범한 여자
- 必有曲折(필유곡절) : 반드시 어떠한 까닭이 있음

- 夏爐冬扇(하로동선) : 여름의 화로와 겨울의 부채라는 뜻으로 쓸모없는 재능을 말함
- 下石上臺(하석상대) : 아랫돌을 빼서 윗돌을 괴고 윗돌을 빼서 아랫돌을 괸다는 뜻으로 임시변통으로 이리저리 둘러 맞춤을 말함
- 鶴首苦待(학수고대) : 학의 목처럼 목을 길게 늘여 몹시 기다린다는 뜻
- 漢江投石(한강투석) : 한강에 돌 던지기라는 뜻으로 지나치게 미미하여 전혀 효과가 없음을 이르는 말
- 緘口無言(함구무언) : 입을 다물고 아무런 말이 없음
- 含哺鼓腹(함포고복) : 배불리 먹고 즐겁게 지냄
- 咸興差使(함흥차사) : 심부름을 시킨 뒤 아무 소식이 없거나 회답이 더디 올 때 쓰는 말
- 孑孑單身(혈혈단신) : 의지할 곳 없는 외로운 홀몸
- 螢雪之功(형설지공) : 중국 진나라의 차윤(車胤)이 반딧불로 글을 읽고 손강(孫康)은 눈(雪)의 빛으로 글을 읽었다는 고사에서 유래된 말로 고생하면서도 꾸준히 학문을 닦은 보람을 이르는 말
- 糊口之策(호구지책) : 살아갈 방법. 그저 먹고 살아가는 방책
- 好事多魔(호사다마) : 좋은 일에는 방해가 되는 일이 많다는 뜻
- 虎死留皮(호사유피) : 범이 죽으면 가죽을 남김과 같이 사람도 죽은 뒤 이름을 남겨야 한다는 말[豹死留皮(표사유피)]
- 浩然之氣(호연지기) : 잡다한 일에서 해방된 자유로운 마음. 하늘과 땅 사이에 넘치게 가득 찬 넓고도 큰 원기. 공명정대하여 조금도 부끄러울 바 없는 도덕적 용기
- 魂飛魄散(혼비백산) : 몹시 놀라 넋을 잃음
- 和而不同(화이부동) : 남과 화목하게 지내지만 자신의 중심과 원칙을 잃지 않음
- 畫龍點睛(화룡점정) : 용을 그려 놓고 마지막으로 눈을 그려 넣음, 즉 가장 긴요한 부분을 완성시킴
- 換骨奪胎(환골탈태) : 얼굴이 이전보다 더 아름다워짐. 선인의 시나 문장을 살리되, 자기 나름의 새로움을 보태어 자기 작품으로 삼는 일
- 會者定離(회자정리) : 만나면 반드시 헤어짐
- 後生可畏(후생가외) : 후진들이 젊고 기력이 있어 두렵게 여겨짐
- 橫說竪說(횡설수설) : 조리가 없는 말을 함부로 지껄임 또는 그 말
- 興盡悲來(흥진비래) : 즐거운 일이 다하면 슬픔이 옴, 즉 흥망과 성쇠가 엇바뀜을 일컫는 말

출제예상문제

▌1~2▌ 다음 (   ) 안에 공통으로 들어가는 단어를 고르시오.

1

> • 상대방의 GPS 전파 (   )로/으로 우리 항공기와 선박이 영향을 받았다.
> • 경찰은 사회 질서의 (   )을/를 노리는 불순 세력을 뿌리 뽑기로 했다.

① 교류(交流) 　　　　　　　② 교착(膠着)
③ 교감(交感) 　　　　　　　④ 교란(攪亂)

✔해설　④ 마음이나 상황 따위를 뒤흔들어서 어지럽고 혼란하게 함.
　　　　① 문화나 사상 따위가 서로 통함
　　　　② 어떤 상태가 굳어 조금도 변동이나 진전이 없이 머묾
　　　　③ 서로 접촉하여 따라 움직이는 느낌

2

> • 모든 일이 (   ) 없이 잘 풀려 간다.
> • 담당자의 (   )로/으로 문제가 발생하였다.

① 착오(錯誤) 　　　　　　　② 망각(忘却)
③ 착각(錯覺) 　　　　　　　④ 오심(誤審)

✔해설　① 착각을 하여 잘못함. 또는 그런 잘못
　　　　② 어떤 사실을 잊어버림
　　　　③ 어떤 사물이나 사실을 실제와 다르게 지각하거나 생각함
　　　　④ 잘못 심리하거나 심판함. 또는 그런 심리나 심판

┃3～8 ┃ 다음 제시된 단어와 의미가 유사한 단어를 고르시오.

3

검토

① 방랑   ② 멸시

③ 감사   ④ 검사

✔해설   검토 … 어떤 사실이나 내용을 분석하여 따짐
① 정한 곳 없이 이리저리 떠돌아다님
② 업신여기거나 하찮게 여겨 깔봄
③ 고마움을 나타내는 인사
④ 사실이나 일의 상태 또는 물질의 구성 성분 따위를 조사하여 옳고 그름과 낫고 못함을 판단하는 일

4

사상

① 순속   ② 견해

③ 이설   ④ 준수

✔해설   사상 … 어떤 사물에 대해 가지고 있는 구체적인 사고나 생각
① 그 시대의 풍속에 따름
③ 통용되는 것과는 다른 주장이나 의견
④ 전례나 규칙, 명령 따위를 그대로 좇아서 지킴

5

곤욕

① 허발   ② 는개

③ 드레   ④ 영금

✔해설   곤욕 … 심한 모욕 또는 참기 힘든 일
① 몹시 굶주려 있거나 궁하여 체면 없이 함부로 먹거나 덤빔
② 안개비보다는 조금 굵고 이슬비보다는 가는 비
③ 인격적으로 점잖은 무게
④ 따끔하게 당하는 곤욕

6

존속

① 보전   ② 영정
③ 상존   ④ 준선

> ✔ **해설** 존속… 어떤 대상이 그대로 있거나 어떤 현상이 계속됨
> ③ 언제나 존재함, 늘 있음
> ① 온전하게 보호하여 유지함
> ② 평안하고 고요함
> ④ 사람을 고를 때에, 그 재능의 표준을 높여서 뽑음

7

동갑

① 상념   ② 한량
③ 동포   ④ 동년

> ✔ **해설** 동갑… 육십갑자가 같다는 뜻으로, 같은 나이를 이르는 말
> ④ 같은 해. 또는 같은 나이
> ① 마음속에 품고 있는 여러 가지 생각
> ② 돈 잘 쓰고 잘 노는 사람을 비유적으로 이르는 말
> ③ 한 부모에게서 태어난 형제자매. 또는 같은 나라 또는 같은 민족의 사람을 다정하게 이르는 말

8

해감

① 사레   ② 지갈
③ 구분   ④ 찌꺼기

> ✔ **해설** 해감… 바닷물 따위에서 흙과 유기물이 썩어 생기는 냄새나는 찌꺼기
> ① 음식을 잘못 삼켜 기관 쪽으로 들어가게 되었을 때 갑자기 기침처럼 뿜어져 나오는 기운
> ② 목마름이 그침 또는 목마름을 그치게 함
> ③ 일정한 기준에 따라 전체를 몇 개로 갈라 나눔

┃9~18┃ 다음 제시된 단어와 의미가 상반된 단어를 고르시오.

9

왕왕

① 항용　　　　　　　　　　② 축전

③ 융통　　　　　　　　　　④ 이따금

> ✔해설　왕왕… 간의 간격을 두고 이따금
> ① 흔히 늘
> ② 일정한 액수에서 모자라는 돈
> ③ 금전, 물품 따위를 돌려씀
> ④ 얼마쯤씩 있다가 가끔

10

조화

① 상충　　　　　　　　　　② 화합

③ 협동　　　　　　　　　　④ 해화

> ✔해설　조화… 서로 잘 어울림
> ① 맞지 아니하고 서로 어긋남
> ② 화목하게 어울림
> ③ 서로 마음과 힘을 하나로 합함
> ④ 서로 잘 어울림

11

상봉

① 양봉　　　　　　　　　　② 상징

③ 붕우　　　　　　　　　　④ 작별

> ✔해설　상봉… 서로 만남
> ④ 인사를 나누고 헤어짐
> ① 꿀을 얻기 위하여 벌을 기름
> ② 추상적인 개념이나 사물을 구체적인 사물로 나타냄
> ③ 우연히 마주침

Answer　6.③　7.④　8.④　9.①　10.①　11.④

12

배당

① 가감   ② 할당

③ 환수   ④ 수순

> ✔ 해설 배당 … 일정한 기준에 따라 나누어 줌
> ③ 도로 거두어들임
> ① 더하거나 빼는 일
> ② 몫을 갈라 나눔
> ④ 남의 뜻에 맞추거나 순순히 따름

13

경각

① 오래   ② 호외

③ 실각   ④ 경질

> ✔ 해설 경각 … 눈 깜빡할 사이. 또는 아주 짧은 시간
> ① 시간이 지나가는 동안이 길게
> ② 특별한 일이 있을 때에 임시로 발행하는 신문이나 잡지
> ③ 발을 헛디딤. 또는 세력을 잃고 지위에서 물러남
> ④ 어떤 직위에 있는 사람을 다른 사람으로 바꿈

14

험구

① 유순   ② 사랑

③ 칭찬   ④ 암묵

> ✔ 해설 험구 … 남의 흠을 들추어 헐뜯거나 험상궂은 욕을 함 또는 그런 욕
> ① 성질이나 태도, 표정 따위가 부드럽고 순함
> ② 어떤 사람이나 존재를 몹시 아끼고 귀중히 여기는 마음
> ③ 좋은 점이나 착하고 훌륭한 일을 높이 평가함 또는 그런 말
> ④ 자기 의사를 밖으로 나타내지 아니함

15

각축하다

① 굴종하다   ② 이전하다

③ 쟁론하다   ④ 화유하다

> ✔해설 각축하다 … 서로 이기려고 다투며 덤벼들다.
> ① 제 뜻을 굽혀 남에게 복종하다.
> ② 권리 따위를 남에게 넘겨주거나 넘겨받다.
> ③ 서로 다투며 토론하다.
> ④ 부드럽고 온화하다.

16

왕세(往世)

① 미래   ② 소통

③ 친밀   ④ 자유

> ✔해설 왕세(往世) … 옛날, 지난 지 꽤 오래된 시기를 막연히 이르는 말

17

경망

① 속진   ② 신중

③ 이이   ④ 논의

> ✔해설 경망 … 행동이나 말이 가볍고 조심성 없음
> ② 매우 조심스러움
> ① 급속히 나아감
> ③ 잇따라 나아감
> ④ 어떤 문제에 대해 서로 의견을 내어 토의함

18

알력

① 불화   ② 친화

③ 반영   ④ 흡사

> ✔ **해설** 알력(軋轢) … 수레바퀴가 삐걱거린다는 뜻으로, 서로 의견이 맞지 아니하여 사이가 안 좋거나 충돌하는 것을 이르는 말

▎19~23 ▎ 다음 제시된 단어의 의미로 옳은 것을 고르시오.

19

암팡지다

① 몸은 작아도 힘차고 다부지다.

② 엉뚱한 욕심을 품고 분수에 넘치는 짓을 하고자 하는 태도가 있다.

③ 겉으로는 부드러워 보이나 속으로는 흉악하다.

④ 아주 심하거나 지독한 데가 있다.

> ✔ **해설** ② 앙큼하다
> ③ 음흉하다
> ④ 옴팡지다'

20

거풀거리다

① 멈추어 있던 자세나 자리가 바뀌다.

② 몸은 작아도 힘차고 다부지다.

③ 물체의 한 부분이 바람에 떠들려 자꾸 크게 흔들리다.

④ 고쳐서 확장하다.

> ✔ **해설** ① 움직이다
> ② 암팡지다
> ④ 경장하다

21

현안(懸案)

① 여러 사정을 참고하여 생각함
② 어떤 안을 대신하는 안
③ 뛰어나게 좋은 생각
④ 아직 해결되지 않은 채 남아 있는 문제

✔해설 ① 감안(勘案) ② 대안(代案) ③ 묘안(妙案)

22

모꼬지

① 남을 해치고자 하는 짓
② 눈치로 알아차릴 수 있도록 슬그머니 일깨워 줌
③ 놀이나 잔치에 여러 사람이 모이는 일
④ 물을 대어 주로 벼를 심어 가꾸는 땅

✔해설 ① 해코지 ② 귀띔 ④ 논

23

지구(遲久)

① 일정한 목적 대문에 특별히 지정된 지역
② 사귄 지 오래된 친구
③ 정밀히 연구함
④ 오래도록 기다림

✔해설 ① 지구(地區) ② 지구(知舊) ③ 정구(精究)

▎24~28▎ 다음 제시된 어구 풀이의 의미와 가장 잘 부합하는 어휘를 고르시오.

24

불순물이 섞이지 아니하여 깨끗하고 순수하다

① 정수하다   ② 징수하다
③ 진거하다   ④ 진부하다

> ✔ 해설 ② 나라, 공공 단체, 지주 등이 돈, 곡식, 물품 따위를 거두어들이다.
> ③ 앞으로 나아가다.
> ④ 사상, 표현, 행동 따위가 낡아서 새롭지 못하다.

25

얼굴에 핏기가 없고 파리하다

① 핼쑥하다   ② 수척하다
③ 스산하다   ④ 완뢰하다

> ✔ 해설 ② 몸이 몹시 야위고 마른 듯하다.
> ③ 마음이 가라앉지 아니하고 뒤숭숭하다.
> ④ 굳세고 튼튼하다.

26

마음이 구슬퍼질 정도로 외롭거나 쓸쓸하다.

① 헌칠하다   ② 옹색하다
③ 처량하다   ④ 부실하다

> ✔ 해설 ① 키와 몸집이 크고 늘씬하다.
> ② 생활이 어렵다. 또는 활달하지 못하여 옹졸하고 답답하다.
> ④ 몸이 튼튼하지 못하다. 또는 내용이 실속이 없거나 충실하지 못하다.

27

끝을 맺음

① 고지   ② 귀결

③ 귀감   ④ 귀공

 해설 ① 상대방의 의견을 높이는 말
③ 본보기가 될 만한 것
④ 세상에 보기 드문 솜씨

28

주위를 에워쌈

① 애각   ② 남가

③ 환주   ④ 결체

해설 ① 낭떠러지의 아래 끝부분
② 남쪽으로 뻗은 나뭇가지
④ 단단히 졸라맴

▌29~33▐ 다음 중 제시된 문장의 밑줄 친 어휘와 같은 의미로 사용된 것을 고르시오.

29

잔치 음식에는 품이 많이 <u>든다</u>.

① 하숙집에 <u>든</u> 지도 벌써 삼 년이 지났다.

② 언 고기가 익는 데에는 시간이 좀 <u>드는</u> 법이다.

③ 일단 마음에 <u>드는</u> 사람이 있으면 적극적으로 나설 작정이다.

④ 4월에 <u>들어서만</u> 이익금이 두 배로 늘었다.

해설 ① 방이나 집 따위에 있거나 거처를 정해 머무르게 되다.
② 어떤 일에 돈, 시간, 노력, 물자 따위가 쓰이다.
③ 어떤 물건이나 사람이 좋게 받아들여지다.
④ 어떠한 시기가 되다.

30

> 그렇게 강조해서 시험 문제를 <u>짚어</u> 주었는데도 성적이 그 모양이냐.

① 이마를 <u>짚어</u> 보니 열이 있었다.

② 목발을 <u>짚는</u> 것만으로도 그는 감사한 마음으로 쾌유를 기다려야한다.

③ 그거야말로 땅 <u>짚고</u> 헤엄치기 아닌가.

④ 손가락으로 글자를 <u>짚어</u> 가며 가르쳐주었다.

> ✔ 해설 ① 손으로 이마나 머리 따위를 가볍게 눌러 대다.
> ②③ 바닥이나 벽, 지팡이 따위에 몸을 의지하다.
> ④ 여럿 중 하나를 꼭 집어 가리키다

31

> 한 치의 숨김도 없이 <u>바르게</u> 대답해야 할 거야.

① 운동장에 선을 <u>바르게</u> 그어놓도록 해라.

② 그는 양심이 <u>바른</u> 사람이라서 거짓말을 하지 못한다.

③ 입에 침이나 <u>바르고</u> 그런 이야기를 해.

④ 창문에 에어캡을 <u>발랐더니</u> 확실히 따뜻해진 듯 했다.

> ✔ 해설 ① 겉으로 보기에 비뚤어지거나 굽은 데가 없다.
> ② 거짓이나 속임이 없이 정직하다.
> ③ 표면에 고루 묻히다.
> ④ 풀칠한 종이나 헝겊 따위를 다른 물건의 표면에 고루 붙이다.

32

> 그녀는 <u>해</u>를 입을까 두려워한다.

① 약을 과다복용하면 몸에 <u>해</u>가 된다.

② <u>해</u>가 거듭될수록 일이 쉬워짐을 느낀다.

③ 이번 <u>해</u>는 반드시 소원이 이루어졌으면 좋겠다.

④ 정오에는 <u>해</u>가 머리 위에 있다.

> ✔ 해설 ① 이롭지 아니하거나 손상을 입는 것
> ②③ 지구가 태양을 한 바퀴 도는 열두 달
> ④ 태양을 일상적으로 이르는 말

33

강당에 사람이 가득 <u>차서</u> 더 이상 들어갈 수 없었다.

① 그는 승리의 기쁨에 가득 <u>차서</u> 눈물을 흘렸다.

② 할아버지는 혀를 끌끌 <u>차며</u> 손주의 행동을 바라보았다.

③ 미숙이는 성격이 <u>차고</u> 매서워서 사람들이 잘 따르지 않는다.

④ 초의 향과 따스함이 방 안에 가득 <u>차</u> 아늑한 분위기를 연출했다.

> ✔ **해설**　① 감정이나 기운 따위가 가득하게 되다.
> ② 혀를 입천장 앞쪽에 붙였다가 떼어 소리를 내다.
> ③ 인정이 없고 쌀쌀하다.
> ④ 일정한 공간에 사람, 사물, 냄새 따위가 더 들어갈 수 없이 가득하게 되다.

▌34~35▐ 다음 빈칸에 들어갈 어휘로 가장 적절한 것을 고르시오.

34

팀장님은 프로젝트가 끝나면 _____ 팀원들과 함께 술을 한잔 했다.

① 진즉　　　　　　　　　　　② 파투

③ 한갓　　　　　　　　　　　④ 으레

> ✔ **해설**　① 좀 더 일찍이
> ② 일이 잘못되어 흐지부지됨
> ③ 다른 것 없이 겨우
> ④ 두말할 것 없이 당연히, 틀림없이 언제나

35

영양공급을 제대로 받지 못한 그는 ___가 없다.

① 허기　　　　　　　　　　　② 헌기

③ 혈기　　　　　　　　　　　④ 현기

> ✔ **해설**　① 속이 비어 허전한 기운
> ② 수레와 말을 탐 또는 그 수레와 말
> ③ 힘을 쓰고 활동하게 하는 원기
> ④ 뽐내는 마음

36

연극, 오페라의 유령, 브로드웨이, 충무로, 아리아, 놀이공원, 가면, 별, 심리학

① 할리우드

② 중세유럽

③ 발레

④ 뮤지컬

> ✔해설 제시된 단어 중 오페라의 유령, 브로드웨이, 아리아를 통해 '뮤지컬'을 유추해볼 수 있다.
> • 4대 뮤지컬 … 캣츠, 레미제라블, 미스사이공, 오페라의 유령
> • 아리아 … 작품의 주제 혹은 주인공의 환희나 비극을 담고 있는 뮤지컬의 클라이맥스

37

동화, 링컨, 셜록홈즈, 게임, 극장, 이순신, 거북선, 햄릿, 간디

① 한국사

② 업적

③ 위인

④ 관광지

> ✔해설 제시된 단어 중 링컨, 이순신, 간디를 통해 '위인'을 유추해볼 수 있다.

38

| 부족 : 결핍 = 불운 : (   ) |

① 행운　　　　　　　　　　　② 비운

③ 속박　　　　　　　　　　　④ 실종

> ✔해설 부족과 결핍은 모두 어떠한 것이 없거나 모자란 것을 이르는 말로 서로 유의어 관계에 있다. 따라서 괄호 안에 알맞은 단어는 불운과 유의어 관계에 있는 비운이다.

39

| 산소:기체=비문학:( ) |

① 문학　　　　　　　　　　　② 도서

③ 시　　　　　　　　　　　　④ 수필

> ✔해설 산소는 기체의 한 종류이다. 따라서 비문학은 괄호 속 단어의 한 종류가 되므로 '도서'가 오는 것이 가장 적절하다.

40

| 객 : 손님 = 명 : (   ) |

① 믿음　　　　　　　　　　　② 국가

③ 걸음　　　　　　　　　　　④ 목숨

> ✔해설 객과 손님은 동의어이다. 명의 동의어는 목숨이다.

41

> 백골난망(白骨難忘) : 결초보은(結草報恩) = 인과응보(因果應報) : ( )

① 군계일학(群鷄一鶴)　　　　　　　　② 어부지리(漁父之利)

③ 자승자박(自繩自縛)　　　　　　　　④ 각주구검(刻舟求劍)

✔해설　백골난망과 결초보은은 '죽어서도 은혜를 잊을 수 없음'을 이르는 의미를 담는 유의 관계에 있다. 따라서 '
　　　지은 죄가 있으면 반드시 벌을 받고 착한 일을 하면 좋은 보답을 받게 됨'을 의미하는 인과응보와 유사한
　　　의미를 가진 한자 성어인 자승자박이 괄호 안에 들어가는 것이 적절하다.
　　　① 많은 사람 가운데서 뛰어난 인물
　　　② 두 사람이 싸우는 사이에 엉뚱한 사람이 애쓰지 않고 이익을 가로챔
　　　④ 판단력이 둔하여 융통성이 없고 세상일에 어둡고 어리석음

42 다음에 제시된 단어가 나타내는 뜻을 모두 포괄할 수 있는 단어를 고르면?

> 열다　　　　떼다　　　　서다　　　　제하다

① 열다　　　　　　　　　　　　　　② 떼다

③ 사다　　　　　　　　　　　　　　④ 제하다

✔해설　① 그는 좀처럼 입을 떼지(열지) 않았다.
　　　③ 어떤 사람에게 물건을 떼느냐(사느냐)에 따라 가격 차이가 난다.
　　　④ 월급에서 식대를 떼다.

43 어문 규정에 모두 맞게 표기된 문장은?

① 그녀는 개의치 않고 길을 걸어갔다.

② 영수는 문방구에서 연필 한자루를 구매하였다.

③ 멀지않아 그는 계획을 실행할 예정이다.

④ 얼마만에 외식하는지 알 수 없다.

✔해설　② 한자루→ 한 자루, 단위를 나타내는 명사와 수관형사는 서로 띄어 쓴다.
　　　③ 멀지않아→ 머지않아, 시간적으로 떨어져 있음을 의미할 때는 '머지'를 사용한다.
　　　④ 얼마만에→ 얼마 만에, '만'은 의존명사이므로 띄어 쓴다.

44 어문 규정에 어긋난 것으로만 묶인 것은?

① 기여하고저, 뻐드렁니, 돌('첫 생일')

② 퍼붇다, 쳐부수다, 수퇘지

③ 안성마춤, 삵괭이, 더우기

④ 고샅, 일찍이, 굼주리다

> **✔해설** ① 기여하고저 → 기여하고자
> ② 퍼붇다 → 퍼붓다
> ③ 안성마춤 → 안성맞춤, 삵괭이 → 살쾡이, 더우기 → 더욱이
> ④ 굼주리다 → 굶주리다

45 다음 밑줄 친 부분 중 한글 맞춤법에 따라 바르게 표기된 것은?

① 시간이 <u>넉넉치 않은</u> 데도 옷을 몇 번이나 갈아입었다.

② <u>간편케</u> 접은 옷가지들이 빼곡했다.

③ 드넓은 갯벌이 <u>들어나자</u> 사람들이 하나둘 바지를 걷고 갯벌로 들어갔다.

④ 이것이 당신이 찾던 <u>것이요</u>.

> **✔해설** ① 넉넉치 않은 → 넉넉지 않은
> ③ 들어나자 → 드러나자
> ④ 것이요 → 것이오

46 띄어쓰기와 맞춤법이 모두 옳은 것은?

① 너와 함께 하는 일분 일초 모든 흔적은 내 삶의 증거다.

② 안개가 금방 걷힐테니 곧 길을 찾을 수 있을 것이다.

③ 먼 길을 돌아서 왔지만 우리는 결국 다시 만날 운명이었다.

④ 달려 보아도 미로를 벗어나지 못하고 제자리를 멤돌고 있다.

> **✔해설** ① 일분 일초 → 일분일초
> ② 걷힐테니 → 걷힐 테니
> ④ 달려 보아도 → 달려보아도, 멤돌고 → 맴돌고

47 밑줄 친 단어 중 우리말의 어문 규정에 따라 맞게 쓴 것은?

① <u>윗층</u>에 가 보니 전망이 정말 좋다.

② <u>뒷편</u>에 정말 오래된 감나무가 서 있다.

③ 그 일에 <u>익숙지</u> 못하면 그만 두자.

④ <u>생각컨대</u>, 그 대답은 옳지 않을 듯하다.

> **해설** 어간의 끝음절 '하'가 아주 줄 적에는 준 대로 적는다〈한글맞춤법 제40항 붙임2〉.
> ① 윗층 → 위층
> ② 뒷편 → 뒤편
> ④ 생각컨대 → 생각건대

48 밑줄 친 부분이 어법에 맞게 표기된 것은?

① 박 사장은 자기 돈이 어떻게 <u>쓰여지는 지</u>도 몰랐다.

② 그녀는 조금만 <u>추어올리면</u> 기고만장해진다.

③ <u>나룻터</u>는 이미 사람들로 가득 차 있었다.

④ 우리들은 <u>서슴치</u> 않고 차에 올랐다.

> **해설** '위로 끌어 올리다'의 뜻으로 사용될 때는 '추켜올리다'와 '추어올리다'를 함께 사용할 수 있지만 '실제보다 높여 칭찬하다'의 뜻으로 사용될 때는 '추어올리다'만 사용해야 한다.
> ① 쓰여지는 지 → 쓰이는지
> ③ 나룻터 → 나루터
> ④ 서슴치 → 서슴지

49 다음 중 표준 발음인 것은?

① 넓다[넙따] ② 꽃잎[꼰닙]

③ 맏형[마텽] ④ 국수[국수]

> **해설** ① [널따]가 표준 발음이다.
> ② [꼰닙]이 표준 발음이다.
> ④ [국쑤]가 표준 발음이다.

50 다음 중 띄어쓰기가 옳은 문장은?

① 같은 값이면 좀더 큰것을 달라고 해라.

② 나는 친구가 많기는 하지만 우리 집이 큰지 작은지를 아는 사람은 철수 뿐이다.

③ 진수는 마음 가는 대로 길을 떠났지만 집을 떠난지 열흘이 지나서는 갈 곳마저 없었다.

④ 경진은 애 쓴만큼 돈을 받고 싶었지만 주위에서는 그의 노력을 인정해 주지 않았다.

 ② 철수 뿐이다 → 철수뿐이다
③ 떠난지 → 떠난 지
④ 애 쓴만큼 → 애쓴 만큼

51 다음 중 표현이 가장 자연스러운 것은?

① 이 제도는 최근에야 확립되어졌다.

② 인류는 함께 공존하는 길을 찾아야 합니다.

③ 지금도 저희 한국에는 대가족이 많습니다.

④ 빵을 만들기 위해서는 효모가 필요합니다.

 ① '되다'와 '~어지다'가 쓰여 이중 피동표현이 되었다. 하나의 피동 표현을 삭제한다. '이 제도는 최근에야 확립되었다.'로 고친다.
② 공존은 서로 도와서 함께 존재함을 의미한다. '함께'와 '공존'이 중복되므로 하나의 표현만 쓰도록 한다. '인류는 공존하는 길을 찾아야 합니다.'로 고친다.
③ 조국 앞에는 '저희'라는 낮춤말을 쓰지 않는다. '지금도 우리 한국에는 대가족이 많습니다.'로 고친다.

52 표현법이 다른 것은?

① 고향 집 마당귀 바람은 잠을 자리

② 매화 향기 홀로 아득하니

③ 여울지어 수척한 흰 물살

④ 풀은 눕고 드디어 울었다.

 ①③④에 쓰인 의인법은 사물이나 추상개념을 인간인 것처럼 표현하는 수사적 방법으로 ②에는 의인법이 쓰이지 않았다.

53 문맥으로 보아 다음 글의 (   ) 안에 알맞은 사자성어는?

이순신 동상이 광화문 광장에 (   )하게 서있다.

① 파죽지세(破竹之勢)   ② 위풍당당(威風堂堂)
③ 진퇴유곡(進退維谷)   ④ 진퇴양란(進退兩難)

 ① 파죽지세(破竹之勢) : 대를 쪼개는 기세라는 뜻으로, 적을 거침없이 물리치고 쳐들어가는 기세를 이르는 말
② 위풍당당(威風堂堂) : 풍채나 기세가 위엄 있고 떳떳함
③ 진퇴유곡(進退維谷) : 이러지도 저러지도 못하고 꼼짝할 수 없는 궁지
④ 진퇴양난(進退兩難) : 이러지도 저러지도 못하는 어려운 처지

54 다음 한자 중 잘못 읽은 것은?

① 司掃 – 사소   ② 書式 – 서식
③ 脆弱 – 위약   ④ 破綻 – 파탄

 ③ 취약이라고 읽어야 한다.
※ 脆弱(취약)
  ㉠ 무르고 약함
  ㉡ 가냘픔

55 밑줄 친 부분의 한자표기가 다른 하나는?

① 오십보백보   ② 백락일고
③ 백년하청   ④ 백절불굴

 ① 오십보백보(五十步百步) : 조금 낮고 못한 차이는 있지만 본질적으로 차이가 없음
② 백락일고(伯樂一顧) : 남이 자기 재능을 알고 잘 대우함
③ 백년하청(百年河淸) : 아무리 세월이 가도 일을 해결할 희망이 없음
④ 백절불굴(百折不屈) : 아무리 꺾으려 해도 굽히지 않음

56 밑줄 친 부분의 한자표기가 다른 하나는?

① <u>일</u>취월장

② <u>일</u>석이조

③ <u>일</u>자무식

④ <u>일</u>거양득

> ✔해설 ① 일취월장(日就月將) : 나날이 자라거나 발전함을 의미한다.
> ② 일석이조(一石二鳥) : 돌 한 개를 던져 새 두 마리를 잡는다는 뜻으로, 동시에 두 가지 이득을 봄을 이르는 말이다.
> ③ 일자무식(一字無識) : 글자를 한 자도 모를 정도로 무식함. 또는 그런 사람을 뜻한다.
> ④ 일거양득(一舉兩得) : 한 가지 일을 하여 두 가지 이익을 얻음을 뜻한다.

57 다음 한자 중 '백'의 쓰임이 잘못된 것은?

① 白眉　　　　　　　　　② 白中

③ 白痴　　　　　　　　　④ 白手

> ✔해설 음력(陰曆) 칠월(七月) 보름날로 백종일(百種日)·망혼일(亡魂日)·중원(中元)이라고도 하는 '백중'을 나타내려면 '百中'으로 써야 한다.
> ① 白眉(백미) : 여럿 중에서 가장 뛰어난 사람이나 물건을 이르는 말
> ③ 白痴(백치) : 뇌에 장애나 질환이 있어 지능이 아주 낮은 상태. 또는 그런 사람을 낮잡아 이르는 말
> ④ 白手(백수) : 돈 한 푼 없이 빈둥거리며 놀고먹는 건달

58 의미가 비슷한 한자성어끼리 연결되지 않은 것은?

① 진퇴양난(進退兩難) - 사면초가(四面楚歌)

② 아전인수(我田引水) - 견강부회(牽强附會)

③ 단순호치(丹脣皓齒) - 순망치한(脣亡齒寒)

④ 풍전등화(風前燈火) - 위기일발(危機一髮)

> ✔해설 ㉠ 단순호치 : 붉은 입술과 하얀 치아라는 뜻으로, 아름다운 여자를 일컫는다.
> ㉡ 순망치한 : 입술이 없으면 이가 시리다는 뜻으로, 어느 한쪽이 어려우면 덩달아 어려워진다는 말이다.

59 다음 속담의 쓰임이 바르지 않은 것은?

① '금강산도 식후경'이라고 밥 먹고 난 후에 잔치를 즐겨야겠다.

② '뛰는 놈 위에 나는 놈 있다'더디 역시 재주 있는 사람이 가장 뛰어나구나.

③ '값싼 것이 비지떡'이라더니 역시 싼 가방이 잘 망가지는구나.

④ '가재는 게 편'이라더니 친구와 다른 사람의 싸움에서 친구의 말을 들어주는구나.

✔해설 ② 아무리 재주가 있다 하더라도 그보다 나은 사람이 있다는 뜻이다.

60 관용 표현의 의미가 잘못 풀이된 것은?

① 귀가 뚫리다. : 세상 물정을 알게 되다.

② 귀 기울이다. : 남의 의견이나 이야기에 관심을 가지고 주의를 모으다.

③ 귀가 따갑다. : 너무 여러 번 들어서 듣기가 싫다.

④ 귀에 딱지가 앉다. : 같은 말을 여러 번 듣다.

✔해설 ① '귀가 뚫리다'라는 관용 표현은 '말을 알아듣게 되다'라는 의미이다.

CHAPTER

02 문제해결력

(1) 명제

그 내용이 참인지 거짓인지를 명확하게 판별할 수 있는 문장이나 식을 말한다.

(2) 가정과 결론

어떤 명제를 'P이면 Q이다.'처럼 조건문의 형태로 나타낼 때, P는 가정에 해당하고 Q는 결론에 해당한다. 명제 'P이면 Q이다.'는 P→Q로 나타낸다.

(3) 역, 이, 대우

① **명제의 역** … 어떤 명제의 가정과 결론을 서로 바꾼 명제를 그 명제의 역이라고 한다.

  예 명제 'P이면 Q이다.'(P → Q)의 역은 'Q이면 P이다.'(Q → P)가 된다.

② **명제의 이** … 어떤 명제의 가정과 결론을 부정한 명제를 그 명제의 이라고 한다. 부정형은 앞에 '~'을 붙여 나타낸다.

  예 명제 'P이면 Q이다.'(P → Q)의 이는 'P가 아니면 Q가 아니다.'(~P → ~Q)가 된다.

③ **명제의 대우** … 어떤 명제의 가정과 결론을 서로 바꾼 뒤, 가정과 결론을 모두 부정한 명제를 그 명제의 대우라고 한다. 즉, 어떤 명제의 역인 명제의 이는 처음 명제의 대우가 된다. 처음 명제와 대우 관계에 있는 명제의 참·거짓은 항상 일치한다. 그러나 역, 이 관계에 있는 명제는 처음 명제의 참·거짓과 항상 일치하는 것은 아니다.

  예 명제 'P이면 Q이다.'(P → Q)의 대우는 'Q가 아니면 P가 아니다.'(~Q → ~P)가 된다.

  팁 명제와 역, 이, 대우의 관계

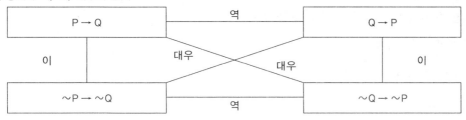

다음 명제가 참일 때, 항상 참인 것을 고르시오.

> 현명한 사람은 과소비를 하지 않는다.

① 과소비를 하지 않는 사람은 현명한 사람이다.
② 현명하지 않은 사람은 과소비를 한다.
③ 과소비를 하면 현명한 사람이 아니다.
④ 현명하지 않은 사람은 과소비를 하지 않는다.

해 설

제시된 명제에서 조건 P는 '현명한 사람'이고 결론 Q는 '과소비를 하지 않는다.'이다. 이 명제의 역, 이, 대우는 각각 다음과 같다.
- 역 : 과소비를 하지 않는 사람은 현명한 사람이다. → ①
- 이 : 현명하지 않은 사람은 과소비를 한다. → ②
- 대우 : 과소비를 하면 현명한 사람이 아니다. → ③

명제와 대우는 참·거짓이 항상 일치하므로, 항상 참인 것은 ③이다.

답 ③

대표유형 2 | 여러 가지 추론

(1) 연역추론

① **직접추론** … 한 개의 전제에서 새로운 결론을 이끌어 내는 추론이다.

② **간접추론** … 두 개 이상의 전제에서 새로운 결론을 이끌어 내는 추론이다.

　㉠ **정언삼단논법** : '모든 A는 B다', 'C는 A다', '따라서 C는 B다'와 같은 형식으로 일반적인 삼단논법이다.

　　예 • 대전제 : 인간은 모두 죽는다.
　　　• 소전제 : 소크라테스는 인간이다.
　　　• 결론 : 소크라테스는 죽는다.

　㉡ **가언삼단논법** : '만일 A라면 B다', 'A이다', '그러므로 B다'라는 형식의 논법이다.

　　예 • 대전제 : 봄이 오면 뒷산에 개나리가 핀다.
　　　• 소전제 : 봄이 왔다.
　　　• 결론 : 그러므로 뒷산에 개나리가 핀다.

　㉢ **선언삼단논법** : 'A거나 B이다'라는 형식의 논법이다.

　　예 • 대전제 : 내일은 눈이 오거나 바람이 분다.
　　　• 소전제 : 내일은 눈이 오지 않는다.
　　　• 결론 : 그러므로 내일은 바람이 분다.

(2) 귀납추론

특수한 사실로부터 일반적이고 보편적인 법칙을 찾아내는 추론 방법이다.

① **통계적 귀납추론** … 어떤 집합의 구성 요소의 일부를 관찰하고 그것을 근거로 하여 같은 종류의 모든 대상들에게 그 속성이 있을 것이라는 결론을 도출하는 방법이다.

② **인과적 귀납추론** … 어떤 일의 결과나 원인을 과학적 지식이나 상식에 의거하여 밝혀내는 방법이다.

③ **완전 귀납추론** … 관찰하고자 하는 집합의 전체 원소를 빠짐없이 관찰함으로써 그 공통점을 결론으로 이끌어 내는 방법이다.

④ **유비추론** … 두 개의 현상에서 일련의 요소가 동일하다는 사실을 바탕으로 그것들의 나머지 요소도 동일하리라고 추측하는 방법이다.

예제풀이

주어진 전제를 바탕으로 추론한 결론으로 옳은 것을 고르시오.

> [전제]
> • A기업에 다니는 사람은 모두 영어를 잘한다.
> • 철수는 A기업에 다닌다.
> [결론]
> 그러므로 _____

① A기업에 다니는 사람은 수학을 잘한다.
② 영어를 잘하면 A기업에 채용된다.
③ 철수는 영어를 잘한다.
④ 철수는 연봉이 높다.

해 설

정언삼단논법이다. A기업에 다니는 사람은 모두 영어를 잘하는데, 철수는 A기업에 다니므로 철수도 영어를 잘한다는 결론을 얻을 수 있다.
①②④ 주어진 전제만으로는 결론으로 이끌어 낼 수 없다.

답 ③

(1) 자료적 오류

　주장의 전제 또는 논거가 되는 자료를 잘못 판단하여 결론을 이끌어 내거나 원래 적합하지 못한 것임을 알면서도 의도적으로 논거로 삼음으로써 범하게 되는 오류이다.

① **성급한 일반화의 오류** … 제한된 정보, 불충분한 자료, 대표성을 결여한 사례 등 특수한 경우를 근거로 하여 이를 성급하게 일반화하는 오류이다.

② **우연의 오류**(원칙 혼동의 오류) … 일반적으로 그렇다고 해서 특수한 경우에도 그러할 것이라고 잘못 생각하는 오류이다.

③ **무지에의 호소** … 어떤 주장이 반증된 적이 없다는 이유로 받아들여져야 한다고 주장하거나, 결론이 증명된 것이 없다는 이유로 거절되어야 한다고 주장하는 오류이다.

④ **잘못된 유추의 오류** … 부당하게 적용된 유추에 의해 잘못된 결론을 이끌어 내는 오류, 즉 일부분이 비슷하다고 해서 나머지도 비슷할 것이라고 생각하는 오류이다.

⑤ **흑백논리의 오류** … 어떤 주장에 대해 선택 가능성이 두 가지밖에 없다고 생각함으로써 발생하는 오류이다.

⑥ **원인 오판의 오류**(거짓 원인을 내세우는 오류, 선후 인과의 오류, 잘못된 인과 관계의 오류) … 단순히 시간상의 선후관계만 있을 뿐인데 시간상 앞선 것을 뒤에 발생한 사건의 원인으로 보거나 시간상 뒤에 발생한 것을 앞의 사건의 결과라고 보는 오류이다.

⑦ **복합질문의 오류** … 둘 이상으로 나누어야 할 것을 하나로 묶어 질문함으로써, 대답 여하에 관계없이 대답하는 사람이 수긍할 수 없거나 수긍하고 싶지 않은 것까지도 수긍하는 결과를 가져오는 질문 때문에 발생하는 오류이다.

⑧ **논점 일탈의 오류** … 원래의 논점에 관한 결론을 내리지 않고 이와 관계없는 새로운 논점을 제시하여 엉뚱한 결론에 이르게 되는 오류이다.

⑨ **순환 논증의 오류**(선결 문제 해결의 오류) … 논증하는 주장과 동의어에 불과한 명제를 논거로 삼을 때 범하는 오류이다.

⑩ **의도 확대의 오류** … 의도하지 않은 행위의 결과를 의도가 있었다고 판단할 때 생기는 오류이다.

(2) 언어적 오류

언어를 잘못 사용하거나 잘못 이해하는 데서 발생하는 오류이다.

① 애매어의 오류 … 두 가지 이상의 의미로 사용될 수 있는 단어의 의미를 명백히 분리하여 파악하지 않고 혼동함으로써 생기는 오류이다.

② 강조의 오류 … 문장의 한 부분을 불필요하게 강조함으로써 발생하는 오류이다.

③ 은밀한 재정의의 오류 … 용어의 의미를 자의적으로 재정의하여 사용함으로써 생기는 오류이다.

④ 범주 혼동의 오류 … 서로 다른 범주에 속한 것을 같은 범주의 것으로 혼동하는 데서 생기는 오류이다.

⑤ '이다' 혼동의 오류 : 비유적으로 쓰인 표현을 무시하고 사전적 의미로 해석하거나 술어적인 '이다'와 동일성의 '이다'를 혼동해서 생기는 오류이다.

(3) 심리적 오류

어떤 주장에 대해 논리적으로 타당한 근거를 제시하지 않고 심리적인 면에 기대어 상대방을 설득하려고 할 때 발생하는 오류이다.

① 인신공격의 오류(사람에의 논증) … 논거의 부당성을 지적하기보다 그 주장을 한 사람의 인품이나 성격을 비난함으로서 그 주장이 잘못이라고 하는 데서 발생하는 오류이다.

② 동정에 호소하는 오류 … 사람의 동정심을 유발시켜 동의를 꾀할 때 발생하는 오류이다.

③ 피장파장의 오류(역공격의 오류) … 비판받은 내용이 비판하는 사람에게도 역시 동일하게 적용됨을 근거로 비판에서 벗어나려는 오류이다.

④ 힘에 호소하는 오류 … 물리적 힘을 빌어서 논의의 종결을 꾀할 때의 오류이다.

⑤ 대중에 호소하는 오류 … 군중들의 감정을 자극해서 사람들이 자기의 결론에 동조하도록 시도하는 오류이다.

⑥ 원천 봉쇄에 호소하는 오류(우물에 독 뿌리기 식의 오류) … 반론의 가능성이 있는 요소를 원천적으로 비난하여 봉쇄하는 오류이다.

⑦ 정황적 논증의 오류 … 주장이 참인가 거짓인가 하는 문제는 무시한 채 상대방이 처한 정황 또는 상황으로 보아 자기의 생각을 받아들이지 않으면 안된다고 주장하는 오류이다.

다음에 제시된 글에서 범하고 있는 논리적 오류를 고르시오.

> 훌륭한 미술 평론가는 위대한 그림을 평하는 사람이다. 왜냐하면 위대한 그림을 평하는 사람은 훌륭한 미술 평론가이기 때문이다.

① 논점일탈의 오류
② 원칙혼동의 오류
③ 순환논증의 오류
④ 흑백논리의 오류

해 설

두 문장의 구조를 보면 다음과 같다.
- 훌륭한 미술 평론가 = 위대한 그림을 평하는 사람
- 위대한 그림을 평하는 사람 = 훌륭한 미술 평론가

즉, 서로 다른 두 전제로부터 새로운 결론이 도출된 것이 아니라 논증의 결론 자체를 전제로 사용하여 결론을 이끌어 내는 오류인, 순환논증의 오류를 범하고 있다.

답 ③

대표유형 4 　**수·문자·도형추리**

(1) 수열추리

① **등차수열** ⋯ 앞의 항에 항상 일정한 수를 더하여 다음 항을 얻는 수열이다. 각 항에 더해지는 일정한 수를 '공차'라고 한다. 첫째 항이 a, 공차가 d인 등차수열의 항수를 n이라 할 때, 더해지는 공차의 개수는 수열의 항수보다 하나씩 작으므로, 등차수열의 일반항은 $a_n = a + (n-1)d$가 된다.

> **예** 첫째 항이 2, 공차가 3인 등차수열은 다음과 같이 전개되며, 일반항 공식에 따라 여섯째 항을 구하면
> $a_6 = 2 + (6-1) \times 3 = 17$이 된다.

2		5		8		11		14
	+3		+3		+3		+3	

② **등비수열** ⋯ 앞의 항에 항상 일정한 수를 곱하여 다음 항을 얻는 수열이다. 각 항에 곱해지는 일정한 수를 '공비'라고 한다. 첫째 항이 a, 공비가 r인 등비수열의 항수를 n이라 할 때, 곱해지는 공비의 개수는 수열의 항수보다 하나씩 작으므로, 등비수열의 일반항은 $a_n = a \times r^{n-1}$가 된다.

> **예** 첫째 항이 2, 공비가 3인 등비수열은 다음과 같이 전개되며, 일반항 공식에 따라 여섯째 항을 구하면
> $a_6 = 2 \times 3^{6-1} = 2 \times 3^5 = 486$이 된다.

2		6		18		54		162
	×3		×3		×3		×3	

③ **계차수열** … 어떤 수열 a_n의 이웃한 두 항의 차로 이루어진 수열 b_n을 수열 a_n의 계차수열이라고 한다. 계차수열 b_n의 일반항은 $a_{n+1} - a_n = b_n (n = 1, 2, 3 \cdots)$을 만족한다.

> **예** 수열 a_n의 계차수열 b_n은 다음과 같이 전개되며, 일반항 공식에 따라 다섯째 항을 구하면 $b_5 = a_6 - a_5 = 33 - 23 = 10$이 된다.

a_n	3		5		9		15		23
b_n		+2		+4		+6		+8	
			+2		+2		+2		

④ **조화수열** … 각 항의 역수가 등차수열을 이루는 수열을 말한다. 즉, 분수의 형태로 취하고 있던 수열의 역수를 취하면 등차수열이 되는 수열이 조화수열이다. 조화수열의 일반항은 $a_n = \dfrac{1}{2n-1}$을 만족한다.

> **예** $1 \quad \dfrac{1}{3} \quad \dfrac{1}{5} \quad \dfrac{1}{7} \quad \dfrac{1}{9} \quad \dfrac{1}{11}$

⑤ **피보나치수열** … 첫째 항의 값과 둘째 항의 값이 있을 때, 이후의 항들은 이전의 두 항을 더한 값으로 이루어지는 수열이다. 피보나치수열의 일반항은 $a_n + a_{n+1} = a_{n+2}$를 만족한다.

> **예** $1 \quad 1 \quad 2 \quad 3 \quad 5 \quad 8 \quad 13$

⑥ **군수열** … 수열 중 몇 개 항씩 묶어서 무리 지었을 때 규칙성을 가지는 수열을 말한다.

> **예** $1 \ 3 \ 1 \ 3 \ 5 \ 1 \ 3 \ 5 \ 7 \ 1 \ 3 \ 5 \ 7 \ 9$
> 위 수열은 (1 3) (1 3 5) (1 3 5 7) (1 3 5 7 9)로 무리 지었을 때 규칙성을 가진다.

⑦ **묶음형 수열** … 각 항이 몇 개씩 묶어서 제시된 묶음에 대한 규칙을 찾아내야 한다.

> **예** $\underline{1\,2\,3} \quad \underline{3\,4\,7} \quad \underline{5\,6\,11}$
> 위의 수열은 (1 + 2 = 3), (3 + 4 = 7), (5 + 6 = 11)의 규칙성을 가진다.

⑧ **도형수열** … 원이나 삼각형, 표 등에 숫자가 배열된 응용 형태로 일반 수열과 같이 해결하면 된다.

> **예**
>
> | 20 | ? | 5 |
> |----|-----|----|
> | 18 | | 10 |
> | 20 | 10 | 8 |
>
> 위 수열은 칠해진 면을 기준으로 시계방향으로 볼 때, ×2, −2, +2가 반복되고 있다. 따라서 ?에 들어갈 수는 40이다.

(2) 문자추리

숫자 대신 한글 자음이나 알파벳 등의 문자 배열에서 일정한 규칙을 찾아 다음에 올 문자를 추리하는 유형이다. 한글 자음이나 알파벳을 순서대로 숫자로 변환하여 규칙을 찾아 적용하면 빠르고 정확하게 풀 수 있다.

예 A C F J O

알파벳을 숫자로 변환하면 다음과 같다.

A	B	C	D	E	F	G	H	I	J	K	L	M	N	O	P	Q	R	S	T	U	⋯
1	2	3	4	5	6	7	8	9	10	11	12	13	14	15	16	17	18	19	20	21	⋯

즉 위 문자열은 수열 1 3 6 10 15와 같다고 볼 수 있으며 +2, +3, +4, +5⋯의 규칙이 적용되고 있다. 따라서 O 다음에 올 문자를 구하면 15 + 6 = 21이므로 U가 된다.

(3) 도형추리

3 × 3 표 안의 도형이 어떤 규칙을 가지고 변화하는지를 파악하여 빈칸에 들어갈 알맞은 도형을 고르는 유형이다. 행별 또는 열별로 규칙을 가지기도 하고 시계방향 또는 반시계방향으로 규칙을 가지기도 하기 때문에 충분한 문제풀이를 통해 빠른 시간 내에 규칙을 찾아내는 연습이 필요하다.

예제풀이

다음 빈칸에 들어갈 알맞은 모양을 고르면?

★	★	★
○	●	●
◇	◇	

① ☆　　　　　　　　② ○

③ ◇　　　　　　　　④ ◆

해 설

첫째 줄부터 별, 원, 다이아몬드 순으로 채워져 있으며 칠해진 도형의 수가 하나씩 줄어들고 있다. 따라서 빈칸에 들어가야 할 도형은 색칠된 다이아몬드임을 추론할 수 있다.

답 ④

실제 업무 수행에 필요한 능력을 파악하기 위한 유형으로 문서이해, 자료분석, 문제해결, 상황판단, 자원관리, 조직이해, 정보능력, 대인관계, 직업윤리 등 다양한 영역을 망라하는 내용을 다룬다. 시험 출제 빈도는 높지 않지만, 다양한 유형의 파악을 위해 대비할 필요가 있다.

예제풀이

교무행정사 A는 교사 B로부터 가을 수련회 예산이 축소되어 불가피하게 비용을 줄여야 한다는 이야기를 들었다. 다음 중 줄일 수 있는 비용 항목으로 가장 적절한 것은 무엇인가?

〈○○중학교 가을 수련회〉

1. 대상 : 1학년 재학생 및 담임교사
2. 일정 : 0000년 10월 10일~11일(1박 2일)
3. 장소 : 강원도 속초 ☆☆캠핑장
4. 내용 : 설악산 등산, 장기자랑, 친교의 밤, 기타

① 숙박비　　　　　　　　② 교통비
③ 식비　　　　　　　　　④ 기념품비

해　설

한정된 예산을 가지고 과업을 수행할 때에는 중요도를 기준으로 예산을 사용한다. 위와 같은 상황에서는 숙박비, 교통비, 식비와 같이 기본적인 비용이 아닌 기념품비를 줄이는 것이 가장 적절하다.

답 ④

출제예상문제

▌1~2▌ 다음의 말이 참일 때 항상 참인 것을 고르시오.

1

> • 민규는 지선이보다 포인트가 높다.
> • 지선이는 상훈이와 포인트가 같다.
> • 상훈이는 미정이보다 포인트가 적다.

① 미정이는 지선이보다 포인트가 높다.
② 민규는 미정이보다 포인트가 높다.
③ 포인트가 가장 높은 사람은 민규이다.
④ 포인트가 가장 높은 사람은 미정이다.

✔ **해설** 미정이는 상훈보다 포인트가 높고, 지선이와 상훈이의 포인트는 같으므로 미정이는 지선이보다 포인트가 높다.

2

> • 산에 사는 모든 동물은 풀을 먹는다.
> • 풀을 먹는 동물은 털이 부드럽다.
> • 털이 부드러운 동물은 겨울에 겨울잠을 잔다.

① 털이 부드러운 동물은 풀을 먹지 않는다.
② 산에 살지 않는 동물은 풀을 먹지 않는다.
③ 풀을 먹지 않는 동물도 겨울잠을 잔다.
④ 산에 사는 동물은 겨울잠을 잔다.

✔ **해설** '산에 사는 동물→풀을 먹는다→털이 부드럽다→겨울잠을 잔다'가 되므로 산에 사는 동물은 겨울잠을 잔다는 문장 역시 항상 참이다.

| 3~4 | 다음의 말이 전부 진실일 때 항상 거짓인 것을 고르시오.

3

> • 상자에 5개의 공이 있다.
> • 공 4개는 같은 색깔이다.
> • 공 1개는 다른 색깔이다.
> • 상자에서 빨간색 공 하나를 꺼냈다.

① 상자에 남아있는 공은 모두 같은 색이다.

② 상자에 남아있는 공은 모두 빨간색이 아니다.

③ 상자에 남아있는 공은 모두 파란색이다.

④ 상자에 남아있는 공은 모두 빨간색이다.

> ✔해설 4개는 같은 색이고, 1개는 다른 색이라고 했으므로 상자 안의 공은 모두 빨간색이 아니거나, 빨간색 3개와 다른 색 1개로 이루어져 있을 것이다.

4

> • 민수는 25살이다.
> • 민수는 2년 터울의 여동생이 2명 있다.
> • 영민이는 29살이다.
> • 영민이는 3년 터울의 여동생이 2명 있다.

① 영민이의 첫째 동생이 동생들 중 나이가 가장 많다.

② 영민이의 둘째 동생과 민수의 첫째 동생은 나이가 같다.

③ 민수의 막내동생이 가장 어리다.

④ 민수는 영민이의 첫째 동생보다는 나이가 많다.

> ✔해설 ④ 영민이의 첫째 동생은 26살, 민수는 25살로 영민이의 첫째 동생이 민수보다 나이가 많다.

| 5~13 | 다음에 제시된 전제에 따라 결론을 바르게 추론한 것을 고르시오.

5

> • A는 나의 어머니이다.
> • B는 C의 딸이다.
> • C의 남편은 D이다.
> • A와 C는 자매이다.
> • 그러므로 _____

① 나와 B는 사촌 관계이다.

② D는 나의 이모이다.

③ B는 A를 고모라고 부른다.

④ A와 D는 가족관계가 아니다.

> **✔해설** ② '나'의 어머니와 자매인 C는 '나'의 이모이고 D는 '나'의 이모부이다.
> ③ B의 어머니인 C는 A와 자매이므로 B는 A를 이모라고 불러야 한다.
> ④ D는 A의 동생과 결혼 한 사이이므로 가족이라고 할 수 있다.

6

> • 클래식을 좋아하는 사람은 독서를 좋아한다.
> • 독서를 좋아하는 사람은 서점에 자주 간다.
> • 내성적인 사람은 독서를 좋아한다.
> • 그러므로 _____

① 내성적인 사람은 클래식을 좋아한다.

② 클래식을 좋아하는 사람은 서점에 자주 간다.

③ 독서를 좋아하지 않는 사람은 서점에 자주 가지 않는다.

④ 내성적인 사람은 주로 서점에 모인다.

> **✔해설** ② '클래식을 좋아함→독서를 좋아함→서점에 자주감'이 성립하므로 '클래식을 좋아함→서점에 자주 감'이 항상 참이다.
> ① 세 번째 문장의 역인 '독서를 좋아하는 사람은 내성적이다'는 항상 참이 되지 않으므로 ①번 문장 역시 항상 참이 될 수 없다.
> ③ 두 번째 문장의 이의 관계인 문장이므로 항상 참이 될 수 없다.
> ④ 주어진 문장만으로는 알 수 없다.

7

- 비가 오면 야구 경기가 취소된다.
- 지난 화요일에 비가 왔다.
- 그러므로 _____
---

① 이번 주 화요일에는 비가 왔다.

② 지난 주에는 하루도 비가 오지 않았다.

③ 지난 수요일에 야구 경기는 무승부로 끝이 났다.

④ 지난 화요일에는 야구 경기가 취소되었다.

> **✔ 해설** 비가 오면 야구 경기가 취소된다고 했고 지난 화요일에 비가 왔으므로 지난 화요일에 야구 경기가 취소되었음을 알 수 있다.

8

- 장미를 좋아하는 사람은 감성적이다.
- 튤립을 좋아하는 사람은 노란색을 좋아하지 않는다.
- 감성적인 사람은 노란색을 좋아한다.
- 그러므로 _____
---

① 감성적인 사람은 튤립을 좋아한다.

② 튤립을 좋아하는 사람은 감성적이다.

③ 노란색을 좋아하는 사람은 감성적이다.

④ 장미를 좋아하는 사람은 노란색을 좋아한다.

> **✔ 해설** ④ 장미를 좋아하는 사람은 감성적이고 감성적인 사람은 노란색을 좋아하므로 장미를 좋아하는 사람은 노란색을 좋아한다.

9

> • 영희네 과수원에서 키우는 과일은 모두 빨갛다.
> • 내가 산 귤은 영희네 과수원에서 키운 것이다.
> • 그러므로 _____

① 내가 산 귤은 노란색이다.   ② 내가 산 귤은 노란색이 아니다.

③ 내가 산 귤은 빨간색이다.   ④ 내가 산 귤은 빨간색이 아니다.

✔해설 ③ 내가 산 귤은 영희네 과수원에서 키운 것이고, 영희네 과수원에서 키우는 과일은 모두 빨간색이다.

10

> • 군주가 오직 한 사람만을 신임하면 나라를 망친다.
> • 군주가 사람을 신임하지 않으면 나라를 망친다.
> • 그러므로 _____

① 어느 군주가 나라를 망치지 않았다면, 그는 오직 한 사람만을 신임한 것이다.

② 어느 군주가 나라를 망치지 않았다면, 그는 사람을 신임하지 않았다는 것이다.

③ 어느 군주가 나라를 망치지 않았다면, 그는 오직 한 사람만을 신임한 것은 아니다.

④ 어느 군주가 오직 한 사람만을 신임하지 않았다면, 그는 나라를 망치지 않은 것이다.

✔해설 ①② 군주가 오직 한 사람만을 신임하거나, 사람을 신임하지 않으면 나라를 망친다.
④ 명제가 참일지라도 이는 참이 아닐 수도 있다. 즉 군주가 오직 한 사람만을 신임하지 않았다는 것은 여러 사람을 신임한 것일 수 있으며 이때에는 나라를 망치지 않으나, 한 사람만을 신임하지 않았다는 것이 그 누구도 신임하지 않은 것일 때에는 나라를 망치게 된다.

11

> • 만약 지금 바람이 분다면 깃발이 펄럭일 것이다.
> • 지금 깃발이 펄럭이고 있다.
> • 그러므로 _____

① 지금 바람이 불고 있다.   ② 지금 바람이 불지 않을 것이다.

③ 조금 전에 바람이 불었다.   ④ 지금 바람이 부는지 알 수 없다.

✔해설 ① '바람이 분다면 깃발이 펄럭일 것이다'라고 전제되어 있으므로 지금 바람이 불고 있다.

12

> • 준서는 영어 성적이 윤재보다 20점 더 높다.
> • 영건이의 점수는 준서보다 10점 낮다.
> • 그러므로 _____

① 영건이와 윤재의 점수 차이는 10점이다.

② 윤재의 점수가 가장 높다.

③ 영건이의 점수가 가장 높다.

④ 준서의 점수는 윤재의 점수보다 낮다.

✔해설 준서의 점수 = 윤재의 점수 + 20점, 영건이의 점수 = 준서의 점수 − 10점
그러므로 높은 점수의 순서는 준서 > 영건 > 윤재이며 영건이와 윤재는 10점 차이이다.

13

> • 모든 신부는 사후의 세계를 믿는다.
> • 어떤 무신론자는 사후의 세계를 의심한다.
> • 그러므로 _____

① 사후의 세계를 믿는 사람은 신부이다.

② 사후의 세계를 믿지 않으면 신부가 아니다.

③ 사후의 세계를 의심하면 무신론자이다.

④ 사후의 세계를 의심하지 않으면 무신론자가 아니다.

✔해설 ① 모든 신부는 사후의 세계를 믿으나 사후의 세계를 믿는다고 해서 모두 신부인 것은 아니다.
③ 어떤 무신론자는 사후의 세계를 의심하므로, 사후의 세계를 의심한다고 모두 무신론자는 아니다.
④ 제시된 명제의 대우는 "무신론자는 사후의 세계를 의심한다"로 제시된 전제는 "어떤 무신론자는 사후의
세계를 의심한다"이므로 옳지 않다.

14 A, B, C, D, E 5명의 입사성적을 비교하여 높은 순서로 순번을 매겼더니 다음과 같은 사항을 알게 되었다. 입사성적이 두 번째로 높은 사람은?

> • 순번 상 E의 앞에는 2명 이상의 사람이 있고 C보다는 앞이었다.
> • D의 순번 바로 앞에는 B가 있다.
> • A의 순번 뒤에는 2명이 있다.

① A   ② B

③ C   ④ D

✔해설 조건에 따라 순번을 매겨 높은 순으로 정리하면 BDAEC가 된다.

15 한 카페에 메뉴가 아메리카노, 사과주스, 얼그레이 차, 아이스크림이 있다. A, B, C, D 네 사람이 메뉴를 통일해서 주문을 해야 하는데 A는 카페인이 들어간 음료를 먹지 못하고, C는 홍차 향기를 싫어하고, D는 사과 알레르기가 있다. 네 사람이 주문할 메뉴는 어떤 것인가?

① 아메리카노 4잔   ② 사과주스 4잔

③ 얼그레이 차 4잔   ④ 아이스크림 4개

✔해설 메뉴를 통일해서 주문 할 것이므로 모두가 좋아할 수 있는 메뉴를 골라야 한다. A가 카페인이 들어간 음료를 먹지 못하므로 아메리카노를 주문할 수 없고, C는 홍차 향기가 싫다고 했으므로 얼그레이 티를 주문할 수 없다. 또 D는 사과 알레르기가 있다고 했으므로 주문할 수 있는 메뉴는 아이스크림뿐이다.

16 농구에서 4개의 팀이 1개 조를 이루어 예선전을 한다. 예선전은 리그전 방식으로 경기를 진행하고 4강부터는 토너먼트 방식으로 경기를 진행하는데 2개의 팀이 진출한다. 예선전에서 A는 1승 1무, B는 1승 1패, C는 1승 1무, D는 2패를 기록하고 있을 때 남은 경기가 A와 D, B와 C가 남았다면 다음 중 설명이 바르게 된 것은?

① A는 B와 C의 경기결과에 상관없이 진출한다.

② A가 D에게 지고 B가 C에게 이기면 A는 탈락이다.

③ A가 D에게 이기면 무조건 진출한다.

④ D는 남은 경기결과에 따라 진출 여부가 결정된다.

✔해설 리그전은 적어도 상대 모두 한 번 이상 시합하여 그 성적에 따라 우승을 결정하는 것이고, 토너먼트는 1 : 1로 시합했을 때 이기는 사람만 진출하는 방법이다. A가 D에 이길 경우 2승 1무로 다른 팀의 경기결과에 상관없이 토너먼트에 진출한다.

17 다음 중 주화가 선택한 과목은?

> • 은지, 주화, 민경이 각자 보충수업으로 서로 다른 과목을 선택하였다.
> • 과목은 국어, 영어, 수학이다.
> • 은지는 국어를 선택하지 않았다.
> • 주화가 민경이는 수학을 선택하였다고 한다.

① 국어   ② 영어
③ 수학   ④ 알 수 없음

✔해설 은지는 영어, 주화는 국어, 민경이는 수학을 선택했다.

18 다음 제시문에서 범하고 있는 논리적 오류와 다른 논리적 오류는?

> 나치는 상대성이론을 비난했다. 상대성이론의 창시자 아인슈타인이 유대인이기 때문이었다.

① 종교의 기원은 미신적 성격을 갖고 있다. 때문에 오늘날의 고등 종교도 미신에 지나지 않는다.
② 멘델의 유전학을 받아들이라고? 그 사람은 수도사 출신이잖아? 절대 받아들이면 안 돼.
③ 그 사람을 채용하는 것에 반대합니다. 그는 지방대 출신이지 않습니까? 업무능력이 떨어지는 사람임이 분명합니다.
④ 우리 아테네 시민 모두가 볼 때 소크라테스는 아주 이상한 사람입니다. 그에게 유죄판결을 내리는 것은 당연합니다.

✔해설 제시문은 어떤 사실의 기원이 갖는 문제를 그 사실도 지니고 있다고 생각하는 '발생학적 오류'를 범하고 있다. ④는 대중에 호소하는 오류를 범하고 있다.

19 다음에서 발견할 수 있는 논리적 오류에 대한 설명이 바른 것은?

> 나는 이전에 빨간 양말을 신고서 오디션에 합격하였다. 나는 내일 오디션에 합격하기 위해서 빨간 양말을 신을 것이다.

① 대체적으로 그렇다고 해서 특별한 경우에도 그럴 것이라고 생각하고 있다.
② 두 사건 사이에는 인과관계가 없는데 두 사건이 시간적으로 선후관계가 성립한다고 생각하여 한 사건이 다른 사건의 원인이라 여기고 있다.
③ 어떤 주장이 증명되지 못했기 때문에 거짓이라고 추론하거나, 반박되지 않았기 때문에 참이라고 추론하고 있다.
④ 대화 중 어떤 말을 지나치게 강조하여 의미를 변경하거나 왜곡하고 있다.

✔해설 잘못된 인과관계의 오류(원인 오판, 거짓 원인의 오류) … 전혀 인과관계가 없는 단순한 선후 관계를 인과관계가 있는 것으로 잘못 추리하는 오류

20 다음 제시된 글에서 범하고 있는 논리적 오류는?

> 이것은 위대한 그림이다. 왜냐하면 모든 훌륭한 미술 평론가가 평하고 있기 때문이다. 훌륭한 미술 평론가란 이런 위대한 그림을 평하는 이이다.

① 논점일탈의 오류
② 원칙혼동의 오류
③ 순환논증의 오류
④ 흑백논리의 오류

✔해설 순환논증의 오류(선결문제 요구의 오류) … 전제로부터 어떤 새로운 결론이 도출된 것이 아니라, 전제와 결론이 동어 반복으로 이루어진 오류

21 ① 아버지는 외로운 존재이다. 왜냐하면 아버지는 쓸쓸하고 외롭기 때문이다.

② 공부를 하지 않았음에도 시험을 운 좋게 잘 본 철수는 전날 밤 집이 불타는 꿈을 꾼 것이 그 요인이었다고 말한다.

③ 테니스 선수 진호는 경기 당일에 면도를 하지 않는다. 면도를 하지 않았을 때 진호는 늘 이겼다. 진호는 내일 경기를 위해 면도를 하지 않을 것이다.

④ 생선 먹고 체했을 때 주문을 외우면 괜찮아진다는 속신(俗信)을 나는 믿는다. 어저께 생선 먹고 체했을 때 주문을 외웠더니 정말 속이 괜찮아졌다.

> ✔**해설** ① 순환논증의 오류
> ②③④ 잘못된 인과관계의 오류

22 ① 김○○ 선생은 아주 유명 학원의 수학강사이다. 그러나 그의 강의를 믿을 수 없다. 그가 얼마나 욕을 잘하고 남을 잘 속이는지는 알 만한 사람은 다 안다.

② 당신은 지금 신의 존재를 입증하지 못하고 있지 않소. 그러니 신은 존재한다고 말할 수 없는 것 아니요.

③ 이○○ 의원은 국립대학교 특별법 제정을 강력하게 주장하고 있다. 그러나 그의 주장에는 문제가 있다. 그 역시 국립대학교 출신이기 때문이다.

④ 당신은 내가 게으르다고 비난하는데 그것은 잘못된 거야. 당신 자신을 돌아봐. 아침에 일어나면 이부자리 하나 정리도 안하면서 어떻게 내가 게으르다고 말할 수 있지.

> ✔**해설** ② 무지에 호소하는 오류 : 어떤 주장이 반증되지 못했기 때문에 참이라 하던가, 그 주장이 증명되지 못했기 때문에 거짓이라고 추리하는 오류이다.
> ①③④ 인신공격의 오류 : 상대방 주장을 반박하려는 논증으로, 상대의 주장과 무관한 개인의 성향(인격, 권위, 재산, 사상, 행실)에 대해 부정적인 발언을 하면서 그 사람의 주장이 정당하지 못하다는 것을 보여주려고 하는 경우를 말한다.

| 23∼27 | 다음 제시된 숫자의 배열을 보고 규칙을 적용하여 빈칸에 들어갈 알맞은 숫자를 고르시오.

23

| 6   8   12   2   ( )   -4   24 |

① 15   ② 16

③ 17   ④ 18

✔️**해설** 홀수 항은 +6, 짝수 항은 -6의 규칙을 가진다.

24

| 12   14   26   40   66   106   ( ) |

① 172   ② 170

③ 168   ④ 166

✔️**해설** 제시된 수열은 앞의 두 수를 더한 값이 다음 수의 값이 된다. 빈칸에 들어갈 수는 빈칸의 앞의 두 수 66과 106을 더한 172이다.

25

| 26   81   37   92   48   ( ) |

① 3   ② 4

③ 5   ④ 6

✔️**해설** 제시된 수열은 첫 번째 수에서부터 -8을 한 뒤 십의 자리와 일의 자리의 수의 위치를 바꾼 것이다. 48-8=40이므로 '40' 십의 자리와 일의 자리의 위치를 바꾸면 4가 된다.

26

| | | 5 | 7 | 10 | 15 | 22 | ( ) | |

① 30

② 33

③ 35

④ 43

✔해설 제시된 수열은 첫 번째 수에서 소수를 순서대로 더한 것이다. 22에 5번째 소수인 11을 더한 33이 빈칸에 들어간다.

27

| | | 1 | 3 | 6 | 18 | 21 | 63 | ( ) | |

① 63

② 64

③ 65

④ 66

✔해설 제시된 수열은 첫 번째 수부터 ×3과 +3이 반복적으로 행해지고 있다.
1 (×3) 3 (+3) 6 (×3) 18 (+3) 21 (×3) 63 (+3) 66

28~32 다음의 일정한 규칙에 의해 배열된 수나 문자를 추리하여 (   ) 안에 알맞은 것을 고르시오.

28

| 3 5 12 | 4 7 25 | 5 6 27 | 6 7 (   ) |

① 25
② 29
③ 39
④ 42

✔ **해설** 규칙성을 찾으면 $3 \times 5 - 12 = 3$, $4 \times 7 - 25 = 3$, $5 \times 6 - 27 = 3$이므로
$6 \times 7 - ($ $) = 3$
∴ (   ) 안에 들어갈 수는 39이다.

29

| 14 2 8 | 20 4 6 | (·) 6 5 |

① 22
② 24
③ 28
④ 32

✔ **해설** 첫 번째 수를 두 번째 수로 나눈 후 그 몫에 1을 더하고 있다. 그러므로 5에서 1을 뺀 후 거기에 6을 곱하면 24가 된다.

30

| 8 3 2 | 14 4 3 | 20 6 3 | (   ) 7 4 |

① 25
② 27
③ 30
④ 34

✔ **해설** 규칙성을 찾으면 $8 = (3 \times 2) + 2$, $14 = (4 \times 3) + 2$, $20 = (6 \times 3) + 2$이므로
(   ) $= (7 \times 4) + 2$
∴ (   ) 안에 들어갈 수는 30이다.

31

J − G − L − I − N − ( )

① J   ② K

③ L   ④ M

> ✔해설 문자에 숫자를 대입하여 풀면 쉽게 풀 수 있다. 각 숫자의 차가 3으로 줄었다가 5가 더해지고 있다.

32

S − N − K − J − E − ( )

① A   ② B

③ C   ④ D

> ✔해설 각 문자의 차가 5, 3, 1의 순서로 바뀌고 있다.

다음의 빈칸에 들어갈 알맞은 수를 고르시오.

33

$$8 @ 9 = 8 \quad 5 @ 8 = 6 \quad 4 @ 9 = (\quad)$$

① 4   ② 5
③ 6   ④ 7

> **✔해설** 계산법칙을 유추하면 첫 번째 수를 두 번째 수로 나눈 값의 소수점 첫 번째 자리수를 구하고 있다. 빈칸의 경우 4 ÷ 9 = 0.444…이므로 답은 4이다.

34

$$4 \% 9 = 63 \quad 7 \% 8 = 65 \quad 6 \% 8 = (\quad)$$

① 76   ② 84
③ 86   ④ 73

> **✔해설** 계산법을 유추하면 두 수를 곱한 후 일의 자리와 십의 자리 수를 바꾼 것이다.

35

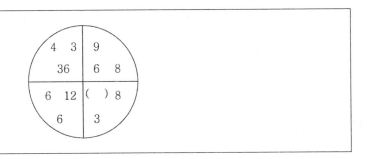

① 12

② 19

③ 25

④ 32

✔해설 원의 나누어진 한 부분의 합이 33이 되어야 한다.

36

① 12

② 14

③ 16

④ 18

✔해설 원의 나누어진 한 부분의 숫자는 모두 곱하면 432가 된다.

▌37~38▐ 다음 ▲ 표시된 곳의 숫자에서부터 시계방향으로 진행하면서 숫자와의 관계를 고려하여 ？ 표시된 곳에 들어갈 알맞은 숫자를 고르시오.

37

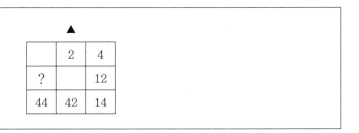

	2	4
?		12
44	42	14

① 128　　　　　　　　　　　　② 130

③ 132　　　　　　　　　　　　④ 134

✔해설　각 숫자가 +2와 ×3이 순서대로 변하고 있으므로 ?에는 44×3=132이 들어간다.

38

▲

↱	62208	↳
746496		5184
8957952		?

① 432　　　　　　　　　　　　② 288

③ 216　　　　　　　　　　　　④ 360

✔해설　첫 번째 숫자에서 ÷12씩 변하고 있으므로 5184÷12=432이다.

┃39～40┃ 다음 ?에 들어갈 알맞은 숫자를 고르시오.

39

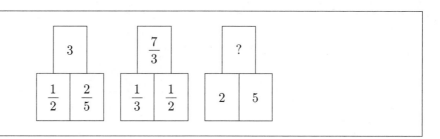

① $\dfrac{11}{5}$

② $\dfrac{17}{5}$

③ $\dfrac{11}{2}$

④ $\dfrac{17}{2}$

✔해설 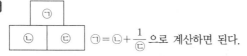 ㉠＝㉡＋$\dfrac{1}{㉢}$으로 계산하면 된다.

40

① 5

② 8

③ 11

④ 14

✔해설 한 변의 숫자를 더하면 모두 25가 되어야 한다.

41

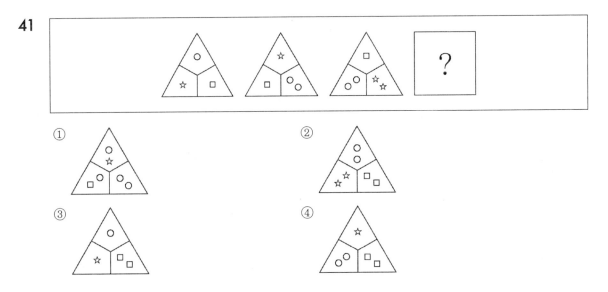

✅ **해설** 주어진 삼각형이 시계방향으로 돌면서 각 도형이 순차적으로 1개씩 증가하고 있다.

42

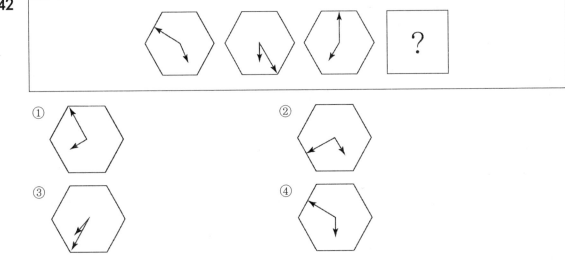

✅ **해설** 육각형을 하나의 시계로 보고 35분씩 증가하고 있다.

43

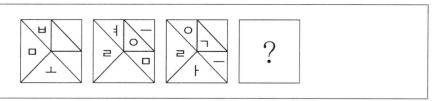

✅ 해설 각 도형안에 계절의 이름이 담긴 자음과 모음이 들어 있으므로 다음 도형에는 '가을' 다음 순서인 '겨울'의 자음과 모음이 담겨있어야 한다.

44

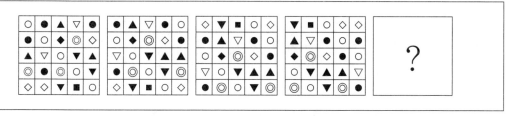

✅ 해설 각 칸의 도형들이 왼쪽으로 한 칸, 아래쪽으로 한 칸씩 이동하고 있다.

Answer 41.② 42.③ 43.④ 44.④

45

①   ②

③   ④

✔해설 제시된 도형의 경우 세 개의 도형을 보고 규칙성을 찾아야 한다. 세 개의 도형을 관찰해 보면 화살표 모양 은 135° 나갔다가 45°로 다시 되돌아오는 패턴을 반복하고 있다.

46

①   ②

③   ④

✔해설 △이 시계방향으로 인접한 부분의 도형과 자리를 바꾸어 가면서 이동하고 있다.

47

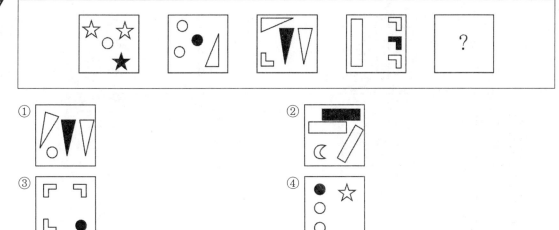

✔해설 제시된 문제는 도형의 종류와 그 수가 많아 법칙성을 찾기 힘들지만 자세히 보면, 처음 제시된 도형 중 하나만 제시된 것이 다음에서 다시 세 개로 변하고 있으며, 세 개 중 하나는 검은색이 되는 것을 알 수 있다.

48

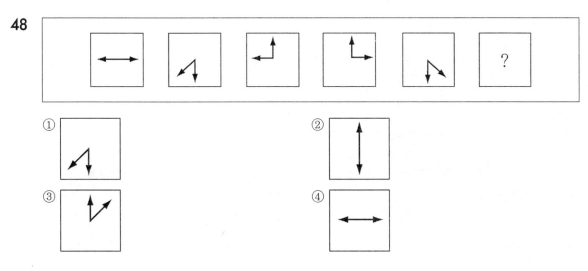

✔해설 4번째 그림부터 좌우대칭이 변하는 것을 확인할 수 있다.

49

① ②

③ ④

✔해설 좌우대칭, 상하대칭의 순서로 번갈아가면서 변하고 있다.

50

① ②

③ ④

✔해설 1번씩 이동할 때마다 한번은 오른쪽 방향으로, 한번은 아래 방향으로 개수가 하나씩 늘면서 ◇ 도형이 이동하고 있다.

┃51~53┃ 다음 빈칸에 들어갈 알맞은 모양으로 옳은 것을 고르시오.

51

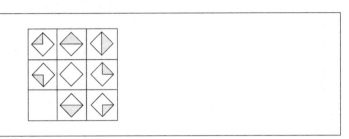

①

② (오른쪽 마름모 도형)

③

④ (오른쪽 마름모 도형)

✔해설 가운데 마름모를 중심으로 하여 그림의 모양이 상하, 좌우, 대각선 방향끼리 대칭을 이루고 있다.

52

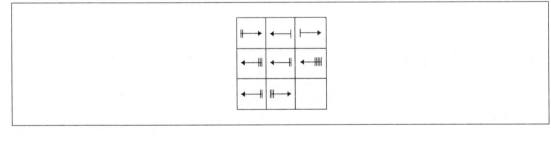

①

② (화살표 도형)

③

④ (화살표 도형)

✔해설 1열과 2열을 서로 계산하여 3열이 나오는 관계인데 화살표의 방향이 같으면 덧셈을, 화살표의 방향이 반대이면 뺄셈을 하며, 화살표 끝의 작대기가 숫자의 크기를 의미한다.

53

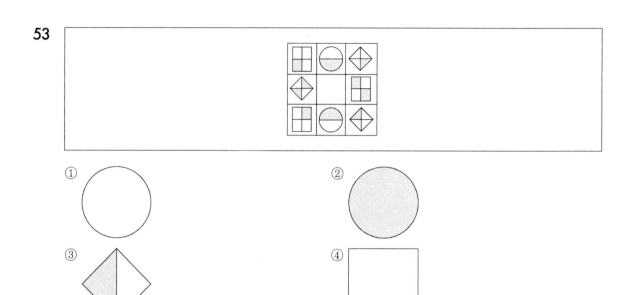

✔해설 각 행과 열의 가운데 부분은 양 옆의 도형의 전체 면적에 대한 색칠한 부분의 상대적 비율의 합을 나타낸다.

▎54~57▎ 다음 ? 표시된 부분에 들어갈 알맞은 모양의 도형을 고르시오.

54

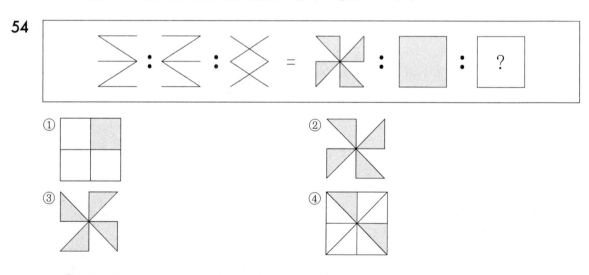

✔해설 처음 그림과 두 번째 그림을 합쳤을 때 겹치는 부분을 삭제한 것이 세 번째 그림이 된다.

55

 : = :

①

②

③

④

✔해설 색칠된 부분은 같은 도형에만 칠해져 있음을 알 수 있다.

56

 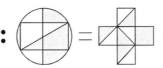

①

②

③

④

✔해설 두 그림의 관계는 270° 회전하는 것임을 알 수 있다.

57

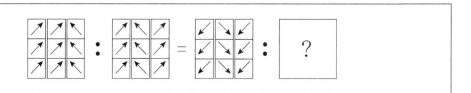

①

②

③

④

✔해설 1열은 변화가 없고 2열과 3열의 모양은 대칭이 되어 변하고 있다.

58 다음은 영업사원인 윤석씨가 오늘 미팅해야 할 거래처 직원들과 방문해야 할 업체에 관한 정보이다. 다음의 정보를 모두 반영하여 하루의 일정을 짠다고 할 때 순서가 올바르게 배열된 것은? (단, 장소 간 이동 시간은 없는 것으로 가정한다)

〈거래처 직원들의 요구 사항〉

• A거래처 과장 : 회사 내부 일정으로 인해 미팅은 10시~12시 또는 16~18시까지 2시간 정도 가능합니다.
• B거래처 대리 : 12시부터 점심식사를 하거나, 18시부터 저녁식사를 하시죠. 시간은 2시간이면 될 것 같습니다.
• C거래처 사원 : 외근이 잡혀서 오전 9시부터 10시까지 1시간만 가능합니다.
• D거래처 부장 : 외부일정으로 18시부터 저녁식사만 가능합니다.

〈방문해야 할 장소와 가능시간〉

• E서점 : 14~18시, 소요시간은 2시간
• F은행 : 12~16시, 소요시간은 1시간
• G미술관 관람 : 하루 3회(10시, 13시, 15시), 소요시간은 1시간

---

① C거래처 사원 - A거래처 과장 - B거래처 대리 - E서점 - G미술관 - F은행 - D거래처 부장
② C거래처 사원 - A거래처 과장 - F은행 - B거래처 대리 - G미술관 - E서점 - D거래처 부장
③ C거래처 사원 - G미술관 - F은행 - B거래처 대리 - E서점 - A거래처 과장 - D거래처 부장
④ C거래처 사원 - A거래처 과장 - B거래처 대리 - F은행 - G미술관 - E서점 - D거래처 부장

✔해설 C거래처 사원(9시~10시) - A거래처 과장(10시~12시) - B거래처 대리(12시~14시) - F은행(14시~15시) - G미술관(15시~16시) - E서점(16시~18시) - D거래처 부장(18시~)
① E서점까지 들리면 16시가 되는데, 그 이후에 G미술관을 관람할 수 없다.
② F은행까지 들리면 13시가 되는데, B거래처 대리 약속은 18시에 가능하다.
③ G미술관 관람을 마치고 나면 11시가 되는데 F은행은 12시에 가야 한다. 1시간 기다려서 F은행 일이 끝나면 13시가 되는데, B거래처 대리 약속은 18시에 가능하다.

59 유아용품 홍보팀의 사원 은이씨는 일산 킨텍스에서 열리는 유아용품박람회에 참여하고자 한다. 당일 회의 후 출발해야 하며 회의 종료 시간은 오후 3시이다.

장소	일시
일산 킨텍스 제2전시장	2021. 1. 20(금) PM 15:00~19:00 ※ 입장가능시간은 종료 2시간 전 까지

오시는 길
지하철 : 4호선 대화역(도보 30분 거리)
버스 : 8109번, 8407번(도보 5분 거리)

• 회사에서 버스정류장 및 지하철역까지 소요시간

출발지	도착지	소요시간	
회사	×× 정류장	도보	15분
		택시	5분
	지하철역	도보	30분
		택시	10분

• 일산 킨텍스 가는 길

교통편	출발지	도착지	소요시간
지하철	강남역	대화역	1시간 25분
버스	×× 정류장	일산 킨텍스 정류장	1시간 45분

위의 제시 상황을 보고 은이씨가 선택할 교통편으로 가장 적절한 것은?

① 도보 – 지하철　　　　　　　② 도보 – 버스

③ 택시 – 지하철　　　　　　　④ 택시 – 버스

✔해설 ④ 택시로 버스정류장까지 이동해서 버스를 타고 가게 되면 택시(5분), 버스(1시간 45분), 도보(5분)으로 1시간 55분이 걸린다.
① 도보-지하철 : 도보(30분), 지하철(1시간 25분), 도보(30분)이므로 총 2시간 25분이 걸린다.
② 도보-버스 : 도보(15분), 버스(1시간 45분), 도보(5분)이므로 총 2시간 5분이 걸린다.
③ 택시-지하철 : 택시(10분), 지하철(1시간 25분), 도보(30분)이므로 총 2시간 5분이 걸린다.

60 귀하는 커피 전문점을 운영하고 있다. 아래와 같이 엑셀 워크시트로 4개 지점의 원두 구매 수량과 단가를 이용하여 금액을 산출하고 있다. 귀하가 다음 중 D3셀에서 사용하고 있는 함수식으로 옳은 것은? (단, 금액 = 수량 × 단가)

> 풍력발전기는 회전축의 방향에 따라 수평축 풍력발전기와 수직축 풍력발전기로 구분된다. 수평축 풍력발전기는 구조가 간단하고 설치가 용이하며 에너지 변환효율이 우수하다. 하지만 바람의 방향에 영향을 많이 받기 때문에 바람의 방향이 일정한 지역에만 설치가 가능하다. 수직축 풍력발전기는 바람의 방향에 영향을 받지 않아 바람의 방향이 일정하지 않은 지역에도 설치가 가능하며, 이로 인해 사막이나 평원에도 설치가 가능하다. 하지만 부품이 비싸고 수평축 풍력발전기에 비해 에너지 변환효율이 떨어진다는 단점이 있다. B사는 현재 4가지 모델의 풍력발전기를 생산하고 있다. 각 풍력발전기는 정격 풍속이 최대 발전량에 도달하며, 가동이 시작되면 최소 발전량 이상의 전기를 생산한다. 각 발전기의 특성은 아래와 같다.

모델명	U-50	U-57	U-88	U-93
시간당 최대 발전량(kW)	100	100	750	2,000
시간당 최소 발전량(kW)	20	20	150	400
발전기 높이(m)	50	68	80	84.7
회전축 방향	수직	수평	수직	수평

〈상황〉

> A국은 B사의 풍력발전기를 X, Y, Z지역에 각 1기씩 설치할 계획이다. X지역은 산악지대로 바람의 방향이 일정하며, 최소 150kW 이상의 시간당 발전량이 필요하다. Y지역은 평원지대로 바람의 방향이 일정하지 않으며, 철새보호를 위해 발전기 높이는 70m 이하가 되어야 한다. Z지역은 사막지대로 바람의 방향이 일정하지 않으며, 주민 편의를 위해 정격 풍속에서 600kW 이상의 시간당 발전량이 필요하다. 복수의 모델이 각 지역의 조건을 충족할 경우, 에너지 변환효율을 높이기 위해 수평축 모델을 설치하기로 한다.

	X지역	Y지역	Z지역			X지역	Y지역	Z지역
①	U-88	U-50	U-88		②	U-88	U-57	U-93
③	U-93	U-50	U-88		④	U-93	U-50	U-93

✔**해설** ㉠ X지역 : 바람의 방향이 일정하므로 수직·수평축 모두 사용할 수 있고, 최소 150kW 이상의 시간당 발전량이 필요하므로 U-88과 U-93 중 하나를 설치해야 한다. 에너지 변환효율을 높이기 위해 수평축 모델인 U-93을 설치한다.
㉡ Y지역 : 수직축 모델만 사용 가능하며, 높이가 70m 이하인 U-50만 설치 가능하다.
㉢ Z지역 : 수직축 모델만 사용 가능하며, 정격 풍속이 600kW 이상의 시간당 발전량을 갖는 U-88만 설치 가능하다.

Answer 59.④ 60.③

03 수리력

대표유형 1 　단위변환

　길이, 넓이, 부피, 무게, 시간, 속도 등에 따른 단위를 이해하고, 단위가 달라짐에 따라 해당 값이 어떻게 변하는지 환산할 수 있는 능력을 평가한다. 소수점 계산 및 자릿수를 읽고 구분하는 능력을 요하기도 한다. 기본적인 단위환산을 기억해 두는 것이 좋다.

구분	단위환산
길이	$1cm = 10mm$, $1m = 100cm$, $1km = 1,000m$
넓이	$1cm^2 = 100mm^2$, $1m^2 = 10,000cm^2$, $1km^2 = 1,000,000m^2$, $1m^2 = 0.01a = 0.0001ha$
부피	$1cm^3 = 1,000mm^3$, $1m^3 = 1,000,000cm^3$, $1km^3 = 1,000,000,000m^3$
들이	$1m\ell = 1cm^3$, $1d\ell = 100cm^3$, $1L = 1,000cm^3 = 10d\ell$
무게	$1kg = 1,000g$, $1t = 1,000kg = 1,000,000g$
시간	1분 = 60초, 1시간 = 60분 = 3,600초
할푼리	1푼 = 0.1할, 1리 = 0.01할, 1모 = 0.001할

예제풀이

한 변의 길이가 4m인 정사각형 모양의 공원이 있다. 이 공원의 넓이를 잘못 표현한 것을 고르시오.

① $16m^2$
② $16,000cm^2$
③ $0.000016km^2$
④ $0.16a$

해　설

한 변이 길이가 4m인 정사각형 모양 공원의 넓이는 4m × 4m = $16m^2$이다.
② 1m는 100cm이므로 400cm × 400cm = 160,000cm이다.
③ 1m는 0.001km이므로 0.004km × 0.004km = $0.000016km^2$이다.
④ $1m^2$는 0.01a이므로 $16m^2$ = 0.16a이다.

 ②

기초연산 및 대소비교

(1) 기초연산

덧셈, 뺄셈, 곱셈, 나눗셈의 사칙연산을 활용한 기본적인 계산 문제이다.

(2) 대소비교

① **분수와 소수** … 분수를 소수로, 또는 소수를 분수로 변환하여 둘을 같은 형태로 일치시킨 뒤 크기를 비교한다.

② **제곱근** … 어떤 수 x를 제곱하여 a가 되었을 때에, x를 a의 제곱근이라고 한다.

③ **방정식 및 부등식 비교** … 두 방정식 또는 부등식 A, B가 있을 때 A − B 값이 0보다 크면 A > B, 0보다 작으면 A < B, 0이면 A = B이다.

예제풀이

다음 A와 B의 대소 관계를 바르게 비교한 것을 고르시오.

> $6a = 2b + 42$일 때,
> A : $10a + 4b - 14$
> B : $4a + 6b + 28$

① A > B
③ A = B

② A < B
④ 알 수 없다.

해 설

A − B
$= (10a + 4b - 14) - (4a + 6b + 28)$
$= 6a - 2b - 42$에서 조건에 따라
$6a - 2b - 42 = 0$이므로 A = B이다.

답 ③

(1) 나이 · 금액 · 업무량

   부모와 자식, 형제간의 나이를 계산하는 비례식 문제, 집합과 방정식을 이용한 인원 수, 동물의 수, 사물의 수를 구하는 문제 등이 출제된다.

① 나이 계산

   ㉠ 문제에 나오는 사람의 나이는 같은 수만큼 증감한다.

   ㉡ 모든 사람의 나이 차이는 바뀌지 않으며 같은 차이만큼 나이가 바뀐다.

② 금액 계산 … 총액 / 잔액 지불하는 상대 등의 관계를 정확히 하여 문제를 잘 읽고, 대차 등의 관계를 파악한다.

   ㉠ 정가 = 원가＋이익＝원가(원가 × 이율)

   ㉡ 원가 = 정가×(1−할인율)

   ㉢ x원에서 y원을 할인한 할인율 $= \dfrac{y}{x} \times 100 = \dfrac{100y}{x}(\%)$

   ㉣ x원에서 $y\%$ 할인한 가격 $= x \times \left(1 - \dfrac{y}{100}\right)$

   ㉤ 단리 · 복리 계산

     원금 : x, 이율 : y, 기간 : n, 원리금 합계 : S라고 할 때

     • 단리 : $S = a(1 + rn)$

     • 복리 : $S = a(1 + r)^n$

③ 손익 계산

   ㉠ 이익이 원가의 20%인 경우 : 원가 × 0.2

   ㉡ 정가가 원가의 20% 할증(20% 감소)의 경우 : 원가 × (1 + 0.2)

   ㉢ 매가가 정가의 20% 할인(20% 감소)의 경우 : 정가 × (1 − 0.2)

④ 업무량 계산

   ㉠ 인원수 × 시간 × 일수 = 전체 업무량

   ㉡ 일한 시간 × 개인의 시간당 능력 = 제품 생산개수

(2) 시간 · 거리 · 속도

① 날짜, 시계 계산

  ㉠ 1일＝24시간＝1,440분＝86,400초

  ㉡ 날짜와 요일 문제는 나머지를 이용하여 계산한다.

  ㉢ 분침에서 1분의 각도는 $360° ÷ 60 = 6°$

  ㉣ 시침에서 1시간의 각도는 $360° ÷ 12 = 30°$

  ㉤ 1시간 각도에서 시침의 분당 각도는 $30° ÷ 60 = 0.5°$

② 시간 · 거리 · 속도

  ㉠ 거리 = 속도 × 시간

  ㉡ 시간 = $\dfrac{거리}{속도}$

  ㉢ 속도 = $\dfrac{거리}{시간}$

  • 속도를 ν, 시간을 t, 거리를 s로 하면

 ※ 거리는 반드시 분자로 둘 것

  • 속도 · 시간 · 거리의 관계를 명확히 하며, '단위'를 착각하지 않도록 주의한다.

③ 물의 흐름

  ㉠ 강 흐름의 속도 = (내리막의 속도 − 오르막의 속도)÷2

  ㉡ 오르막과 내리막의 흐르는 속도의 차이에 주목한다.

  ㉢ 오르막은 강의 흐름에 역행이므로 '배의 속도 − 강의 흐름'이며 내리막은 강의 흐름이 더해지므로 '배의 속도 + 강의 흐름'이 된다.

④ 열차의 통과

  ㉠ 열차의 이동거리는, '목적물 + 열차의 길이'가 된다.

  ㉡ 열차가 통과한다는 것은, 선두부터 맨 끝까지 통과하는 것이다.

  ㉢ 속도 · 시간 · 거리의 단위를 일치 시킨다(모두 m와 초(秒) 등으로 통일시켜 계산 한다).

  ㉣ 기차가 이동한 거리는 철교의 길이와 기차의 길이를 더한 것과 같다.

(3) 나무심기

① 직선위의 나무의 수는 최초에 심는 한 그루를 더하여 계산한다.

② 네 방향으로 심을 때는 반드시 네 모퉁이에 심어지도록 간격을 정한다.

③ 주위를 둘러싸면서 나무를 심을 경우에는 가로와 세로의 최대공약수가 나무사이의 간격이 된다.

(4) 농도

① 식염의 양을 구한 후에 농도를 계산한다.

② 식염의 양(g) = 농도(%) × 식염수의 양(g) ÷ 100

③ 구하는 농도 $= \dfrac{\text{식염}① \times 100\,(\%)}{\text{식염} + \text{물}\,(=\text{식염수})}\,(\%)$

    ㉠ 식염수에 물을 더할 경우 : 분모에 $(+x\text{g})$의 식을 추가한다.

    ㉡ 식염수에서 물을 증발시킬 경우 : 분모에 $(-x\text{g})$을 추가한다.

    ㉢ 식염수에 식염을 더한 경우 : 분모, 분자 각각에 $(+x\text{g})$을 추가한다.

대표유형 4 | 확률

---

(1) 경우의 수

① 한 사건 A가 a가지 방법으로 일어나고 다른 사건 B가 b가지 방법으로 일어난다.

    ㉠ 사건 A, B가 동시에 일어난다 : 동시에 일어나는 경우가 C가지 있을 때 경우의 수는 $a+b-c$가지이다.

    ㉡ 사건 A, B가 동시에 일어나지 않는다 : 경우의 수는 $a+b$가지이다.

② 한 사건 A가 a가지 방법으로 일어나며 일어난 각각에 대하여 다른 사건 B가 b가지 방법으로 일어날 때 A, B 동시에 일어나는 경우의 수는 $a \times b$가지이다.

(2) 확률

사건 A가 일어날 수학적 확률을 $P(A)$라 하면

$$P(A) = \frac{A\text{에 속하는 근원사건의 개수}}{\text{근원사건의 총 개수}}$$

임의의 사건 A, 전사건 S, 공사건 ϕ라면

$$0 \leq P(A) \leq 1,\ P(S) = 1,\ P(\phi) = 0$$

대표유형 5 | **자료해석**

(1) 자료해석 문제 유형

① **자료읽기 및 독해력** … 제시된 표나 그래프 등을 보고 표면적으로 제공하는 정보를 정확하게 읽어내는 능력을 확인하는 문제가 출제된다. 특별한 계산을 하지 않아도 자료에 대한 정확한 이해를 바탕으로 정답을 찾을 수 있다.

② **자료 이해 및 단순계산** … 문제가 요구하는 것을 찾아 자료의 어떤 부분을 갖고 그 문제를 해결해야 하는지를 파악할 수 있는 능력을 확인한다. 문제가 무엇을 요구하는지 자료를 잘 이해해서 사칙연산부터 나오는 숫자의 의미를 알아야 한다. 계산 자체는 단순한 것이 많지만 소수점의 위치 등에 유의한다. 자료해석 문제는 무엇보다도 꼼꼼함을 요구한다. 숫자나 비율 등을 정확하게 확인하고, 이에 맞는 식을 도출해서 문제를 푸는 연습과 표를 보고 정확하게 해석할 수 있는 연습이 필요하다.

③ **응용계산 및 자료추리** … 자료에 주어진 정보를 응용하여 관련된 다른 정보를 도출하는 능력을 확인하는 유형으로 각 자료의 변수의 관련성을 파악하여 문제를 풀어야 한다. 하나의 자료만을 제시하지 않고 두 개 이상의 자료가 제시한 후 각 자료의 특성을 정확히 이해하여 하나의 자료에서 도출한 내용을 바탕으로 다른 자료를 이용해서 문제를 해결하는 유형도 출제된다.

(2) 대표적인 자료해석 문제 해결 공식

① 증감률

  ㉠ 전년도 매출 : P

  ㉡ 올해 매출 : N

  ㉢ 전년도 대비 증감률 : $\dfrac{N-P}{P} \times 100$

② 비례식

  ㉠ 비교하는 양 : 기준량 = 비교하는 양 : 기준량

  ㉡ 전항 : 후항 = 전항 : 후항

  ㉢ 외항 : 내항 = 내항 : 외항

③ 백분율 ⋯ 비율 $\times 100 = \dfrac{\text{비교하는 양}}{\text{기준량}} \times 100$

출제예상문제

┃1~3┃ 다음 주어진 값의 단위변환이 올바른 것을 고르시오.

1

4.1 ℓ = ( )

① 410dℓ   ② 4,100cc

③ 0.041m^3 ④ 41cm^3

> **✔ 해설** 4.1ℓ = 41dℓ = 4,100cc = 0.0041m^3 = 4,100cm^3

2

3MB = ( )

① 3,072KB   ② 2516584bit

③ 31457228B   ④ 30072KB

> **✔ 해설** 3MB = 3,072KB = 25165824bit = 3145728B = 3072KB

3

2.8m/s = ( )

① 1.008km/h   ② 10080m/h

③ 62.63422mi/h   ④ 0.0174mi/s

> **✔ 해설** 2.8m/s = 10.08km/h = 10080m/h = 6.263422mi/h = 0.00174mi/s

Answer 1.② 2.① 3.②

❙4~13 ❙ 다음 식을 계산하여 알맞은 답을 고르시오.

4

7할5푼9리 × 10

① 0.759

② 7.59

③ 75.9

④ 7590

✔해설 7할5푼9리 = 0.759
0.759 × 10 = 7.59

5

13.76 + 22.83

① 36.59

② 36.39

③ 35.59

④ 35.49

✔해설 13.76 + 22.83 = 36.59

6

$\frac{8}{3} \div \frac{6}{9} \times \frac{5}{7}$

① $\frac{40}{7}$

② $\frac{40}{21}$

③ $\frac{20}{7}$

④ $\frac{20}{21}$

✔해설 $\frac{8}{3} \div \frac{6}{9} \times \frac{5}{7} = \frac{8}{3} \times \frac{9}{6} \times \frac{5}{7} = \frac{20}{7}$

7

$$8.04 \times 10^{17} \times 25$$

① 2.01×10^{18} ② 2.01×10^{19}

③ 2.01×10^{20} ④ 2.01×10^{21}

✔ 해설 $8.04 \times 10^{17} \times 25 = 201 \times 10^{17} = 2.01 \times 10^{19}$

8

$$4.698 + 9.135 + 6.61 - 8.414$$

① 11.636   ② 11.829

③ 12.136   ④ 12.029

✔ 해설 $4.698 + 9.135 + 6.61 - 8.414 = 12.029$

9

$$12 + 27 \div 9$$

① 13   ② 15

③ 18   ④ 21

✔ 해설 사칙연산은 덧셈, 뺄셈 보다 곱셈, 나눗셈을 먼저 계산한다.
∴ $12 + (27 \div 9) = 12 + 3 = 15$

10

$$1.945 - 0.987$$

① 0.958　　　　　　　　　　② 0.968

③ 0.978　　　　　　　　　　④ 0.988

> ✔ 해설　$1.945 - 0.987 = 0.958$

11

$$\frac{1}{6} + \frac{5}{13}$$

① $\dfrac{41}{78}$　　　　　　　　② $\dfrac{43}{78}$

③ $\dfrac{45}{78}$　　　　　　　　④ $\dfrac{47}{78}$

> ✔ 해설　$\dfrac{1}{6} + \dfrac{5}{13} = \dfrac{13+30}{78} = \dfrac{43}{78}$

12

$$84 - \frac{29}{40} \times 2^4$$

① 70.4　　　　　　　　　　② 71.4

③ 72.4　　　　　　　　　　④ 73.4

> ✔ 해설　$84 - \dfrac{29}{40} \times 2^4 = 84 - 11.6 = 72.4$

13

$$7 + 7 \div 7 + 7 \times 7 - 7$$

① 1   ② 7
③ 50   ④ 56

✔ 해설 사칙연산은 덧셈, 뺄셈 보다 곱셈, 나눗셈을 먼저 계산한다.
$7 + (7 \div 7) + (7 \times 7) - 7 = 7 + 1 + 49 - 7 = 50$

┃14~17┃ 다음 계산식 중 괄호 안에 들어갈 알맞은 수를 고르시오.

14

$$86 - (\quad) \div 3 = 54$$

① 84   ② 90
③ 96   ④ 102

✔ 해설 $86 - (96) \div 3 = 54$

15

$$\{(3 - 2) \times 3\} \times (\quad) = -6$$

① -2   ② -1
③ 1   ④ 2

✔ 해설 $\{(3 - 2) \times 3\} \times (-2) = -6$

16

$$31 \times 2^5 \div (\quad) = 248$$

① 2^1　　　　　　　　　　　② 2^2

③ 2^3　　　　　　　　　　　④ 2^4

✔ 해설　$31 \times 2^5 \div (4) = 248$

17

$$2^5 \times 3^2 \div (\quad) = 24$$

① 8　　　　　　　　　　　② 12

③ 9　　　　　　　　　　　④ 15

✔ 해설　$2^5 \times 3^2 \div (12) = 24$

┃18~24┃ 다음 주어진 수의 대소 관계를 바르게 비교한 것을 고르시오.

18

$A : \sqrt{16} + 1$　　　　　　　　　　$B : \sqrt{11} + 2$

① $A \langle B$　　　　　　　　　　② $A \rangle B$

③ $A = B$　　　　　　　　　　④ 알 수 없다.

✔ 해설　$A : \sqrt{16} + 1 = 4 + 1 = 5$
　　　　$3 < \sqrt{11} < 4 \Rightarrow 5 < \sqrt{11} + 2 < 6$

19

| $A : 2+\sqrt{7}$ | $B : \sqrt{5}+3$ |

① $A > B$
② $A < B$
③ $A = B$
④ 알 수 없다.

✔ 해설 $A : 2 < \sqrt{7} < 3$
$\Rightarrow 4 < 2+\sqrt{7} < 5$
$B : 2 < \sqrt{5} < 3$
$\Rightarrow 5 < \sqrt{5}+3 < 6$
$\therefore A < B$

20

| $A : 0.2$ | $B : \dfrac{2}{11}$ |

① $A > B$
② $A < B$
③ $A = B$
④ 알 수 없다.

✔ 해설 $B = \dfrac{2}{11} = 0.1818\cdots$
$\therefore A > B$

21

$2a < 3b+7$일 때,
$A : a+b+7$　　　　　　　$B : 4b-a$

① $A > B$
② $A < B$
③ $A = B$
④ 알 수 없다.

✔ 해설 $2a-3b < 7$
$A-B = 2a-3b+7 < 14$
$\therefore A$와 B의 대소를 비교할 수 없다.

22

> $3a = b + 21$일 때,
>
> $A : 5a + 2b - 7$ $B : 2a + 3b + 14$

① $A > B$ ② $A < B$

③ $A = B$ ④ 알 수 없다.

> ✔해설 $A - B = 3a - b - 21 = 0$
> $\therefore A = B$

23

> $A : 5$시와 6시 사이에 시침과 분침이 만날 때의 분
>
> $B : 28$

① $A > B$ ② $A < B$

③ $A = B$ ④ 알 수 없다.

> ✔해설   5시와 6시 사이에 시침과 분침이 만날 때를 5시 A분이라고 할 때,
> 12시를 기준으로 시침의 각도는 $150 + 30 \times \dfrac{A}{60}$, 분침의 각도는 $6A$이므로
> $$150 + 30 \times \frac{A}{60} = 6A$$
> $A = 27.2727\cdots$ 이므로 $A < B$

24

> $A : $ 정팔면체의 모서리 수를 X, 꼭짓점 수를 Y라고 할 때, $3X + 5Y$의 값
>
> $B : 144$와 360의 최대공약수

① $A > B$ ② $A < B$

③ $A = B$ ④ 알 수 없다.

> ✔해설 $A : $ 정팔면체의 모서리 수는 12, 꼭짓점 수는 6이므로 $3X + 5Y = 66$
> $B : 144 = 2^4 \times 3^2$, $360 = 2^3 \times 3^2 \times 5$ 이므로 최대공약수는 $2^3 \times 3^2 = 72$
> $\therefore A < B$

25 다음과 같이 일하는 공장이 있다. 오전 업무시간 동안 조립기계 2대만 가동하고, 오후 업무시간 동안 조립기계 2대와 포장기계 3대를 동시에 가동할 때, 하루 업무를 끝낸 시점에 포장되지 않고 남아있는 인형은 몇 개인가? (단, 어제 포장되지 않고 남아있는 인형은 없었다.)

> 어느 공장에 인형을 조립하는 기계는 1개의 인형을 조립하는데 3분이 걸리고, 인형을 포장하는 기계는 1개의 인형을 포장하는데 5분이 걸린다. 이 공장의 오전 업무시간은 9시~12시, 오후 업무시간은 1시~6시이고, 업무시간 이외의 시간에는 기계를 가동시키지 않는다.

① 120개   ② 140개

③ 200개   ④ 220개

 해설 오전(180분) 동안 조립되는 인형의 수 : $\dfrac{180}{3} \times 2 = 120$(개)

오후(300분) 동안 조립되는 인형의 수 : $\dfrac{300}{3} \times 2 = 200$(개)

오후(300분) 동안 포장되는 인형의 수 : $\dfrac{300}{5} \times 3 = 180$(개)

∴ $120 + 200 - 180 = 140$(개)

26 2개의 주사위를 동시에 던질 때, 주사위에 나타난 숫자의 합이 7이 될 확률과 두 주사위가 같은 수가 나올 확률의 합은?

① $\dfrac{1}{12}$ ② $\dfrac{1}{2}$

③ $\dfrac{1}{9}$ ④ $\dfrac{1}{3}$

해설 두 주사위를 동시에 던질 때 나올 수 있는 모든 경우의 수는 36이다. 숫자의 합이 7이 될 수 있는 확률은 (1,6), (2,5), (3,4), (4,3), (5,2), (6,1) 총 6가지, 두 주사위가 같은 수가 나올 확률은 (1,1), (2,2), (3,3), (4,4), (5,5), (6,6) 총 6가지다.

∴ $\dfrac{6}{36} + \dfrac{6}{36} = \dfrac{1}{3}$

27 A와 B메뉴뿐인 식당에 총 50명의 손님이 다녀갔다. A메뉴를 주문한 사람은 36명, B메뉴를 주문한 사람은 44명일 때, A메뉴와 B메뉴를 동시에 주문한 사람은 몇 명인가?

① 26명

② 28명

③ 30명

④ 32명

✔해설 36(A메뉴를 주문한 사람) + 44(B메뉴를 주문한 사람) − 50(총 다녀간 손님수) = 30

28 1일 날 8시간 동안 갑과 을이 함께 작업하여 일의 $\frac{1}{4}$ 을 마쳤고, 2일 날 8시간 동안 을과 병이 함께 작업하여 일의 $\frac{1}{3}$ 을 마쳤고, 3일 날 8시간 동안 갑과 병이 함께 작업하여 일을 마쳐 3일 만에 기계 1대를 만들었다. 갑, 을, 병이 모두 함께 일을 시작하여 하루 4시간씩 작업할 때, 기계 20대를 만드는데 걸리는 일수는?

① 20일

② 40일

③ 60일

④ 80일

✔해설 하루 8시간에 일하는 양은 갑+을 $= \frac{1}{4}$, 을+병 $= \frac{1}{3}$, 갑+병 $= \frac{5}{12}$ 이므로,

갑, 을, 병이 다 같이 작업할 때 8시간 만에 끝내는 양은 갑+을+병 $= \frac{1}{2}$ 이다.

8시간씩 이틀 동안 작업하여 기계 1대를 만들 수 있으므로 하루 4시간씩 작업하여 기계 20대를 만드는데 걸리는 시간은 80일이다.

29 배로 강을 100km 거슬러 올라가는 데 5시간, 같은 거리를 내려오는 데 2시간이 걸렸다. 배의 속력과 강물의 속력을 각각 구하면?

① 배의 속력 : 25km/시, 강물의 속력 : 15km/시

② 배의 속력 : 28km/시, 강물의 속력 : 10km/시

③ 배의 속력 : 30km/시, 강물의 속력 : 12km/시

④ 배의 속력 : 35km/시, 강물의 속력 : 15km/시

✔ **해설** 배의 속력을 x, 강물의 속력을 y라 하면

$$\begin{cases} \dfrac{100}{x-y}=5 \Rightarrow x-y=20 \\ \dfrac{100}{x+y}=2 \Rightarrow x+y=50 \end{cases}$$

$\therefore x=35(\text{km/시}), \ y=15(\text{km/시})$

30 4%의 소금물과 10%의 소금물을 섞은 후 물을 더 부어 4.5%의 소금물 200g을 만들었다. 10%의 소금물의 양과 더 부은 물의 양이 같다고 할 때, 4% 소금물의 양은 몇 g인가?

① 100g

② 105g

③ 110g

④ 120g

✔ **해설** 4%의 소금물을 x, 10%의 소금물을 y라 하면

$x+2y=200 \ \cdots \ ①$

$\dfrac{4}{100}x+\dfrac{10}{100}y=\dfrac{45}{1000}\times200 \ \cdots \ ②$

두 식을 연립하면 $x=100$, $y=50$이므로 4% 소금물의 양은 100g이다.

31 14%의 소금물 250g을 하루 동안 두었더니 190g이 되었다. 여기에 소금 10g을 더 첨가한 소금물의 농도는 얼마인가?

① 20.5%

② 21.5%

③ 22.5%

④ 23.5%

 $\dfrac{35+10}{190+10} \times 100 = 22.5\%$

32 바구니에 4개의 당첨 제비를 포함한 10개의 제비가 들어있다. 이 중에서 갑이 먼저 한 개를 뽑고, 다음에 을이 한 개의 제비를 뽑는다고 할 때, 을이 당첨제비를 뽑을 확률은? (단, 한 번 뽑은 제비는 바구니에 다시 넣지 않는다.)

① 0.2

② 0.3

③ 0.4

④ 0.5

 갑이 당첨제비를 뽑고, 을도 당첨제비를 뽑을 확률 $\dfrac{4}{10} \times \dfrac{3}{9} = \dfrac{12}{90}$

갑은 당첨제비를 뽑지 못하고, 을만 당첨제비를 뽑을 확률 $\dfrac{6}{10} \times \dfrac{4}{9} = \dfrac{24}{90}$

따라서 을이 당첨제비를 뽑을 확률은 $\dfrac{12}{90} + \dfrac{24}{90} = \dfrac{36}{90} = \dfrac{4}{10} = 0.4$

33 공원을 가는 데 집에서 갈 때는 시속 2km로 가고 돌아 올 때는 3km 먼 길을 시속 4km로 걸어왔다. 쉬지 않고 걸어 총 시간이 6시간이 걸렸다면 처음 집에서 공원을 간 거리는 얼마나 되는가?

① 7km

② 7.5km

③ 8km

④ 8.5km

 $\dfrac{거리}{속력} =$ 시간이고, 처음 집에서 공원을 간 거리를 x라고 할 때,

$\dfrac{x}{2} + \dfrac{x+3}{4} = 6 \Rightarrow 3x = 21$

$\therefore x = 7$

34 경이가 5%의 설탕물을 가지고와 지민이가 가지고 있는 10%의 설탕물에 섞어 농도가 8%인 설탕물 300g을 만들려고 한다. 이 때 경이가 가지고 와야 할 설탕물의 양은 몇 g인가?

① 110

② 115

③ 120

④ 125

✔해설 5%의 설탕물의 양을 xg이라고 하면 10%의 설탕물의 양은 $(300-x)$g이다. 두 설탕물을 섞기 전과 섞은 후에 들어 있는 설탕의 양은 같으므로 이를 계산하면 다음과 같다.

$$\frac{5}{100} \times x + \frac{10}{100} \times (300-x) = \frac{8}{100} \times 300$$
$$5x + 3000 - 10x = 2400, \ -5x = -600$$
$$\therefore x = 120(g)$$

35 톱니의 개수가 각각 36, 84인 톱니바퀴 A, B가 서로 맞물려 돌아가고 있다. 두 톱니바퀴가 회전을 시작하여 다시 같은 톱니에서 맞물릴 때까지 A, B가 회전한 바퀴수를 각각 a, b라 할 때, a+b의 값은?

① 10

② 11

③ 12

④ 13

✔해설 두 톱니바퀴가 다시 같은 톱니에서 맞물릴 때까지 돌아간 톱니의 개수는 36과 84의 최소공배수이므로 $2^2 \times 3^2 \times 7 = 252$이다. 따라서 두 톱니바퀴가 다시 같은 톱니에서 맞물리는 것은 A가 252÷36=7(바퀴), B가 252÷84=3(바퀴) 회전한 후이다. 그러므로 a=7, b=3이고 a+b=10이다.

36 지수가 낮잠을 자는 동안 엄마가 집에서 마트로 외출을 했다. 곧바로 잠에서 깬 지수는 엄마가 출발하고 10분 후 엄마의 뒤를 따라 마트로 출발했다. 엄마는 매분 100m의 속도로 걷고, 지수는 매분 150m의 속도로 걷는다면 지수는 몇 분 만에 엄마를 만나게 되는가?

① 10분

② 20분

③ 30분

④ 40분

✔해설 지수가 걸린 시간을 y, 엄마가 걸린 시간을 x라 하면
$$\begin{cases} x - y = 10 \cdots \text{㉠} \\ 100x = 150y \cdots \text{㉡} \end{cases}$$
에서 ㉠을 ㉡에 대입한다.
$$100(y+10) = 150y \Rightarrow 5y = 100 \Rightarrow y = 20$$
따라서 지수는 20분 만에 엄마를 만나게 된다.

37 서울 사람 2명과 대전 사람 2명, 대구, 부산, 세종 사람 각 1명씩 모여 7개의 의자에 일렬로 앉았다. 양쪽 끝에 같은 지역의 사람이 앉아있을 확률은?

① $\frac{1}{21}$

② $\frac{2}{21}$

③ $\frac{4}{21}$

④ $\frac{8}{21}$

> ✔해설 ㉠ 7명의 사람이 의자에 일렬로 앉을 수 있는 경우의 수 : 7!
> ㉡ 서울 사람이 양쪽 끝의 의자에 앉는 경우 : 5!×2
> ㉢ 대전 사람이 양쪽 끝의 의자에 앉는 경우 : 5!×2
> $\therefore \frac{㉡+㉢}{㉠} = \frac{5! \times 2 \times 2}{7!} = \frac{2}{21}$

38 학생 수가 50명인 초등학교 교실이 있다. 이 중 4명을 제외한 나머지 학생 모두가 방과 후 교실 프로그램으로 승마 또는 골프를 배우고 있다. 승마를 배우는 학생이 26명이고 골프를 배우는 학생이 30명일 때, 승마와 골프를 모두 배우는 학생은 몇 명인가?

① 9명

② 10명

③ 11명

④ 12명

> ✔해설 전체 학생의 집합을 U, 승마를 배우는 학생의 집합을 A, 골프를 배우는 학생의 집합을 B라 하면
> n(U)=50, n(A)=26, n(B)=30
> 4명을 제외한 모든 학생이 승마 또는 골프를 배운다고 하였으므로
> 방과 후 교실 프로그램에 참여하는 모든 학생 수는 50−4=46(명)이다.
> 따라서 승마와 골프를 모두 배우는 학생의 수는
> n(A)+n(B)−46=26+30−46=10(명)이다.

39 기범이네 동아리 캠핑에서 고구마 25개, 감자 40개, 옥수수 70개를 모두에게 같은 개수대로 나누어주려고 했더니 고구마는 1개 부족하고, 감자는 1개가 남고, 옥수수는 5개가 남았다. 기범이네 동아리 인원은 최대 몇 명인가?

① 11명

② 12명

③ 13명

④ 14명

> ✔해설 고구마 (25+1)개, 감자 (40−1)개, 옥수수 (70−5)개를 똑같이 나누어줄 수 있는 최대의 사람을 구하는 것이므로 26, 39, 65의 최대공약수를 구하면 13명이 된다.

40 구리와 아연을 $4:3$의 비율로 섞은 합금 A와 구리와 아연을 $2:3$으로 섞은 합금 B가 있다. 이 두 종류의 합금을 녹여 구리와 아연을 $10:9$의 비율로 섞은 합금 950g을 만들려고 한다. 필요한 두 합금 A, B의 양을 각각 구하면?

① A=400g, B=550g

② A=500g, B=450g

③ A=650g, B=300g

④ A=700g, B=250g

✔해설 A 합금의 양을 x, B 합금의 양을 y라 하면

$\frac{4}{7}x + \frac{2}{5}y = \frac{10}{19} \times 950 \Rightarrow 10x + 7y = 8750$

$\frac{3}{7}x + \frac{3}{5}y = \frac{9}{19} \times 950 \Rightarrow 5x + 7y = 5250$

두 식을 연립하면 A $= x = 700g$, B $= y = 250g$

41 20,000원을 모두 사용해서 800원짜리 색연필과 2,000원짜리 볼펜을 종류에 상관없이 최대한 많이 산다고 할 때 색연필과 볼펜을 합하여 총 몇 개를 살 수 있는가? (단, 색연필과 볼펜 모두 한 개 이상 사야한다.)

① 25개

② 22개

③ 20개

④ 16개

✔해설 색연필 구매 개수를 x, 볼펜 구매 개수를 y라 할 때,

$800x + 2000y = 20000$인 정수 x, y는 (5, 8), (10, 6), (15, 4), (20, 2)이므로 종류에 상관없이 최대한 많이 살 수 있는 경우는 (20, 2)로 총 22개를 살 수 있다.

42 원가가 2,200원인 상품을 3할의 이익이 남도록 정가를 책정하였다. 하지만 판매부진으로 할인하여 판매하였고, 할인가가 원가보다 484원 저렴했다. 그렇다면 정가의 얼마를 할인한 것인가?

① 2할2푼

② 3할

③ 3할5푼

④ 4할

✔해설 정가$= 2200(1 + 0.3) = 2860$(원)

할인율을 x라 하면 $2860 \times (1 - x) - 2200 = -484$이므로

$2860 - 2860x = 1716$

$x = 0.4$

즉, 4할을 할인한 것이다.

43 올해 엄마와 딸의 나이를 합하면 38이다. 아들은 딸보다 두 살 어리고, 3년 후의 딸과 아들의 나이를 합하면 20일 때, 올해 엄마의 나이는 몇 살인가?

① 28세   ② 30세

③ 32세   ④ 34세

> **✔해설** 딸의 나이를 x세라 할 때, 엄마의 나이는 $38-x$세, 아들의 나이는 $x-2$세이다.
> 3년 후 딸과 아들의 나이의 합을 구하는 식은 $(x+3)+(x-2+3)=20$이므로, 딸의 올해 나이는 8세이다.
> ∴ 올해 엄마의 나이는 30세이다.

44 두 자리의 자연수에 대하여 각 자리의 숫자의 합은 11이고, 이 자연수의 십의 자리 숫자와 일의 자리 숫자를 바꾼 수의 3배 보다 5 큰 수는 처음 자연수와 같다고 한다. 처음 자연수의 십의 자리 숫자는?

① 9   ② 7

③ 5   ④ 3

> **✔해설** 십의 자리 숫자를 x, 일의 자리 숫자를 y라고 할 때,
> $x+y=11$ … ㉠
> $3(10y+x)+5=10x+y$ … ㉡
> ㉡을 전개하여 정리하면 $-7x+29y=-5$이므로
> ㉠ $\times 7+$㉡을 계산하면 $36y=72$
> 따라서 $y=2$, $x=9$이다.

45 갑동이는 올해 10살이다. 엄마의 나이는 갑동이와 누나의 나이를 합한 값의 두 배이고, 3년 후의 엄마의 나이는 누나의 나이의 세 배일 때, 올해 누나의 나이는 얼마인가?

① 12세   ② 13세

③ 14세   ④ 15세

> **✔해설** 누나의 나이를 x, 엄마의 나이를 y라 하면,
> $2(10+x)=y$
> $3(x+3)=y+3$
> 두 식을 연립하여 풀면,
> $x=14$(세)

46 다음은 통신사 A, B의 휴대폰 요금표이다. 통신사 B를 선택한 사람의 통화량이 최소 몇 분이 넘어야 통신사 A를 선택했을 때 보다 이익인가?

통신사	월별 기본료	월별 무료통화	초과 1분당 통화료
A	40,000원	300분	60원
B	50,000원	400분	50원

① 500분 ② 600분
③ 700분 ④ 800분

 해설 통화량이 x분인 사람의 요금은
통신사 A의 경우 $40,000+60(x-300)$, 통신사 B의 경우 $50,000+50(x-400)$이므로
$50,000+50(x-400)<40,000+60(x-300)$일 때 A를 선택했을 때보다 더 이익이다.
∴ $x>800$(분)

47 서원산에는 등산로 A와 A보다 2km 더 긴 등산로 B가 있다. 민경이가 하루는 등산로 A로 올라갈 때는 시속 2km, 내려올 때는 시속 6km의 속도로 등산을 했고, 다른 날은 등산로 B로 올라갈 때는 시속 3km, 내려올 때는 시속 5km의 속도로 등산을 했다. 이틀 모두 동일한 시간에 등산을 마쳤을 때, 등산로 A, B의 거리의 합은?

① 16km ② 18km
③ 20km ④ 22km

해설 등산로 A의 거리를 $a$km, 등산로 B의 거리를 $(a+2)$km라 하면
$\dfrac{a}{2}+\dfrac{a}{6}=\dfrac{a+2}{3}+\dfrac{a+2}{5}$이므로
$a=8$km
∴ 등산로 A와 B의 거리의 합은 18km

48 다음은 2017~2021년 전체 산업과 보건복지산업 취업자 수를 표로 나타낸 것이다. 주어진 표를 그래프로 나타낸 것으로 옳은 것은?

(단위 : 천 명)

연도 산업 구분	2017	2018	2019	2020	2021
전체 산업	24,861	24,900	25,617	26,405	27,189
보건복지산업	1,971	2,127	2,594	2,813	3,187
보건업 및 사회복지서비스업	1,153	1,286	1,379	1,392	1,511
기타 보건복지산업	818	841	1,215	1,421	1,676

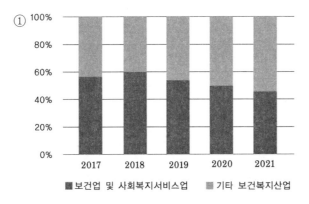

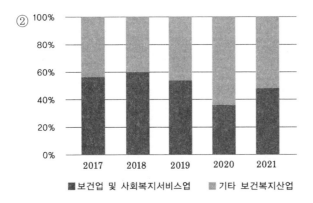

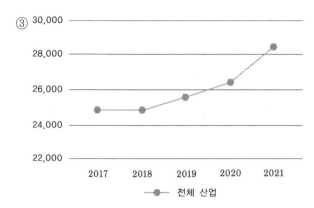

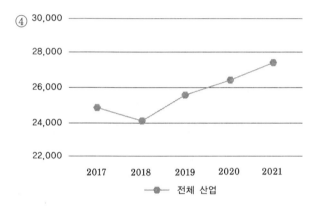

② 2020년도의 비율이 잘못되었다.
③ 2021년도의 전체 산업 취업자 수는 27,189천 명이다.
④ 2018년도의 전체 산업 취업자 수는 24,900천 명으로 2017년도 보다 증가한다.

49 다음은 지하가 없는 동일한 바닥면적을 가진 건물들에 관한 사항이다. 이 중 층수가 가장 높은 건물은?

건물	대지면적	연면적	건폐율
A	400m^2	1,200m^2	50%
B	300m^2	840m^2	70%
C	300m^2	1,260m^2	60%
D	400m^2	1,440m^2	60%

※ 건축면적 $= \dfrac{건폐율 \times 대지면적}{100(\%)}$ 층수 $= \dfrac{연면적}{건축면적}$

① A

② B

③ C

④ D

✔해설 층수 $= \dfrac{연면적}{건축면적} = \dfrac{연면적 \times 100(\%)}{건폐율 \times 대지면적}$

㉠ A의 층수 : $\dfrac{1,200m^2 \times 100\%}{50\% \times 400m^2} = 6$층

㉡ B의 층수 : $\dfrac{840m^2 \times 100\%}{70\% \times 300m^2} = 4$층

㉢ C의 층수 : $\dfrac{1,260m^2 \times 100\%}{60\% \times 300m^2} = 7$층

㉣ D의 층수 : $\dfrac{1,440m^2 \times 100\%}{60\% \times 400m^2} = 6$층

50 다음 자료에 대한 분석으로 옳지 않은 것은?

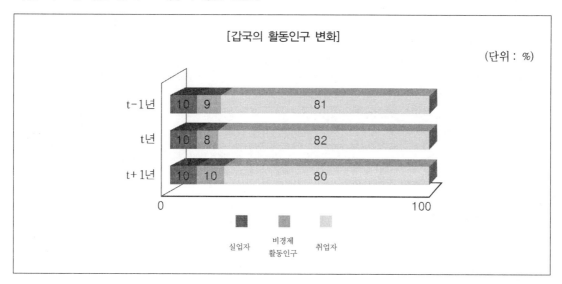

① 비경제 활동인구의 비율은 t년이 가장 낮다.

② t-1년부터 t+1년까지 비경제활동인구 비율과 취업자 비율의 증감추이는 같다.

③ 취업자의 비율을 항상 80% 이상이다.

④ 실업자의 비율은 변함이 없다.

> ✔해설 ② t-1년부터 t+1년까지 비경제활동인구 비율의 증감추이는 "감소-증가"이며 취업자 비율의 증감추이는 "증가-감소"로 서로 반대의 성향을 띈다.

51 다음의 설문에 대한 응답 결과를 통해 추론할 수 있는 내용으로 옳지 않은 것은?

> • 소득이 감소한다면, 소비 지출을 줄이겠습니까?
> • 소비 지출을 줄인다면, 어떤 부분부터 줄이겠습니까?

(단위 : %)

구분		지출 줄임						줄일 수 없음
		음식료비	외식비	주거관련비	문화여가비	사교육비	기타	
지역	도시	5.8	20.5	15.7	7.1	4.6	26.7	19.6
	농촌	8.6	12.0	18.5	4.9	3.2	18.8	34.0
학력	중졸 이하	9.9	10.4	24.9	4.2	2.1	11.9	36.6
	고졸	5.4	20.2	15.1	7.2	4.8	30.8	16.5
	대졸 이상	4.9	25.9	7.6	8.1	3.5	37.0	13.0

① 도시 지역은 기타를 제외하면 외식비 지출 줄임 비율이 가장 높다.

② 도시 지역과 농촌지역 모두 사교육비 지출 줄임 비율이 가장 낮다.

③ 학력이 낮을수록 주거관련비 지출 줄임 비율이 높다.

④ 학력에 상관없이 기타 및 줄일 수 없음 지출 줄임 비율을 제외하면 외식비 지출 줄임 비율이 가장 높다.

✔해설 ④ 기타, 줄일 수 없음을 제외하면 대졸 이상과 고졸 학력은 외식비 지출 줄임 비율이 가장 높고 중졸 이하는 주거관련비 지출 줄임 비율이 가장 높다.

52 다음은 우체국 택배물 취급에 관한 기준표이다. 미영이가 서울에서 포항에 있는 보람이와 설희에게 각각 택배를 보내려고 한다. 보람이에게 보내는 물품은 10kg에 130cm이고, 설희에게 보내려는 물품은 4kg에 60cm이다. 미영이가 택배를 보내는 데 드는 비용은 모두 얼마인가?

(단위 : 원/개)

중량(크기)		2kg까지 (60cm까지)	5kg까지 (80cm까지)	10kg까지 (120cm까지)	20kg까지 (140cm까지)	30kg까지 (160cm까지)
동일지역		4,000원	5,000원	6,000원	7,000원	8,000원
타지역		5,000원	6,000원	7,000원	8,000원	9,000원
제주 지역	빠른(항공)	6,000원	7,000원	8,000원	9,000원	11,000원
	보통(배)	5,000원	6,000원	7,000원	8,000원	9,000원

※ 1) 중량이나 크기 중에 하나만 기준을 초과하여도 초과한 기준에 해당하는 요금을 적용한다.

 2) 동일지역은 접수지역과 배달지역이 동일한 시/도이고, 타지역은 접수한 시/도지역 이외의 지역으로 배달되는 경우를 말한다.

 3) 부가서비스(안심소포) 이용시 기본요금에 50% 추가하여 부가한다.

① 13,000원 ② 14,000원

③ 15,000원 ④ 16,000원

✔해설 중량이나 크기 중에 하나만 기준을 초과하여도 초과한 기준에 해당하는 요금을 적용한다고 하였으므로, 보람이에게 보내는 택배는 10kg지만 130cm로 크기 기준을 초과하였으므로 요금은 8,000원이 된다. 또한 설희에게 보내는 택배는 60cm이지만 4kg으로 중량기준을 초과하였으므로 요금은 6,000원이 된다.

53 다음은 어느 통계사항을 나타낸 표이다. (가)에 들어갈 수로 알맞은 것은?(단, 모든 계산은 소수점 첫째 자리에서 반올림한다)

구분	접수인원	응시인원	합격자수	합격률
1회	1,808	1,404	(가)	43.1
2회	2,013	1,422	483	34.0
3회	1,148	852	540	63.4

① 601 ② 605

③ 613 ④ 617

✔해설 $\frac{x}{1404} \times 100 = 43.1$

$100x = 60512.4$

$\therefore x = 605$(명)

| 54~55 | 20xx년 사이버 쇼핑몰 상품별 거래액에 관한 표이다. 물음에 답하시오.

(단위 : 백만 원)

	1월	2월	3월	4월	5월	6월	7월	8월	9월
컴퓨터	200,078	195,543	233,168	194,102	176,981	185,357	193,835	193,172	183,620
소프트웨어	13,145	11,516	13,624	11,432	10,198	10,536	45,781	44,579	42,249
가전 · 전자	231,874	226,138	251,881	228,323	239,421	255,383	266,013	253,731	248,474
서적	103,567	91,241	130,523	89,645	81,999	78,316	107,316	99,591	93,486
음반 · 비디오	12,727	11,529	14,408	13,230	12,473	10,888	12,566	12,130	12,408
여행 · 예약	286,248	239,735	231,761	241,051	288,603	293,935	345,920	344,391	245,285
아동 · 유아용	109,344	102,325	121,955	123,118	128,403	121,504	120,135	111,839	124,250
음 · 식료품	122,498	137,282	127,372	121,868	131,003	130,996	130,015	133,086	178,736

54 1월 컴퓨터 상품 거래액의 다음 달 거래액과 차이는?

① 4,455백만 원 ② 4,535백만 원
③ 4,555백만 원 ④ 4,655백만 원

✔ **해설** 200,078 − 195,543 = 4,535백만 원

55 1월 서적 상품 거래액은 음반 · 비디오 상품의 몇 배인가? (소수 둘째자리까지 구하시오)

① 8.13 ② 8.26
③ 9.53 ④ 9.75

✔ **해설** 103,567 ÷ 12,727 = 8.13배

구분	1학년	2학년	3학년	4학년
㉠	3.4	2.5	2.4	2.3
㉡	3.5	3.6	4.1	4.7
㉢	2.8	2.4	3.1	2.5
㉣	4.1	3.9	4.6	4.9
대학생 평균	2.9	3.7	3.5	3.9

- A대학은 고학년이 될수록 독서시간이 증가하는 대학이다
- B대학은 각 학년별 독서시간이 항상 평균 이상이다.
- C대학은 3학년의 독서시간이 가장 낮다.
- 2학년의 하루 독서시간은 C대학과 D대학이 비슷하다.

56 표의 처음부터 차례대로 들어갈 대학으로 알맞은 것은?

    ㉠ ㉡ ㉢ ㉣   ㉠ ㉡ ㉢ ㉣

① C→A→D→B   ② A→B→C→D

③ D→B→A→C   ④ D→C→A→B

✔해설 고학년이 될수록 독서 시간이 증가하는 A대학은 ㉡, 대학생평균 독서량은 3.5인데 이를 넘는 B대학은 ㉣, 3학년의 독서시간이 가장 낮은 평균이하의 C대학은 ㉠이다. 따라서 2학년의 하루 독서시간이 2.5인 C대학과 비슷한 D대학은 2.4가 되므로 ㉢이 된다.

57 다음 중 옳지 않은 것은?

① C대학은 학년이 높아질수록 독서시간이 줄어들었다.

② A대학은 3, 4학년부터 대학생 평균 독서시간보다 독서시간이 증가하였다.

③ B대학은 학년이 높아질수록 독서시간이 증가하였다.

④ D대학은 대학생 평균 독서시간보다 매 학년 독서시간이 적다.

✔해설 ③ B대학은 2학년의 독서시간이 1학년 보다 줄었다.

58 다음은 A도시의 생활비 지출에 관한 자료이다. 연령과 품목에 따른 전년도 대비 지출 증가비율을 나타낸 것이라 할 때 보기 중 전년대비 지출이 감소한 연령, 품목은 무엇인가?

품목＼연령(세)	24 이하	25~29	30~34	35~39	40~44	45~49	50~54	55~59	60~64	65 이상
식료품	7.5	7.3	7.0	5.1	4.5	3.1	2.5	2.3	2.3	2.1
의류	10.5	12.7	−2.5	0.5	−1.2	1.1	−1.6	−0.5	−0.5	−6.5
신발	5.5	6.1	3.2	2.7	2.9	−1.2	1.5	1.3	1.2	−1.9
의료	1.5	1.2	3.2	3.5	3.2	4.1	4.9	5.8	6.2	7.1
교육	5.2	7.5	10.9	15.3	16.7	20.5	15.3	−3.5	−0.1	−0.1
교통	5.1	5.5	5.7	5.9	5.3	5.7	5.2	5.3	2.5	2.1
오락	1.5	2.5	−1.2	−1.9	−10.5	−11.7	−12.5	−13.5	−7.5	−2.5
통신	5.3	5.2	3.5	3.1	2.5	2.7	2.7	−2.9	−3.1	−6.5

① 35 ~ 39세, 교육

② 45 ~ 49세, 통신

③ 50 ~ 54세, 오락

④ 65세 이상, 교통

> **✔해설** 마이너스가 붙은 수치들은 전년도에 비해 지출이 감소했음을 뜻하므로 주어진 보기 중 마이너스 부호가 붙은 것을 찾으면 된다.

(단위 : ℃)

월 도시	1월	4월	7월	10월
서울	−2.5	9.5	28.4	10.2
경기	−1.8	9.2	26.2	6.8
강원	−6.9	5.8	23.4	3.7
충청	1.2	8.3	25.1	4.3
제주	3.7	13.4	27.8	12.3

59 1월의 경우 제주지방은 서울지방에 비하여 평균기온이 몇 ℃ 높은가?

① 3.8℃

② 5.4℃

③ 6.2℃

④ 8.7℃

✔해설 $3.7 - (-2.5) = 6.2(℃)$

60 강원도지역의 1월과 7월의 평균기온 차이는 몇 ℃인가?

① 23.2℃

② 28.2℃

③ 28.4℃

④ 30.3℃

✔해설 $23.4 - (-6.9) = 30.3(℃)$

대표유형 1   **글의 중심 내용 파악**

(1) 주제어 파악

① 글 전체를 읽어가면서 화제(話題)가 되는 말을 확인하고, 화제어 중에서 가장 중심이 되는 말을 선별해야 한다.

② 주제어 파악 방법

    ㉠ 추상어 중 반복되는 말에 주목한다.

    ㉡ 그 말을 중심으로 글을 전개해 나가는 말을 찾는다.

(2) 중심 내용 파악

① 글을 제대로 이해하려면 글을 간추려 중심 내용을 파악해야 한다. 특히, 글에 나타나 있는 여러 정보 상호 간의 위상이나 집필 의도 등을 고려해 핵심 내용을 선별해야 한다.

② 정보의 위상

    ㉠ **전제와 주지** : 글의 핵심이 되는 정보를 주지(主旨)라 하고, 이를 도출해 내기 위해 미리 제시하는 사전 정보를 전제(前提)라 한다.

    ㉡ **일화와 개념** : 일화적 정보와 개념적 정보가 함께 어우러져 있으면, 개념적 정보가 더 포괄적이고 종합적이므로 우위에 놓인다.

    ㉢ **설명과 설득** : 설명은 어떤 주지적인 내용을 해명하여 이해하도록 하는 것이며, 설득은 보다 더 적극성을 부여하여 이해의 차원을 넘어 동의하고 공감하여 글쓴이의 의견에 동조하거나 행동으로 옮기도록 하는 것이다.

③ 주제문 파악의 방법

    ㉠ 집필 의도 등을 고려하여 글의 내용을 입체화시켜 본다.

    ㉡ 추상적 진술의 문장 등 화제를 집중적으로 해명한 문장을 찾는다.

    ㉢ 배제(排除)의 방법을 이용하여 정보의 중요도를 따져본다.

④ 중심 내용 찾기의 과정

    ㉠ 문장을 꼼꼼히 읽는다.

    ㉡ 문단의 중심 내용을 파악한다.

    ㉢ 글 전체의 중심 내용을 파악한다.

⑤ 문단을 꼼꼼히 읽는 방법

    ㉠ 문장의 주어에 주목한다.

    ㉡ 접속어와 지시어 사용에 유의한다.

    ㉢ 문장을 읽을 때는 항상 펜을 들고 문장의 중심 내용에 밑줄을 긋는 습관을 들인다.

⑥ 문단의 중심 내용을 찾는 방법

    ㉠ 문단에서 반복되는 어휘에 주목한다.

    ㉡ 문장과 문장 간의 관계에 유의해서 읽는다.

    ㉢ 글쓴이가 그 문단에서 궁극적으로 말하고자 하는 바를 생각해 본다.

대표유형 2 글의 구조 파악

(1) 구조의 뜻

① 한 편의 글은 하나 이상의 문단이, 하나의 문단은 하나 이상의 문장이 모여서 이루어진다.

② 이러한 성분들은 하나의 주제를 나타내기 위해 짜임새 있게 연결되어 있다.

③ 이러한 글의 짜임새를 글의 구조라고 한다.

(2) 글의 구조 파악하기의 의의

단순히 글의 정보를 확인하고 이해하는 것에서 나아가 정보의 조직 방식과 정보 간의 관계까지 파악하는 것을 포함한다.

(3) 글의 구조 파악하기의 방법

① 문단의 중심 내용 파악

    ㉠ 글의 구조를 파악하기 위해서는 문단의 중심 내용을 먼저 파악해야 한다.

    ㉡ 글의 구조는 글의 내용과 밀접한 관련이 있기 때문이다.

② 문단의 기능 파락

    ㉠ 한 편의 글은 여러 개의 형식 문단이 모여 이루어지는데. 이 때 각 문단은 각각의 기능을 지닌 채 유기적인 짜임으로 이루어져 있다.

    ㉡ 글의 구조를 파악하기 위해서는 각 문단이 수행하는 기능과 역할을 파악해야 한다.

③ 문단의 기능을 파악하는 방법

    ㉠ 문단의 기능을 나타내는 표현에 주목한다.

    ㉡ 문단의 중심 내용을 글 전체의 주제와 비교하여 어떤 관계를 맺고 있는지 판단한다.

    ㉢ 문단의 위치도 문단의 기능과 관련이 있으므로 문단의 기능에 따른 문단의 종류와 위치 등을 알아 둔다.

④ 기능에 따른 문단의 유형

    ㉠ 도입 문단 : 본격적으로 글을 써 나가기 위하여 글을 쓰는 동기나 목적, 과제 등을 제시하는 문단이다. 화제를 유도하며, 무엇보다도 독자의 흥미와 관심을 잡아끌어 글의 내용에 주목하게 한다.

    ㉡ 전제 문단 : 논리적 전개의 바탕을 이루는 문단이다. 연역적 방법으로 전개되는 글에서 전제를 설정하는 경우와 비판적 관점으로 발전하기 위해 먼저 상식적 편견을 제시하는 경우가 많다.

    ㉢ 발전 문단 : 앞 문단의 내용을 심화시켜 주제를 형상화하는 문단이다.

    ㉣ 강조 문단 : 어떤 특정한 내용을 강조하는 문단이다. 어떤 문단을 독립시켜 강조하거나, 결론에서 특정한 내용을 반복하여 지적하는 경우가 많다.

⑤ 문단과 문단의 관계 파악 … 한 편의 글을 구성하고 있는 각각의 문단은 독립적으로 존재하는 것이 아니라 앞뒤 문단과 밀접한 관련이 있으므로 문단과 문단의 관계를 파악하는 것이 중요하다.

⑥ 문단과 문단의 관계를 파악하는 방법

    ㉠ 글 전체의 주제를 염두에 두고 인접한 문단끼리 중심 내용을 비교해 본다.

    ㉡ 첫째, 둘째, 셋째 등의 내용 열거를 위한 표현들을 찾아 확인한다.

    ㉢ 문단과 문단을 잇는 접속어에 유의한다.

(1) 핵심정보의 파악

① 설명하는 글은 글쓴이가 알고 있는 사실이나 정보를 독자에게 쉽게 전달하기 위해 쓴 글이기 때문에 글쓴이의 의견은 거의 배제되기 쉽고 객관성이 강하다는 특징이 있다.

② 이런 종류의 글은 새로운 정보를 전달하는 글이므로 설명하고자 하는 핵심 정보를 파악하는 일이 글을 이해하는 데에 무엇보다 중요하다.

(2) 핵심정보 파악하기 방법

① 글의 첫머리에 유의하기
- ㉠ 글쓴이는 말하고자 하는 부분 즉, 핵심 내용을 효과적으로 전달하기 위해 여러 가지 방법을 사용한다.
- ㉡ 가장 일차적인 방법은 글의 첫머리에 자신이 설명하고자 하는 대상을 제시하는 것이다.
- ㉢ 글의 첫머리는 독자에게 인상적으로 다가오기 때문에 글쓴이는 대상의 개념이나 글의 핵심 정보와 관련된 내용을 주로 이 부분에 배치한다.

② 반복되는 표현에 집중하기
- ㉠ 문단의 중심 내용은 자주 반복되어 진술된다.
- ㉡ 글 전체에서도 중점적으로 설명하고자 하는 대상을 자주 반복하여 독자에게 강조하고자 한다.
- ㉢ 반복되는 내용을 통해 문단의 중심 내용을 파악하고 다른 문단과의 관계를 파악하면, 글 전체의 핵심 내용을 파악하는데 많은 도움이 된다.

③ 문단의 중심 내용 종합하기
- ㉠ 하나의 문단에는 하나의 중심 내용과 이를 뒷받침하는 여러 문장들이 배치되어 있듯이 한 편의 글도 핵심 정보를 위해 관련된 문단이 유기적으로 조직되어 있다.
- ㉡ 문단의 중심 내용을 찾은 후에는 그 중요성을 파악하고, 문단의 중심 내용을 모아 그 중요도를 따져 보면 글 전체의 핵심 내용을 찾을 수 있다.

(1) 추론

이미 알려진 판단(전제)를 근거로 하여 새로운 판단(결론)을 이끌어 내기 위하여, 글 속에 명시적으로 드러나 있지 않은 내용, 과정, 구조에 관한 정보를 논리적 비약 없이 추측하거나 상상하는 것을 말한다.

(2) 추론의 방법

① **글의 결론 파악** … 글의 결론은 추론 과정의 산물이므로 추론 과정을 이해하기 위해서는 먼저 글의 결론이나 글쓴이의 주장을 파악해야 한다.

② **전제나 근거 파악**

　㉠ 전제란 결론을 이끌어 내는 과정에서 필요한 논리적 근거로서 주장이나 결론과 밀접한 관련이 있으며, 전제가 달라지면 주장이나 결론도 달라진다.

　㉡ 전제를 결론이나 주장과 따로 떼어서 다루는 것은 의미가 없다.

③ **전제나 근거 파악하는 방법**

　㉠ 전제나 근거는 대개 결론이나 주장을 담은 문단 앞에 위치하므로 중심 문단 바로 앞 문단의 주제문을 찾아 결론과의 관계를 확인한다.

　㉡ 전제를 파악할 때는 인과 관계가 성립되는지를 확인한다.

　㉢ 전제에는 원인 외에도 가정과 조건 등의 전제를 생각할 수 있어야 한다.

④ **추론 방식 파악**

　㉠ 연역 추리

　　• 일반적인 원리를 전제로 하여 특수한 사실에 대한 판단이 옳고 그름을 증명하는 추리이다.

　　• 어떤 특정한 대상에 대한 판단은 연역 추리에 의한 결론이 된다.

　　• 전제를 인정하면 필연적으로 결론을 인정하게 된다.

　㉡ 귀납 추리

　　• 충분한 수효의 특수한 사례에서 일반적인 원리를 이끌어 내는 사례 전체를 설명하는 추리이다.

　　• 여러 사례에 두루 적용할 수 있는 일반적인 판단은 귀납 추리에 의한 결론이 된다.

　　• 전제를 다 인정하여도 결론을 필연적으로 인정하지 않을 수도 있다.

ⓒ 유비 추리

- 범주가 다른 대상 사이의 유사성을 바탕으로 하나의 대상을 다른 대상의 특성에 비추어 설명하는 추리이다.
- 두 대상이 어떤 점에서 공통된다는 것을 바탕으로 다른 측면도 같다고 판단하면 이것이 곧 추리의 결론이 된다.
- 한 쪽의 대상만 특수하게 지닌 속성을 다른 대상도 지니고 있다고 판단하면 오류가 된다.

ⓔ 가설 추리

- 어떤 현상을 설명할 수 있는 원인을 잠정적으로 판단하고, 현상을 검토하여 그 판단의 정당성을 밝히는 추리이다.
- 현상의 원인에 대한 판단은 가설 추리에 의한 결론이 된다.
- 누군가 더 적절한 다른 가설을 제시할 수 있고, 가설로 설명할 수 없는 다른 사례가 발견되면. 그 가설은 틀린 것이 될 수 있다.

대표유형 5 | 글의 주제 파악

(1) 핵심어

① 설명문의 내용 또는 제목 내의 중요한 내용을 요약한 핵심적인 단어 또는 문구를 핵심어라고 한다.

② 글의 처음이나 마지막 부분의 문장이 열쇠가 되는 경우가 많다.

③ 핵심어는 반복 사용되는 경향이 있다.

(2) 주제 파악하기 과정

① 형식 문단의 내용을 요약한다.

② 내용 문단으로 묶어 중심 내용을 파악한다.

③ 각 내용 문단의 중심 내용 간의 관계를 이해한다.

④ 전체적인 주제를 파악한다.

(3) 주제 찾는 방법

① 주제가 겉으로 드러난 글(설명문, 논설문 등)

  ㉠ 글의 주제 문단을 찾는다. 주제 문단의 요지가 주제이다.

  ㉡ 대개 3단 구성이므로 끝 부분의 중심 문단에서 주제를 찾는다.

  ㉢ 중심 소재(제재)에 대한 글쓴이의 입장이 나타난 문장이 주제문이다.

  ㉣ 제목과 밀접한 관련이 있음에 유의한다.

② 주제가 겉으로 드러나지 않는 글(문학적인 글)

  ㉠ 글의 제재를 찾아 그에 대한 글쓴이의 의견이나 생각을 연결시키면 바로 주제를 찾을 수 있다.

  ㉡ 제목이 상징하는 바가 주제가 될 수 있다.

  ㉢ 인물이 주고받는 대화의 화제나 화제에 대한 의견이 주제일 수도 있다.

  ㉣ 글에 나타난 사상이나 내세우는 주장이 주제가 될 수도 있다.

  ㉤ 시대적·사회적 배경에서 글쓴이가 추구하는 바를 찾을 수 있다.

대표유형 6 문장배열

(1) 글의 구성요소

> 단어 → 문장 → 문단 → 글

① 단어 … 분리하여 자립적으로 쓸 수 있는 말이나 이에 준하는 말이나 그 말의 뒤에 붙어서 문법적 기능을 나타내는 말이다.

② 문장 … 생각이나 감정을 말로 표현할 때 완결된 내용을 나타내는 최소의 단위로, 주어와 서술어를 갖추고 있는 것이 원칙이나 생략될 수도 있다.

③ 문단 … 글에서 하나로 묶을 수 있는 짤막한 단위로, 한 편의 글은 여러 개의 문단으로 구성된다.

④ 글 … 어떤 생각이나 일 따위의 내용을 문자로 나타낸 기록이다.

(2) 문단의 짜임

① 중심 문장 … 하나의 문단에서 나타내고자 하는 중심 내용이 담긴 문장

② 뒷받침 문장 … 중심 문장의 내용을 효과적으로 전달하기 위해 보조적으로 쓰인 문장

(3) 설명문과 논설문의 구조

① 설명문 … 처음 - 중간 - 끝
- ㉠ 처음 : 설명할 대상, 배경, 동기, 목적, 방법 등을 제시하는 단계로, 독자의 관심을 불러 일으키는 역할을 한다.
- ㉡ 중간 : 다양한 설명 방법을 활용하여 설명하고자 하는 지식과 정보를 이해하기 쉽게 풀이하는 단계이다.
- ㉢ 끝 : 중간 부분에서 설명한 내용을 요약·정리하고 마무리하는 단계이다.

② 논설문 … 서론 - 본론 - 결론
- ㉠ 서론 : 글을 쓰는 동기와 목적을 밝히고. 문제를 파악하는 단계이다.
- ㉡ 본론 : 여러 가지 근거를 들어 자신이 주장하려는 바를 증명하는 단계로, 제시하는 근거의 타당성에 대한 검증이 필요하다.
- ㉢ 결론 : 주장하는 내용을 요약하고 확인·강조하는 단계이다.

(4) 접속어

관계	내용	접속어의 예
순접	앞의 내용을 이어받아 연결시킴	그리고, 그리하여, 이리하여
역접	앞의 내용과 상반되는 내용을 연결시킴	그러나, 하지만, 그렇지만, 그래도
인과	앞뒤의 문장을 원인과 결과로 또는 결과와 원인으로 연결시킴	그래서, 따라서, 그러므로, 왜냐하면
전환	뒤의 내용이 앞의 내용과는 다른 새로운 생각이나 사실을 서술하여 화제를 바꾸며 이어줌	그런데, 그러면, 다음으로, 한편, 아무튼
예시	앞의 내용에 대해 구체적인 예를 들어 설명함	예컨대, 이를테면, 예를 들면
첨가·보충	앞의 내용에 새로운 내용을 덧붙이거나 보충함	그리고, 더구나, 게다가, 뿐만 아니라
대등·병렬	앞뒤의 내용을 같은 자격으로 나열하면서 이어줌	그리고, 또는, 및, 혹은, 이와 함께
확언·요약	앞의 내용을 바꾸어 말하거나 간추려 짧게 요약함	요컨대, 즉, 결국, 말하자면

출제예상문제

1 다음 글에 나타난 인간의 행동 양식과 가장 거리가 먼 것은?

> 우리는 무엇이 옳은가를 결정하기 위해 다른 사람들이 옳다고 생각하는 것이 무엇인지를 알아보기도 한다. 이것을 '사회적 증거의 법칙'이라고 한다. 이 법칙에 따르면 주어진 상황에서 어떤 행동이 옳고 그른가는 얼마나 많은 사람들이 같은 행동을 하느냐에 의해 결정된다고 한다.
> 다른 사람들이 하는 대로 행동하는 경향은 여러 모로 매우 유용하다. 일반적으로 다른 사람들이 하는 대로 행동하게 되면, 즉 사회적 증거에 따라 행동하면, 실수할 확률이 그만큼 줄어든다. 왜냐하면 다수의 행동이 올바르다고 인정되는 경우가 많기 때문이다. 그러나 이러한 사회적 증거의 특성은 장점인 동시에 약점이 될 수도 있다. 이런 태도는 우리가 주어진 상황에서 어떻게 행동해야 할 것인가를 결정하는 지름길로 사용될 수 있지만, 맹목적으로 이를 따르게 되면 그 지름길에 숨어서 기다리고 있는 불로소득자들에 의해 이용당할 수도 있기 때문이다.

① 영희는 고속도로에서 주변의 차들과 같은 속도로 달리다가 속도위반으로 범칙금을 냈다.

② 철수는 검색 우선순위에 따라 인터넷 뉴스를 본다.

③ 순이는 발품을 팔아 값이 가장 싼 곳에서 물건을 산다.

④ 명수는 여행을 가서 밥을 먹을 때 구석진 곳이라도 주차장에 차가 가장 많은 식당에서 밥을 먹는다.

> ✔ **해설** 지문은 무엇인가를 판단할 때 다른 사람의 판단을 일차적으로 고려하는 것에 대한 내용이다.
> ③ 순이 자신이 발품을 팔아 얻은 정보를 이용하여 값이 싼 곳에서 물건을 사는 것은 자신의 판단을 기준으로 하는 것이다.

2   다음 기사에 나타난 통계를 통해 추론할 수 없는 것은?

> 일본에서 나이가 들어서도 부모 곁을 떠나지 않고 붙어사는 '캥거루족'이 증가하고 있는 것으로 나타났다. 일본 국립 사회보장인구문제연구소가 전국 1만 711가구를 대상으로 조사해 발표한 가구 동태 조사를 보면, 가구당 인구수는 평균 2.8명으로 최저치를 기록했다. 2인 가구는 28.7%로 5년 전 조사 때보다 조금 증가한 반면, 4인 가구는 18.1%로 조금 줄었다.
>
> 부모와 함께 사는 자녀의 비율은 크게 증가했다. 30~34살 남성의 45.4%가 부모와 동거하는 것으로 나타났다. 같은 연령층 여성의 부모 동거 비율은 33.1%였다. 5년 전에 비해 남성은 6.4%, 여성은 10.2% 증가한 수치이다. 25~29살 남성의 부모 동거 비율은 64%, 여성은 56.1%로 조사되었다. 부모를 모시고 사는 기혼자들도 있지만, 상당수는 독신으로 부모로부터 주거와 가사 지원을 받는 캥거루족으로 추정된다.

① 25~34살 남성 중 대략 반 정도가 부모와 동거한다.

② 현대사회에서 남녀를 막론하고 만혼 현상이 널리 펴져 있다.

③ 30~34살의 경우 부모 동거비율은 5년 전에도 여성이 남성보다 높지 않다.

④ '캥거루족'이 늘어난 것은 젊은이들이 직장을 구하기가 점점 어려워지고 있기 때문이다.

✔ 해설 제시된 지문에서는 캥거루족이 증가하고 있는 사실에 대해서만 서술하고 있을 뿐 그 원인이 실업 때문이라는 언급은 없다.

3 다음에 제시된 글을 흐름이 자연스럽도록 순서대로 배열하시오.

> ㉠ 받침점에서 힘점까지의 거리가 받침점에서 작용점까지의 거리에 비해 멀수록 힘점에 작은 힘을 주어 작용점에서 물체에 큰 힘을 가할 수 있다.
> ㉡ 지레는 받침과 지렛대를 이용하여 물체를 쉽게 움직일 수 있는 도구이다.
> ㉢ 이러한 지레의 원리에는 돌림힘의 개념이 숨어 있다.
> ㉣ 지레에서 힘을 주는 곳을 힘점, 지렛대를 받치는 곳을 받침점, 물체에 힘이 작용하는 곳을 작용점이라 한다.

① ㉣ – ㉡ – ㉢ – ㉠
② ㉡ – ㉣ – ㉠ – ㉢
③ ㉠ – ㉡ – ㉣ – ㉢
④ ㉢ – ㉠ – ㉣ – ㉡

✔해설 지레에 대한 정의(㉡)를 말한 뒤 지레의 힘점, 받침점, 작용점을 설명(㉣)하고 각 지점들이 작용하는 원리(㉠)를 통해 돌림힘의 개념을 설명(㉢)하고 있다.

4 다음 제시된 글의 다음에 올 문장의 배열이 차례로 나열된 것은?

> 조사, 문서 작성이야말로 교양교육에서 가장 중요한 포인트라고 생각했고 지금도 그렇게 생각한다. 이 '다치바나 세미나'의 과정에서 완성된 것이 '20세 무렵'의 머리말에서 왜 '조사, 문서 작성'을 선택했는지, 그 이유에 대해 다음과 같이 설명했다.

> ㉠ 조사하고 글을 쓴다는 것은 그렇게 중요한 기술이지만, 그것을 대학교육 안에서 조직적으로 가르치는 장면은 보기 힘들다. 이것은 대학교육의 거대한 결함이라고 말하지 않을 수 없다. 단 조사하고 글을 쓴다는 것은 그렇게 쉽게 다른 사람에게 가르칠 수 있는 부분이 아니다. 추상적으로 강의하는 것만으로는 가르칠 수 없으며 OJT(현장교육)가 필요하다.
>
> ㉡ '조사, 문서 작성'을 타이틀로 삼은 이유는 대부분의 학생에게 조사하는 것과 글을 쓰는 것이 앞으로의 생활에서 가장 중요하다고 여겨질 지적 능력이기 때문이다. 조사하고 글을 쓰는 것은 이제 나 같은 저널리스트에게만 필요한 능력이 아니다. 현대 사회의 거의 모든 지적 직업에서 일생 동안 필요한 능력이다. 저널리스트든 관료든 비즈니스맨이든 연구직, 법률직, 교육직 등의 지적 노동자든, 대학을 나온 이후에 활동하게 되는 대부분의 직업 생활에서 상당한 부분이 조사하는 것과 글을 쓰는 데 할애될 것이다. 근대 사회는 모든 측면에서 기본적으로 문서화시키는 것으로 조직되어 있기 때문이다.
>
> ㉢ 무엇인가를 전달하는 문장은 우선 이론적이어야 한다. 그러나 이론에는 내용(콘텐츠)이 수반되어야 한다. 이론보다 증거가 더 중요한 것이다. 이론을 세우는 쪽은 머리 속의 작업으로 끝낼 수 있지만, 콘텐츠 쪽은 어디에선가 자료를 조사하여 가져와야 한다. 좋은 콘텐츠에 필요한 것은 자료가 되는 정보이다. 따라서 조사를 하는 작업이 반드시 필요하다.
>
> ㉣ 인재를 동원하고 조직을 활용하고 사회를 움직일 생각이라면 좋은 문장을 쓸 줄 알아야 한다. 좋은 문장이란 명문만을 가리키는 것이 아니다. 멋진 글이 아니라도 상관없지만, 전달하는 사람의 뜻을 분명하게 이해시킬 수 있는 문장이어야 한다. 문장을 쓴다는 것은 무엇인가를 전달한다는 것이다. 따라서 자신이 전달하려는 내용이 그 문장을 읽는 사람에게 분명하게 전달되어야 한다.

① ㉠㉡㉢㉣
② ㉡㉣㉢㉠
③ ㉢㉡㉠㉣
④ ㉢㉠㉡㉣

✔해설 ㉡ '조사, 문서 작성'을 선택한 이유에 대한 설명
㉣ 모든 것을 문서화하고 있음에 주목
㉢ 분명하게 전달되기 위한 정보의 필요성
㉠ 조사하고 글을 쓰기 위한 현장교육의 필요성

5 다음 글의 전개 순서로 가장 자연스러운 것은?

㉠ 아시아는 아시아대로 다르다. 중국 사람들은 @를 점잖게 쥐에다 노(老)자를 붙여 '라오수(小老鼠)' 또는 '라오수하오(老鼠號)'라 부른다. 일본은 쓰나미의 원조인 태풍의 나라답게 '나루토(소용돌이)' 라고 한다. 혹은 늘 하는 버릇처럼 일본식 영어로 '앳 마크'라고도 한다.

㉡ 더욱 이상한 것은 북유럽의 핀란드로 가면 '원숭이 꼬리'가 '고양이 꼬리'로 바뀌게 되고, 러시아로 가면 그것이 원숭이와는 앙숙인 '개'로 둔갑한다는 사실이다.

㉢ 팔이 안으로 굽어서가 아니라 30여 개의 인터넷 사용국 중에서 @와 제일 가까운 이름은 우리나라의 골뱅이인 것 같다. 골뱅이의 윗 단면을 찍은 사진을 보여 주면 모양이나 크기까지 어느 나라 사람이든 무릎을 칠 것 같다.

㉣ 프랑스와 이탈리아 사람들은 @를 '달팽이'라고 부른다. 역시 이 두 나라 사람들은 라틴계 문화의 뿌리도 같고, 디자인 강국답게 보는 눈도 비슷하다. 그런데 독일 사람들은 그것을 '원숭이 꼬리'라 고 부른다. 그리고 동유럽 폴란드나 루마니아 사람들은 꼬리를 달지 않고 그냥 '작은 원숭이'라고 부른다.

㉤ 아무리 봐도 달팽이나 원숭이 꼬리로는 보이지 않는다. 더구나 개나 쥐 모양과는 닮은 데라곤 없 는데도 그들의 눈에는 그렇게 보이는 모양이니 문화란 참으로 신기한 것이다. 그러니 글로벌 스 텐더드라는 것이 참으로 어렵고 황당하다는 생각이 든다.

---

① ㉠㉢㉣㉡㉤ ② ㉣㉡㉠㉢㉤

③ ㉠㉣㉡㉢㉤ ④ ㉣㉠㉡㉤㉢

✔해설 ㉣ 나라별 @의 명칭→㉡ 핀란드와 러시아에서 @의 명칭이 변함→㉠ 아시아에서 @의 명칭이 또 변함→ ㉤ @의 명칭으로 본 문화의 다양성과 글로벌 스텐더드의 어려움→㉢ 우리나라의 @명칭인 골뱅이가 가장 @과 유사한 명칭인 것으로 생각

6 다음 글은 미괄식으로 짜여진 하나의 단락을 순서 없이 나열한 것이다. 이를 논리적 흐름에 맞게 재배열한 것은?

> ㉠ 그리고 수렴된 의도를 합리적으로 처리해야 할 것이다.
> ㉡ 민주주의는 결코 하루아침에 이룩될 수 없다는 것을 느낀다.
> ㉢ 그렇게 본다면 이 땅에서의 민주 제도는 너무나 짧은 역사를 가지고 있다.
> ㉣ 민주주의가 비교적 잘 실현되고 있는 서구 각국의 역사를 돌아보아도 그러하다.
> ㉤ 우리의 의식 또한 확고하게 위임된 책임과 의무를 깊이 깨닫고, 민중의 뜻을 남김없이 수렴하여야 한다.
> ㉥ 민주주의는 정치, 경제, 사회의 제도 자체에서 고루 이루어져야 할 것임은 물론, 우리들의 의식 속에서 이루어져야 하기 때문이다.

① ㉡㉢㉥㉠㉣㉤

② ㉡㉥㉢㉣㉤㉠

③ ㉡㉣㉥㉢㉤㉠

④ ㉡㉣㉤㉠㉥㉢

✔해설 ㉡ 민주주의는 결코 하루아침에 이룩될 수 없는데 이것은 ㉣ 민주주의가 비교적 잘 실현되고 있는 서구 각국의 역사를 돌아보아도 그러하다. ㉥ 민주주의는 정치, 경제, 사회의 제도 자체에서 고루 이루어져야 할 것은 물론, 우리들의 의식 속에서 이루어져야 하기 때문인데 ㉢ 그렇게 본다면 이 땅에서의 민주 제도는 너무나 짧은 역사를 가지고 있다. ㉤ 우리의 의식 또한 확고하게 위임된 책임과 의무를 깊이 깨닫고, 민중의 뜻을 남김없이 수렴하여야 하며 ㉠ 수렴된 의도를 합리적으로 처리해야 할 것이다.

7 다음 문단들을 가장 자연스럽게 연결한 것은?

㈎ 이런 사정은 우리에게 물음을 던진다. 정치 지도자에게 무자비함은 필수적 특질인가?

㈏ 그들의 역사적 역할이 달랐으므로 그들의 성품이 사뭇 달랐던 것도 자연스럽게 느껴진다. 그러나 그들은 한 가지 특질을 공유했으니, 세 사람 모두 필요할 때는 아주 무자비했다. 적대적 승병 세력을 소탕할 때, 노부나가는 승병들은 말할 것도 없고 아녀자들까지 죽이고 절들을 모두 불태워 버렸다.

㈐ 통일국가의 실현은 노부나가가 시작해서 히데요시가 추진했고 이에야스가 마무리했다고 할 수 있다. "노부나가가 돌을 캐냈고, 히데요시는 그 돌을 다듬었고, 이에야스는 그 돌을 제자리에 세웠다."는 평가는 이 점을 멋지게 표현한다.

㈑ 히데요시는 노부나가보다 덜 잔이했지만, 세력이 큰 영주들을 전통적 근거지에서 다른 곳으로 옮겨 세력을 줄이는 일을 조직적으로 추진했다. 이에야스가 히데요시의 어린 후계자를 핍박하여 끝내 없앤 일은 잘 알려졌다.

㈒ 노부나가가 권력을 쥐고 있었을 때, 이에야스의 아내와 맏아들이 노부나가에게 반역한 혐의를 받자, 이에야스는 서슴지 않고 그들을 처형했다. 무자비함과 인내로 권력을 거머쥔 그의 면모가 잘 드러나는 대목이다.

---

① ㈎㈏㈐㈒㈑

② ㈏㈎㈐㈑㈒

③ ㈐㈏㈑㈒㈎

④ ㈑㈐㈒㈎㈏

> ✅ **해설** ㈎ '이런 사정'에 대한 이야기가 앞에 나와야 한다.
> ㈏ '그들의 역사적 역할'에 대한 언급이 선행되어야 한다.
> ㈐ 노부나가와 히데요시, 이에야스에 대한 이야기가 이어질 것을 추론할 수 있다.
> ㈑ '노부나가의 잔인성'에 대한 언급이 선행되어야 한다.
> ㈒ 이에야스의 무자비함에 대한 내용이다.

8 (가)~(라)를 논리적 순서로 배열할 때 가장 적절한 것은?

'국어 순화'를 달리 이르는 말로 이제는 '우리말 다듬기'라는 말이 쓰이고 있다. '국어 순화'라는 말부터 순화해야 한다는 지적이 있었던 상황에서 '우리말 다듬기'라는 말은, 그 의미를 대강 짐작할 수 있는 쉬운 우리말이라는 점에서, 국어 순화의 기본 정신에 걸 맞는 말이라 할 수 있다.

(가) 우리말 다듬기는 국어 속에 있는 잡스러운 것을 없애고 순수성을 회복하는 것과 복잡한 것을 단순하게 하는 것으로 이해된다.

(나) 또한, 그것은 복잡한 것으로 알려진 어려운 말을 쉬운 말로 고치는 일도 포함한다.

(다) 이렇게 볼 때, 우리말 다듬기란 한마디로 고운 말, 바른말, 쉬운 말을 가려 쓰는 것을 말한다.

(라) 따라서 우리말 다듬기는 잡스러운 것으로 알려진 들어온 말 및 외국어를 가능한 한 고유어로 재정리하는 것과 비속한 말이나 틀린 말을 고운 말, 표준말로 바르게 하는 것이다.

즉, 우리말 다듬기는 '순 우리말(토박이말)'이 아니거나 '쉬운 우리말'이 아닌 말을 순 우리말이나 쉬운 우리말로 바꾸어 쓰는 '순 우리말 쓰기'나 '쉬운 우리말 쓰기'를 두루 아우르는 말이다. 그러나 우리말 다듬기의 범위를 넓게 잡으면 '순 우리말 쓰기'와 '쉬운 우리말 쓰기'뿐만 아니라 '바른 우리말 쓰기', '고운 우리말 쓰기'까지도 포함될 수 있다. '바른 우리말 쓰기'는 규범이나 어법에 맞지 않는 말이나 표현을 바르게 고치는 일을 가리키고, '고운 우리말 쓰기'는 비속한 말이나 표현을 우아하고 아름다운 말로 고치는 일을 가리킨다.

① (가) → (나) → (다) → (라)

② (가) → (다) → (라) → (나)

③ (가) → (라) → (나) → (다)

④ (가) → (라) → (다) → (나)

✔해설 (가) 우리말 다듬기의 개념 제시
(나) 부연설명
(다) 내용첨가
(라) 종합정리

9 다음 글의 전개 순서로 가장 적절한 것은?

> ㉠ 도구의 발달은 기술의 발전으로 이어져 인간은 자연 환경의 제약으로부터 벗어날 수 있게 되었다.
>
> ㉡ 그리하여 인간은 자연이 주는 혜택과 고난 속에서 자신의 의지에 따라 선택적으로 자연을 이용하고 극복하게 되었다.
>
> ㉢ 인류는 지혜가 발달하면서 점차 자연의 원리를 깨닫고 새로운 도구를 만들 줄 알게 되었다.
>
> ㉣ 필리핀의 고산 지대에서 농지가 부족한 자연 환경을 극복하기 위해 계단처럼 논을 만들어 벼농사를 지은 것이 그 좋은 예이다.

① ㉠ - ㉢ - ㉡ - ㉣
② ㉠ - ㉣ - ㉢ - ㉡
③ ㉢ - ㉠ - ㉡ - ㉣
④ ㉢ - ㉡ - ㉠ - ㉣

✅해설 ㉢ 도구를 만들 줄 알게 됨을 설명→㉠ 도구로 인한 인간의 변화→㉡ 변화에 대한 구체적 설명→㉣ 예시를 제시하고 있다.

10 다음 글의 연결 순서로 가장 자연스러운 것은?

(가) "인력이 필요해서 노동력을 불렀더니 사람이 왔더라."라는 말이 있다. 인간을 경제적 요소로만 단순하게 생각했으나, 이에 따른 인권문제, 복지문제. 내국인과 이민자와의 갈등 등이 수반된다는 말이다. 프랑스처럼 우선 급하다고 이민자를 선별하지 않고 받으면 인종갈등과 이민자의 빈곤화 등 많은 사회비용이 발생한다.

(나) 이제 다문화정책의 패러다임을 전환해야 한다. 한국에 들어온 다문화가족을 적극적으로 전환해야 한다. 다문화가족과 더불어 살면서 다양성과 개방성을 바탕으로 상생의 발전을 도모해야 한다. 그리고 결혼 이민자만 다문화가족으로 볼 것이 아니라 외국인 근로자와 유학생, 북한 이탈 주민까지 큰 틀에서 함께 보는 것도 필요하다.

(다) 다문화정책의 핵심은 두 가지이다. 첫째, 새로운 사회에 적응하려는 의지가 강해서 언어배우기, 일자리, 문화 이해에 매우 적극적인 태도를 지닌 좋은 인력을 선별해서 입국하도록 하는 것이다. 둘째, 이민자가 새로운 사회에 잘 정착할 수 있도록 사회통합에 주력해야 하는 것이다. 해외 인구 유입 초기부터 사회비용을 절약할 수 있는 사람들을 들어오게 하는 것이 중요하기 때문이다.

(라) 이미 들어온 이민자에게는 적극적인 지원을 해야 한다. 언어와 문화, 환경이 모두 낯선 이민자에게는 이민 초기에 세심한 배려가 필요하다. 특히, 중요한 것은 다문화가족이 그들이 가지고 있는 강점을 활용하여 취약 계층이 아닌 주류층으로 설 수 있도록 지원해야 한다. 뿐만 아니라 이민자에 대한 지원시기를 놓치거나 차별과 편견으로 내국인에게 증오감을 갖게 해서는 안 된다.

---

① (라) – (나) – (다) – (가)

② (다) – (나) – (라) – (가)

③ (라) – (다) – (나) – (가)

④ (다) – (가) – (라) – (나)

✔해설 (다) 다문화정책의 핵심→(가) 인간을 경제적 요소로만 보았을 때의 문제점→(라) 이미 들어온 이민자에 대한 지원→(나) 다문화정책의 패러다임 전환

11 다음 중에서 글의 차례를 옳게 배열한 것은?

> (가) 언어는 의사소통의 기능에 따라서 듣고 말하거나 읽고 쓰는 것으로 나뉜다. 이 네 가지 기능은 언어 교육에서 가장 중요한 교육 단위이자 목표가 된다. 그런데 우리가 익히 아는 것처럼 의사소통을 위해서 잘 듣고 이야기하는 능력을 갖추고, 읽고 이해하는 동시에 생각과 판단을 글로 작성해 내는 능력까지 갖추는 것은 결코 쉬운 일이 아니다.
>
> (나) 최고의 방법은 멀리 있지 않다. 영역별로 초점화해서 교육의 중점을 세울 때 통합적 관점에서 한 번 더 고민하면 된다. 그리고 영역별 성취 목표를 분명히 제시하여 학습자가 그날 배운 표현을 사용해서 듣고, 읽으면서 이해하는 동시에 말하고 쓸 수 있게 해 주면 된다.
>
> (다) 교육 차원에서 이들 네 영역에 대한 연구는 모국어는 물론 외국어 교육에서 매우 상세하고 자세하게 논의되어 왔다. 하지만 직접 적용 가능해 보이는 이들 연구의 결과들은 그 상세함과는 상관없이 한국어의 특수성에 맞게 조정될 필요가 있다.
>
> (라) 고려하면 할수록 수업은 정밀해지고 활기차게 된다. 기능 영역에 대한 고민과 성찰은 마법 같은 결과를 가져다 줄 수 있다.
>
> (마) 어휘와 문법에 대한 이해를 바탕으로 하여 상황에 맞게 대화를 이끌어가는 듣기와 말하기, 글을 읽고 판단하고 이해하고 추론하는 읽기 그리고 자신의 생각, 지식, 의도 등을 목적에 맞게 쓰는 능력을 교수학습하는 것은 상세한 계획과 이의 적용 방법이 매우 잘 조직되어야 가능한 것이다.
>
> (바) 사실 이러한 관점에서 이미 영역별로 매우 많은 연구가 진행되어 왔다. 문제는 이들 연구의 성과가 한국어 교실 현장에 즉각적으로 반영되지 않는다는 것에 있다. 앞으로 교실현장을 이끌어가기 위해서 교사는 기능 영역에 대한 명확한 이해와 함께 가르치는 방법을 잘 이해하고 있어야 한다.

① (가) – (마) – (다) – (바) – (나) – (라)

② (나) – (가) – (다) – (마) – (라) – (바)

③ (가) – (나) – (다) – (라) – (마) – (바)

④ (가) – (마) – (바) – (나) – (다) – (라)

✔ **해설** (가) 의사소통의 네 가지 기능→(마) 네 영역에 대한 교수학습의 조직화의 필요성→(다) 한국어의 특수성에 맞는 연구 결과의 조정→(바) 연구 성과를 현장에 반영하기 위한 교사의 방법→(나) 최고의 방법→(라) 결론

12 다음 글의 연결 순서로 가장 적절한 것은?

> ⊙ 과학은 현재 있는 그대로의 실재에만 관심을 두고 그 실재가 앞으로 어떠해야 한다는 당위에는 관심을 가지지 않는다.
> ⓛ 그러나 각자 관심을 두지 않는 부분에 대해 상대방으로부터 도움을 받을 수 있기 때문에 상호 보완적이라고 보는 것이 더 합당하다.
> ⓒ 과학과 종교는 상호 배타적인 것이 아니며 상호 보완적이다.
> ⓔ 반면 종교는 현재 있는 그대로의 실재보다는 당위에 관심을 가진다.
> ⓜ 이처럼 과학과 종교는 서로 관심의 영역이 다르기 때문에 배타적이라고 볼 수 있다.

① ⊙ - ⓔ - ⓛ - ⓒ - ⓜ
② ⊙ - ⓔ - ⓜ - ⓒ - ⓛ
③ ⓒ - ⊙ - ⓔ - ⓜ - ⓛ
④ ⓒ - ⓛ - ⊙ - ⓔ - ⓜ

✔**해설** ⓒ은 위 글의 중심문장으로 맨 앞에 와야 하고 ⓒ의 뒤를 이어 과학과 종교에 대해 이야기 하고 있는 ⊙과 ⓔ이 와야 한다. 하지만 ⓔ이 '반면 ~'으로 시작함으로 ⓔ 앞에 ⊙이 옴을 알 수 있다. 그리고 ⓜ은 앞에 나온 과학과 종교에 대한 내용을 한 문장으로 요약하였기 때문에 ⓔ 뒤에 와야 한다. 끝으로 ⓛ은 다시 앞에 나온 ⓜ의 내용의 반론이자 저자의 중심 생각을 강조한 내용이므로 마지막 부분에 온다. 따라서 ③이 옳은 정답이다.

13 다음을 논리적 순서로 배열한 것은?

> ⊙ 그 덕분에 인류의 문명은 발달될 수 있었다.
> ⓛ 그 대신 사람들은 잠을 빼앗겼고 생물들은 생체 리듬을 잃었다.
> ⓒ 인간은 오랜 세월 태양의 움직임에 따라 신체 조건을 맞추어 왔다.
> ⓔ 그러나 밤에도 빛을 이용해 보겠다는 욕구가 관솔불, 등잔불, 전등을 만들어 냈고, 이에 따라 밤에 이루어지는 인간의 활동이 점점 많아졌다.

① ⊙ⓛⓒⓔ
② ⓛ⊙ⓔⓒ
③ ⓒⓔ⊙ⓛ
④ ⓔⓒⓛ⊙

✔**해설** 그 덕분에, 그 대신, 그러나 등이 문두에 오는 ⊙, ⓛ, ⓔ은 처음에 오기 어렵다. 따라서 제일 처음에 나올 문장은 ⓒ이다. 인간은 오랜 세월 태양의 움직임에 신체 조건을 맞추어 왔지만 밤에도 빛을 이용해 보겠다는 욕구가 관솔불, 등잔불, 전등 등을 만들어 냈고, 이에 따라 밤에 이루어지는 인간의 활동이 증가했다(ⓔ). 그 덕분에 인류의 문명은 발달할 수 있었으나(⊙) 그 대신 사람들은 잠을 빼앗겼고, 생물들은 생체 리듬을 잃었다(ⓛ).

Answer 11.① 12.③ 13.③

14 다음 문장들을 미괄식 문단으로 구성하고자 할 때 문맥상 전개 순서로 가장 옳은 것은?

> ㉠ 숨 쉬고 마시는 공기와 물은 이미 심각한 수준으로 오염된 경우가 많고, 자원의 고갈, 생태계의 파괴는 더 이상 방치할 수 없는 지경에 이르고 있다.
> ㉡ 현대인들은 과학 기술이 제공하는 물질적 풍요와 생활의 편리함의 혜택 속에서 인류의 미래를 낙관적으로 전망하기도 한다.
> ㉢ 자연 환경의 파괴뿐만 아니라 다양한 갈등으로 인한 전쟁의 발발 가능성은 도처에서 높아지고 있어서, 핵전쟁이라도 터진다면 인류의 생존은 불가능해질 수도 있다.
> ㉣ 이런 위기들이 현대 과학 기술과 밀접한 관계가 있다는 사실을 알게 되는 순간, 과학 기술에 대한 지나친 낙관적 전망이 얼마나 위험한 것인가를 깨닫게 된다.
> ㉤ 오늘날 주변을 돌아보면 낙관적인 미래 전망이 얼마나 가벼운 것인지를 깨닫게 해 주는 심각한 현상들을 쉽게 찾아볼 수 있다.

① ㉠㉢㉤㉣㉡

② ㉡㉣㉤㉠㉢

③ ㉡㉤㉠㉢㉣

④ ㉤㉣㉠㉢㉡

✔해설 미괄식 구성은 글쓴이가 주장하는 중심 내용이 해당 문단의 끝에 오는 구성 방식이다. 이 글의 중심 내용은 '과학 기술에 대한 지나친 낙관적 전망은 위험하다'이르모 ㉣은 맨 뒤에 온다.
㉡ 현대인들은 인류의 미래를 낙관적으로 전망하기도 함→㉤ 낙관적인 미래 전망이 얼마나 가벼운 것인지 깨닫게 해 주는 심각한 현상을 찾을 수 있음→㉠ 환경오염, 자원고갈, 생태계 파괴→㉢ 전쟁의 발발 가능성, 핵전쟁→㉣ 과학 기술에 대한 지나친 낙관적 전망이 위험함

15 다음 글의 전개 순서로 가장 자연스러운 것은?

> (가) 21세기 인류의 운명은 과학 기술 전체에 부여된 힘이 어떻게 사용되는가에 따라서 좌우될 것이다. 기술 공학에 의해 새로운 유토피아가 도래할 것이라는 소박하고 성급한 희망과, 기술이 인간을 대신해서 역사의 주체로 등극하리라는 허무주의적인 전망이 서로 엇갈리는 기로에 우리는 서 있다. 기술 공학적 질서의 본질과 영향력을 고려하지 않은 모든 문화론은 공허할 수밖에 없다.
>
> (나) 그러나 모든 생산 체제가 중앙 집중적인 기업 문화를 포기할 수는 없으며, 기업 문화의 전환은 어디까지나 조직의 자기 보존, 생산의 효율성, 이윤의 극대화 등을 달성하기 위한 것이다. 또 무엇보다 기업 내부의 문화적 전환을 떠나서 환경이나 자원, 에너지 등의 범사회적인 문제들이 심각해질수록 사람들은 기술 공학의 마술적 림에 매달리고, 그러한 위기들을 중앙 집중적 권력에 의해 효율적으로 통제·관리하는 기술 사회에 대한 유혹을 강하게 느낄 것이다.
>
> (다) 기술적 질서는 자연은 물론 인간들의 삶의 방식에도 심층적인 변화를 초래했다. 관리 사회로의 이행이나 노동 과정의 자동화 등은 사회 공학적 기술이 정치 부문과 생산에 적용된 대표적인 사례들이다. 물론 기술 사회가 반드시 획일화된 관리 사회나 중앙 집권적 기업 문화로만 대표되지는 않는다. 소프트웨어 중심의 컴퓨터 산업이나 초전도체 산업 등 고도 기술 사회의 일부 산업 분야는 중앙 집권적 기업 문화를 지양하고 자율성과 개방성을 특징으로 지니는 유연한 체제를 채택할 것이라는 견해가 상당히 유력하다.
>
> (라) 생활 세계의 질서를 좌우하고 경제적 행위의 목적으로 자리 잡은 기술은 더 이상 상품의 부가 가치를 높여 주는 생산 수단 만으로 이해되지 않는다. 기술의 체계는 이제 여러 연관된 기술들과 기술적 지식들에 의해서 구성된 유기적인 앙상블로 기능하는 것이다. 기술은 그 자체의 질서와 역동성을 지니는 체계이며 유사 주체로서의 양상을 보이기 때문이다.

① (가) – (나) – (다) – (라)

② (가) – (나) – (라) – (다)

③ (가) – (다) – (나) – (라)

④ (가) – (라) – (다) – (나)

> ✔해설 문맥상 (가)가 가장 먼저 올 수 있는 내용이다. (나)에서 '그러나'가 오는 것으로 보아 앞에는 상반된 내용이 와야 한다. (다)에서는 일부 산업 분야가 중앙 집권적 기업 문화를 지양한다는 것에 대해 설명하고 있으므로 (나)와 상반된 내용임을 알 수 있다. 따라서 (가)→(다)→(나)→(라)의 순서가 된다.

16 논리 전개에 따른 ㈎~㈑의 순서가 가장 적절한 것은?

> 이십 세기 한국 지성인의 지적 행위는 그들이 비록 한국인이라는 동양 인종의 피를 받고 있음에도 불구하고 대체적으로 서양이 동양을 해석하는 그러한 틀 속에서 이루어졌다.
>
> ㈎ 그러나 그 역방향 즉 동양이 서양을 해석하는 행위는 실제적으로 부재해 왔다. 이러한 부재 현상의 근본 원인은 매우 단순한 사실에 기초한다.
> ㈏ 동양이 서양을 해석한다고 할 때에 그 해석학적 행위의 주체는 동양이어야만 한다.
> ㈐ '동양은 동양이다.'라는 토톨러지(tautology)나 '동양은 동양이어야 한다.'라는 당위 명제가 성립하기 위해서는 동양인인 우리가 동양을 알아야 한다.
> ㈑ 그럼에도 우리는 동양을 너무도 몰랐다. 동양이 왜 동양인지, 왜 동양이 되어야만 하는지 아무도 대답을 할 수가 없었다.
>
> 동양은 버려야 할 그 무엇으로서만 존재 의미를 지녔다. 즉, 서양의 해석이 부재한 것이 아니라 서양을 해석할 동양이 부재했다.

① ㈎ – ㈏ – ㈐ – ㈑
② ㈏ – ㈐ – ㈑ – ㈎
③ ㈐ – ㈑ – ㈎ – ㈏
④ ㈑ – ㈎ – ㈏ – ㈐

✔해설 첫 문장에서 서양에 의한 동양의 해석이 나타나고 있고 그 이후에는 동양이 서양을 해석하는 것의 부재에 대해 서술하고 있으므로 ㈎ '그러나' 이후의 문장으로 반론을 제시하고 ㈎에서 말한 동양이 서양을 해석하는 행위의 주체는 동양이어야 한다고 자연스럽게 ㈏로 이어진다. ㈑의 '그럼에도'는 ㈐의 '~알아야 한다'와 자연스럽게 이어지므로 글의 순서는 ㈎ – ㈏ – ㈐ – ㈑가 옳다.

17 내용의 전개에 따라 바르게 배열한 것은?

(가) 사물은 저것 아닌 것이 없고, 또 이것 아닌 것이 없다. 이쪽에서 보면 모두가 저것, 저쪽에서 보면 모두가 이것이다.

(나) 그러므로 저것은 이것에서 생겨나고, 이것 또한 저것에서 비롯된다고 한다. 이것과 저것은 저 혜시(惠施)가 말하는 방생(方生)의 설이다.

(다) 그래서 성인(聖人)은 이런 상대적인 방법에 의하지 않고, 그것을 절대적인 자연의 조명(照明)에 비추어 본다. 그리고 커다란 긍정에 의존한다. 거기서는 이것이 저것이고 저것 또한 이것이다. 또 저것도 하나의 시비(是非)이고 이것도 하나의 시비이다. 과연 저것과 이것이 있다는 말인가. 과연 저것과 이것이 없다는 말인가.

(라) 그러나 그, 즉 혜시(惠施)도 말하듯이 삶이 있으면 반드시 죽음이 있고, 죽음이 있으면 반드시 삶이 있다. 역시 된다가 있으면 안 된다가 있고, 안 된다가 있으면 된다가 있다. 옳다에 의거하면 옳지 않다에 기대는 셈이 되고, 옳지 않다에 의거하면 옳다에 의지하는 셈이 된다.

---

① (가)(나)(다)(라)
② (가)(나)(라)(다)
③ (가)(다)(나)(라)
④ (가)(라)(나)(다)

✔**해설** (가) 사물은 이쪽에서 보면 모두가 저것, 저쪽에서 보면 모두가 이것이다. →(나) 그러므로 저것은 이것에서 생겨나고, 이것 또한 저것에서 비롯되는데 이것과 저것은 혜시가 말하는 방생의 설이다. →(라) 그러나 혜시도 말하듯이 '삶과 죽음', '된다와 안 된다', '옳다와 옳지 않다'처럼 상대적이다. →(다) 그래서 성인은 상대적인 방법이 아닌 절대적인 자연의 조명에 비추어 커다른 긍정에 의존한다.

18 다음 글의 논증 구조를 옳게 파악한 것은?

> ⊙ 동물들의 행동을 잘 살펴보면 동물들도 우리가 사용하는 말 못지않은 의사소통 수단을 가지고 있는 듯이 보인다. ⓛ 즉, 동물들도 여러 가지 소리를 내거나 몸짓을 함으로써 자신들의 감정과 기분을 나타낼 뿐 아니라 경우에 따라서는 인간과 다를 바 없이 의사를 교환하고 있는 듯하다. ⓒ 그러나 그것은 단지 겉모습의 유사성에 지나지 않을 뿐이고 사람의 말과 동물의 소리에는 아주 근본적인 차이가 존재한다는 점을 잊어서는 안 된다. ⓔ 동물들이 사용하는 소리는 단지 배고픔이나 고통 같은 생물학적인 조건에 대한 반응이거나, 두려움이나 분노 같은 본능적인 감정들을 표현하기 위한 것에 지나지 않는다. ⓜ 따라서, 동물들이 내는 소리가 때때로 의사소통의 수단으로 이용된다고 해서 그것을 대화나 토론이나 회의와 같은 언어활동이라고 할 수는 없다.

① ⊙은 논증의 결론으로 주제문이다.

② ⓛ은 ⊙의 논리적 결함을 지적한 것이다.

③ ⓒ은 ⊙, ⓛ을 부정하고 새로운 논점을 제시한 것이다.

④ ⓜ은 ⓒ, ⓔ에 대한 근거이다.

> ✔ 해설 ⓒ의 '그러나' 앞뒤로 내용을 나눠서 볼 수 있다. ⊙과 ⓛ은 글쓴이가 말하고자 하는 바와 반대되는 내용으로, ⊙, ⓛ을 먼저 제시하고 ⓒ, ⓔ로 이를 반박한 후 결론인 ⓜ을 이끌어 내고 있다.

19 다음 문장들을 두괄식 문단으로 구성하고자 할 때. 문맥상 가장 먼저 와야 할 문장은?

> ⊙ 신라의 진평왕 때 눌최는 백제국의 공격을 받았을 때 병졸들에게, "봄날 온화한 기운에는 초목이 모두 번성하지만 겨울의 추위가 닥쳐오면 소나무와 잣나무는 늦도록 잎이 지지 않는다. ⓛ 이제 외로운 성은 원군도 없고 날로 더욱 위태로우니, 이것은 진실로 지사·의부가 절개를 다하고 이름을 드러낼 때이다."라고 훈시하였으며 분전하다가 죽었다. ⓒ 선비 정신은 의리 정신으로 표현되는 데서 그 강인성이 드러난다. ⓔ 죽죽(竹竹)도 대야성에서 백제 군사에 의하여 성이 함락될 때까지 항전하다가 항복을 권유받자, "나의 아버지가 나에게 죽죽이라 이름 지어 준 것은 내가 추운 겨울에도 잎이 지지 않으며 부러질지언정 굽힐 수 없도록 하려는 것이었다. 어찌 죽음을 두려워하여 살아서 항복할 수 있겠는가."라고 결의를 밝혔다.

① ⊙ ② ⓛ

③ ⓒ ④ ⓔ

> ✔ 해설 두괄식 문단은 주제문이 문단 첫머리에 위치하는 것으로 지문의 주제문인 ⓒ이 가장 먼저 와야 한다. ⊙, ⓛ, ⓔ는 ⓒ을 보여주는 사례에 해당한다.

20 문맥에 따른 배열로 가장 적절한 것은?

> (개) 그러나 사람들은 소유에서 오는 행복은 소중히 여기면서 정신적 창조와 인격적 성장에서 오는 행복은 모르고 사는 경우가 많다.
>
> (내) 소유에서 오는 행복은 낮은 차원의 것이지만 성장과 창조적 활동에서 얻는 행복은 비교할 수 없이 고상한 것이다.
>
> (대) 부자가 되어야 행복해진다고 생각하는 사람은 스스로 부자라고 만족할 때까지는 행복해지지 못한다.
>
> (래) 하지만 최소한의 경제적 여건에 자족하면서 정신적 창조와 인격적 성장을 꾀하는 사람은 얼마든지 차원 높은 행복을 누릴 수 있다.
>
> (매) 자기보다 더 큰 부자가 있다고 생각될 때는 여전히 불만과 불행에 사로잡히기 때문이다.

① (내) – (래) – (개) – (대) – (매)

② (내) – (개) – (매) – (래) – (대)

③ (대) – (매) – (래) – (내) – (개)

④ (대) – (래) – (매) – (개) – (내)

✔ **해설** (대) 화제 제시 → (매) (대)의 이유 → (래) 화제 전환(역접) → (내) (대)의 행복과 (래)의 행복에 대한 비교 → (개) 결론

21 다음 글의 전개 순서로 가장 자연스러운 것은?

> ㈎ 생명체들은 본성적으로 감각을 갖고 태어나지만, 그들 가운데 일부의 경우에는 감각으로부터 기억이 생겨나지 않는 반면 일부의 경우에는 생겨난다. 그리고 그 때문에 후자의 경우에 해당하는 생명체들은 기억 능력이 없는 것들보다 분별력과 학습력이 더 뛰어난데, 그중 소리를 듣는 능력이 없는 것들은 분별은 하지만 배움을 얻지는 못하고, 기억에 덧붙여 청각 능력이 있는 것들은 배움을 얻는다.
>
> ㈏ 앞에서 말했듯이, 유경험자는 어떤 종류의 것이든 감각을 가지고 있는 사람들보다 더 지혜롭고, 기술자는 유경험자들보다 더 지혜로우며, 이론적인 지식들은 실천적인 것들보다 더 지혜롭다는 것이 일반적인 견해이다. 그러므로 지혜는 어떤 원리들과 원인들에 대한 학문적인 인식임이 분명하다.
>
> ㈐ 하지만 발견된 다양한 기술 가운데 어떤 것들은 필요 때문에, 어떤 것들은 여가의 삶을 위해서 있으니, 우리는 언제나 후자의 기술들을 발견한 사람들이 전자의 기술들을 발견한 사람들보다 더 지혜롭다고 생각한다. 그 이유는 그들이 가진 여러 가지 인식은 유용한 쓰임을 위한 것이 아니기 때문이다. 그러므로 그런 종류의 모든 발견이 이미 이루어지고 난 뒤, 여가의 즐거움이나 필요, 그 어느 것에도 매이지 않는 학문들이 발견되었으니, 그 일은 사람들이 여가를 누렸던 여러 곳에서 가장 먼저 일어났다. 그러므로 이집트 지역에서 수학적인 기술들이 맨 처음 자리 잡았으니, 그곳에서는 제사장(祭司長) 가문이 여가의 삶을 허락받았기 때문이다.
>
> ㈑ 인간 종족은 기술과 추론을 이용해서 살아간다. 인간의 경우에는 기억으로부터 경험이 생겨나는데, 그 까닭은 같은 일에 대한 여러 차례의 기억은 하나의 경험 능력을 만들어내기 때문이다. 그리고 경험은 학문적인 인식이나 기술과 거의 비슷해 보이지만, 사실 학문적인 인식과 기술은 경험의 결과로서 사람들에게 생겨나는 것이다. 그 까닭은 폴로스가 말하듯 경험은 기술을 만들어내지만, 무경험은 우연적 결과를 낳기 때문이다. 기술은, 경험을 통해 안에 쌓인 여러 관념들로부터 비슷한 것들에 대해 하나의 일반적인 관념이 생겨날 때 생긴다.

① ㈎ – ㈐ – ㈏ – ㈑

② ㈎ – ㈐ – ㈑ – ㈏

③ ㈎ – ㈑ – ㈏ – ㈐

④ ㈎ – ㈑ – ㈐ – ㈏

> ✔ **해설** ㈎ 도입→㈑ ㈎에서 언급된 내용을 인간으로 범위를 좁혀 서술→㈐ 기술에 대한 분석→㈏ 지혜에 대한 정의

22 다음 글의 전개 순서로 가장 자연스러운 것은?

> ⊙ 1700년대 중반에 이미 미국 이주민들의 평균 소득은 영국인들의 평균 소득을 넘어섰다.
> ⓒ 그러나 미국은 사실 그러한 분야에서는 다른 산업 국가들에 비해 특별한 우위를 갖고 있지 않았다.
> ⓒ 미국 이주민들의 평균 소득이 높아지게 된 배경에는 좋은 환경으로부터 비롯된 낙관성과 자신감이 있었다. 이후로도 다소 불안정하기는 했지만 미국인들의 소득은 계속해서 크게 증가했다.
> ⓔ 대부분의 미국인들은 남북 전쟁 이후 급속히 경제가 성정한 이유를 농업적 환경뿐만 아니라 19세기의 과학적, 기술적 대전환, 기업가 정신과 규제가 없는 시장 경제 때문이라고 단순하게 생각하는 경향이 있다.
> ⓜ 미국인들이 이처럼 초기 정착기에 풍요로움을 누릴 수 있었던 것은 비옥한 토지, 풍부한 천연자원, 흑인 노동력에 힘입은 농산물 수출 덕분이었다.

① ⓒⓒ ⓜⓔⓒ
② ⊙ⓔⓒⓒⓜ
③ ⓔⓒⓜⓒⓒ
④ ⓔⓜⓒⓒ⊙

✔해설 ⊙ 미국인의 평균 소득 증가 → ⓒ 평균 소득 증가의 배경 → ⓜ 풍요로움을 누릴 수 있던 이유 → ⓔ 미국인들이 생각하는 경제 성장 이유 → ⓒ 미국인들의 생각(ⓔ)과 실제(다른 산업국가에 비해 다른 분야에서는 우위를 갖지 못함)는 다름

23 다음 글의 전제로 가장 적절한 것은?

> 말로 표현되지 않으면 우리의 생각은 꼴 없이 불분명한 덩어리에 지나지 않는다. 기호의 도움 없이는 우리가 두 생각을 똑똑히 그리고 한결같이 구별하지 못하리란 것은 철학자나 언어학자나 다 같이 인정하는 바이다. 언어가 나타나기 전에는 미리 형성된 관념이 존재할 수 없으며 어떤 생각도 분명해질 수 없다.

① 인간은 언어 사용 이전에도 개념을 구분할 수 있다.
② 언어학자들은 언어를 통해 사고를 분석한다.
③ 말과 생각은 일정한 관련이 있다.
④ 생각은 말로 표현되어야 한다.

✔해설 생각과 말은 일정한 관련이 있으므로(전제) 생각은 말로 표현되어야 한다(주장).

24 다음 글을 바탕으로 이해 혹은 유추한 것으로 적절하지 않은 것은?

한자는 시대마다 색과 향이 다른 문화를 꽃피우며 수천 년의 숙성을 거쳐 오늘에 이어지고 있다. 거북 뼈에 칼로 새겨 쓰던 원시글자는 'e-pen'의 시대에도 여전히 살아 숨쉬고 있는 것이다. 일찍이 백인문화의 우월성을 내세우며 '문자 발전의 최하위 단계에 속하는 감각 문자'라고 한자를 깎아내린 것은 헤겔이었다. 그러나 이미지와 감성, 이미지와 텍스트의 조화가 강조되는 21세기에 한자의 매력은 더욱 도드라지고 있으니 이건 분명 문화사적 역전이 아닌가.

한자 하나하나의 내면에는 오랜 세월 중원과 한반도, 일본 열도를 넘나든 수많은 사람들의 숨결이 배어 있다. 동양인들의 삶, 그 삶의 날줄과 씨줄의 획으로 엮어놓은 역사의 무늬가 새겨져 있다. 갑골문과 청동기 문자를 해독하며 그 속에 감추어진 동아시아 문화의 기원을 탐색해 온 저자는 한자를 깊이 읽어야 할 이유를 이리 설명한다.

"좋든 싫든 우리는 한자를 통해 빚어온 문화적 존재다. 한자는 동아시아 문화의 깊은 굴절 마디마디를 기억하고 있는 역사의 아이콘(이미지)이다. 거기에 귀를 기울여야 문화적 통찰과 새로운 지혜를 얻을 수 있다."

저자는 구석기 시대의 그림문자에서 갑골문, 금문, 전서, 예서, 초서, 행서, 해서 그리고 간자체에 이르기까지 한자 서체의 변화를 더듬으며 문자와 인간의 발자국을 함께 훑는다. 초서와 행서의 시대를 들여다보자. 거대한 한나라가 중앙집권의 고삐를 놓치면서 들이닥친 위진남북조는 '인디밴드' 같았던 도가가 한순간 주류로 올라선 시기였다. 유연한 시대의 바람을 타고 한나라의 예서는 미적 감성을 듬뿍 담은 글꼴로 변신한다. 정치적이기만 했던 한자의 글꼴이 비로소 예술적 감성의 세례를 받았으니 예서의 필획에 자유의 날개를 달아준 것은 왕희지였다.

그러나 한자의 글꼴은 송, 명대에 이르러 점차 생명을 잃어간다. 그리고 청 말기 혁명의 와중에 최대의 시련을 맞는다. 20세기 초 지식인들은 망국의 원흉으로 '유교의 그릇'인 한자를 지목했다. 너나없이 '한자불멸 중국필망(漢字不滅 中國必亡)!'을 외쳤다. 그러나 한자는 죽지 않았다. 우여곡절 끝에 중국인들은 깨달았다. '한자멸 중국역멸(漢字滅 中國亦滅)!'

이 모순의 현장에서 절충을 시도한 것이 마오쩌둥이다. 그는 한자의 몸 일부를 떼어내는 방법으로 한자의 생명을 연장시켰다. 오늘날의 간자체다. 한자는 뜨거운 풀무 속에서 다시 한 번 새로운 모습으로 벼려졌다. 영어가 판을 치는 세계의 한복판을 강물처럼 유유히 흐르고 있는 한자, 이 끈질긴 생명력은 어디서 오는 것일까?

그것은 상형의 힘이라고 한다. 그게 뭘까? 그림의 힘이다. 이미지의 힘이다. "이미지란 설명을 넘어서 직관에 던지는 강속구다. 말하자면 '오프라인의 모바일'이랄까." 바야흐로 한자는 아이콘과 텍스트가 합성된 새로운 의사소통 도구로 거듭나고 있는 것이다. 중국인들은 지금 그 한자를 바라보며 한자가 숨기고 있는 깊은 이미지의 바다 속으로 헤엄쳐 들어가고 있다.

① 시대의 변화에 따라 새롭게 조명받고 있는 한자의 상형성과 表意性에 대해 논하고 있다.

② 한글은 表音文字이지만 기본형을 유지하는 형태 위주의 표기법을 채택하고 있는데, 이는 表意文字인 한자와 상통하는 특성을 살린 표기법이다.

③ 한글은 表音文字이므로 이미지를 배제한 문자라고 할 수 있다.

④ 이미지와 텍스트의 혼합이라는 측면에서 보면 국한문의 혼용이 더 적절할 수 있다.

> **✔해설** ③ '그것은 상형의 힘이라고 한다. 그게 뭘까? 그림의 힘이다. 이미지의 힘이다.'라는 문장을 통해서 한자의 끈질긴 생명력이 이미지의 힘임을 알 수 있다. 따라서 한자의 비중이 크고 발음기관의 모양과 사물의 모양을 본떠 만든 한글 역시 표의주의를 통해 이미지의 직관력을 지니고 있으므로 이미지를 배제한 문자라는 것은 옳지 않다.

25 다음 글의 중심 내용으로 가장 적절한 것은?

> 분노는 공격과 복수의 행동을 유발한다. 분노 감정의 처리에는 '눈에는 눈, 이에는 이'라는 탈리오 법칙이 적용된다. 분노의 감정을 느끼게 되면 상대방에 대해 공격적인 행동을 하고 싶은 충동이 일어난다. 동물의 경우, 분노를 느끼면 이빨을 드러내게 되고 발톱을 세우는 등 공격을 위한 준비 행동을 나타내게 된다. 사람의 경우에도 분노를 느끼면 자율신경계가 활성화되고 눈매가 사나워지며 이를 꽉 깨물고 주먹을 불끈 쥐는 등 공격 행위와 관련된 행동들이 나타나게 된다. 특히 분노 감정이 강하고 상대방이 약할수록 공격 충동은 행동화되는 경향이 있다.

① 공격을 유발하게 되는 원인

② 분노가 야기하는 행동의 변화

③ 탈리오 법칙의 정의와 실제 사례

④ 동물과 인간의 분노 감정의 차이

> **✔해설** 분노의 감정이 일었을 때 동물과 사람이 어떤 행동을 나타내는지에 대해 이야기하고 있다.

26 다음 글에서 〈보기〉가 들어가기에 가장 적절한 곳은?

보기

아침기도는 간략한 아침 뉴스로, 저녁기도는 저녁 종합 뉴스로 바뀌었다.

철학자 헤겔이 주장했듯이, 삶을 인도하는 원천이자 권위의 시금석으로서의 종교를 뉴스가 대체할 때 사회는 근대화된다. 선진 경제에서 뉴스는 이제 최소한 예전에 신앙이 누리던 것과 동등한 권력의 지위를 차지한다. 뉴스 타전은 소름이 돋을 정도로 정확하게 교회의 시간 규범을 따른다. (㉠) 뉴스는 우리가 한때 신앙심을 품었을 때와 똑같은 공손한 마음을 간직하고 접근하기를 요구하기도 한다. (㉡) 우리 역시 뉴스에서 계시를 얻기 바란다. (㉢) 누가 착하고 누가 악한지 알기를 바라고, 고통을 헤아려 볼 수 있기를 바라며, 존재의 이치가 펼쳐지는 광경을 이해하길 희망한다. (㉣) 그리고 이 의식에 참여하길 거부하는 경우 이단이라는 비난을 받기도 한다.

① ㉠

② ㉡

③ ㉢

④ ㉣

✔**해설** 문단의 구성 원리를 보면 중심 문장과 뒷받침 문장 간의 관계를 통해 중심 문장의 중심내용을 잘 이해하도록 하거나 설득할 수 있도록 글을 쓰게 되어 있다. 〈보기〉는 비유적인 내용으로, 복잡하거나 어려운 내용을 비유를 통해 이해를 도우려는 것으로 볼 수 있다. 즉, 뉴스 타전이 교회의 시간 규범을 따른다는 내용을 이해하기 쉽게 설명하기 위해 아침기도는 아침 뉴스로, 저녁기도는 저녁 종합 뉴스로 바뀌었다고 비유하는 것이다.

27 다음 글의 ( )에 들어갈 말로 가장 적절한 것은?

　　이 헌장에 서명한 국가들은 유엔헌장에 따라 다음의 원칙들이 모든 사람들의 행복, 조화로운 인간 관계, 그리고 안전을 위하여 가장 기본적인 것임을 선언한다. 건강은 단지 질병에 걸리지 않거나 허약하지 않은 상태뿐만 아니라, 육체적, 정신적, 사회적으로 온전히 행복한 상태를 말한다. 인종, 종교, 정치적 신념, 경제적 혹은 사회적 조건에 따른 차별 없이 최상의 건강 수준을 유지하는 것이 인간이 누려야 할 기본권의 하나이다. 인류의 건강은 평화와 안전을 보장하기 위한 기본 전제이며, 개인과 국가 사이에 충분한 협조를 통해서 이룰 수 있다. 어느 국가에서든 국민의 건강을 증진하고 보호하기 위한 노력은 가치 있는 일이다. 건강 증진과 질병 특히 전염병 관리에서 국가 간의 차이는 공동의 위험이 된다. 어린이가 건강하게 자라는 것이 무엇보다도 중요하며, 변화하는 환경과 조화를 이루며 살아 나가는 능력은 어린이의 성장에 꼭 필요하다. 모든 사람들이 의학, 심리학 및 관련 분야의 지식을 통한 혜택을 누릴 수 있어야만 (　　　　　　　　　　)를 유지할 수 있다. 일반 사람들이 충분한 지식을 바탕으로 적극적으로 서로 협력하는 것이 인류 건강 증진을 위해 매우 중요하다. 정부는 국민의 건강에 대한 책임을 다하기 위해 적절한 보건 및 사회 제도를 마련해야 한다. 이러한 원칙 아래, 이 헌장에 서명한 국가들은 서명국뿐만 아니라 다른 국가들과도 서로 협력하여 인류의 건강을 증진시키고 보호하고자 한다. 이를 위하여 우리는 이 헌장에 동의하고, 유엔헌장 57조의 특별 기구로서 세계보건기구를 설립한다.

---

① 세계의 평화
② 최상의 건강상태
③ 국민의 건강관리
④ 최고의 행복상태

> ✔ 해설　제시문은 세계보건기구(WHO)의 선언문인 '세계보건기구헌장'의 전문(前文)이다. 괄호 앞뒤의 내용으로 볼 때 '최상의 건강상태'가 들어가는 것이 가장 적절하다.

28 다음 글의 중심 생각으로 가장 적절한 것은?

> 진(秦)나라 재상인 상앙(商鞅)에게는 유명한 일화가 있지요. 진나라 재상으로 부임한 상앙은 나라의 기강이 서지 않았음을 걱정했습니다. 그는 대궐 남문 앞에 나무를 세우고 방문(榜文)을 붙였지요. "이 나무를 옮기는 사람에게는 백금(白金)을 하사한다." 옮기는 사람이 아무도 없었습니다. 그래서 다시 상금을 만금(萬金)으로 인상했습니다. 어떤 사람이 상금을 기대하지도 않고 밑질 것도 없으니까 장난삼아 옮겼습니다. 그랬더니 방문에 적힌 대로 만금을 하사하였습니다. 그랬더니 백성들이 나라의 정책을 잘 따르게 되고 진나라가 부국강병에 성공하는 것으로 되어 있습니다.

① 신뢰의 중요성
② 부국강병의 가치
③ 우민화 정책의 폐해
④ 명분을 내세운 정치의 효과

> ✔해설 나라가 약속을 지키자 백성들이 나라의 정책을 잘 따랐다는 내용으로 보아 신뢰의 중요성에 대해 이야기하고 있는 글이라고 볼 수 있다.

29 다음 글의 중심 내용은?

> 헤르만 헤세는 어느 책이 유명하다거나 그것을 모르면 수치스럽다는 이유만으로 그 책을 무리하게 읽으려는 것은 참으로 그릇된 일이라 했다. 그는 이어서, "그렇게 하기보다는 모든 사람은 자기에게 자연스러운 면에서 읽고, 알고, 사랑해야 할 것이다. 어느 사람은 학생 시절의 초기에 벌써 아름다운 시구의 사랑을 자기 안에서 발견할 수 있으며, 혹은 어느 사람은 역사나 자기 고향의 전설에 마음이 끌리게 되고 또는 민요에 대한 기쁨이나 우리의 감정이 정밀하게 연구되고 뛰어난 지성으로써 해석된 것에 독서의 매력 있는 행복감을 가질 수 있을 것이다."라고 말한 바 있다.

① 문학 작품을 많이 읽으면 정서 함양에 도움이 된다.
② 학생 시절에 고전과 명작을 많이 읽어 교양을 쌓아야 한다.
③ 남들이 읽어야 한다고 말하는 책보다 자신이 읽고 싶은 책을 읽는 것이 좋다.
④ 자신이 속한 사회의 역사나 전설에 관한 책을 읽으면 애향심을 기를 수 있다.

> ✔해설 제시된 글은 헤르만 헤세의 말을 인용하여 유명하다거나 그것을 모르면 수치스럽다는 이유로 무리하게 독서를 하는 것은 그릇된 일이며, 자기에게 자연스러운 면에 따라 행동하라고 언급하고 있다. 이는 남들의 기준이 아닌 자신의 기준에 따라 하는 독서가 좋은 독서라고 주장하는 것이라고 볼 수 있다.

30 다음 글의 주된 논지는?

> 당신이 미국 중앙정보국의 직원인데, 어느 날 테러 용의자를 체포했다고 가정하자. 이 사람은 뉴욕 맨해튼 중심가에 대규모 시한폭탄을 설치한 혐의를 받고 있다. 시한폭탄이 터질 시각은 다가오는데 용의자는 입을 열지 않고 있다. 당신을 고문을 해서라도 폭탄이 설치된 곳을 알아내겠다, 아니면 고문은 원칙적으로 옳지 않으므로 고문을 하지 않겠는가? 공리주의자들은 고문을 해서라도 폭탄이 설치된 곳을 알아내어, 무고한 다수 시민의 생명을 구해야 한다고 주장할 것이다. 공리주의는 최대 다수의 최대 행복을 추구하기 때문이다. 이 경우에는 이 주장이 일리가 있을 수 있다. 그러나 공리주의가 모든 경우에 항상 올바른 해갑을 줄 수 있는 것은 아니다. 구명보트를 타고 바다를 표류하던 4명의 선원이 그들 중 한 사람을 죽여서 그 사람의 고기를 먹으면 나머지 세 사람이 살 수 있다. 실제로 이런 일이 일어났고, 살아남은 세 사람은 재판을 받았다. 당신은 이 경우에도 다수의 생명을 구하기 위해 한 사람의 목숨을 희생한 행위가 정당했다고 주장하겠는가? 뉴욕의 시한폭탄 문제도 그리 간단치만은 않다. 폭탄이 설치된 곳이 한적한 곳이라 희생자가 몇 명 안 될 것으로 예상되는 경우에도 당신은 고문을 찬성하겠는가? 체포된 사람이 테러리스트 자신이 아니라 그의 어린 딸이라도, 그 딸이 폭탄의 위치를 알고 있다면 당신은 고문에 찬성하겠는가?

① 다수의 행복을 위해서 소수의 희생이 필요할 때가 있다.

② 인간의 생명은 어떤 경우에도 존중되어야 한다.

③ 고문이 정당화되는 경우도 있을 수 있다.

④ 공리주의가 절대선일 수 없는 것은 소수의 이익이라 하더라도 무시할 수 없는 것도 있기 때문이다.

✔해설 ④ 제시된 글 중후반부의 "그러나 공리주의가 모든 경우에 항상 올바른 대답을 줄 수 있는 것은 아니다.", "다수의 생명을 구하기 위해 한 사람의 목숨을 희생한 행위가 정당했다고 주장하겠는가?"의 내용으로 미루어보아 알 수 있다.

31 다음 글이 주장하고 있는 것은?

> 　제아무리 대원군이 살아 돌아온다 하더라도 더 이상 타 문명의 유입을 막을 길은 없다. 어떤 문명들은 서로 만났을 때 충돌을 면치 못할 것이고, 어떤 것들은 비교적 평화롭게 공존하게 될 것이다. 결코 일반화할 수 있는 문제는 아니겠지만 스스로 아끼지 못한 문명은 외래 문명에 텃밭을 빼앗기고 말 것이라는 예측을 해도 큰 무리는 없을 듯싶다. 내가 당당해야 남을 수용할 수 있다.
>
> 　영어만 잘하면 성공한다는 믿음에 온 나라가 야단법석이다. 배워서 나쁠 것 없고, 영어는 국제 경쟁력을 키우는 차원에서 반드시 배워야 한다. 하지만 영어보다 더 중요한 것은 우리의 말과 글이다. 한술 더 떠 영어를 공용어로 하자는 주장이 심심찮게 들리고 있다. 그러나 우리의 말과 글을 제대로 세우지 않고 영어를 들여오는 일은 우리 개구리들을 돌보지 않은 채 황소개구리를 들여온 우를 범하는 것과 같다.
>
> 　영어를 자유롭게 구사하는 일은 새 시대를 살아가는 중요한 조건이다. 하지만 우리의 말과 글을 바로 세우는 일에도 소홀해서는 절대 안 된다. 황소개구리의 황소울음 같은 소리에 익숙해져 청개구리의 소리를 잊어서는 안 되는 것처럼.

① 세계화를 위해서는 세계 여러 나라의 언어를 골고루 받아들여 균형 있게 발전시켜야 한다.

② 우리가 설령 언어를 잃게 되더라도 우리 고유의 문화는 잃지 않도록 최선을 다하는 것이 필요하다.

③ 우리 문화에 대한 자신감이 부족할 경우에는 타문명의 유입을 최대한 막을 수 있도록 노력해야 한다.

④ 국제 경쟁력 강화를 위하여 영어 구사 능력도 필요하지만, 우리의 말과 글을 바로 세우는 일이 더 중요하다.

> ✔해설　윗글의 두 번째 문단에서 '영어는 국제 경쟁력을 키우는 차원에서 반드시 배워야 한다. 하지만 영어보다 더 중요한 것은 우리의 말과 글이다.'라는 부분과 세 번째 문단에 있는 '하지만 우리의 말과 글을 바로 세우는 일에도 소홀해서는 절대 안 된다.'라고 한 부분을 통해서 ④의 내용이 필자의 주장임을 알 수 있다.

32 다음 글에 대한 이해로 적절하지 않은 것은?

> 한국 건축은 '사이'의 개념을 중요시한다. 그리고 '사이'의 크기는 기능과 사회적 위계에 영향을 받는다. 또한 공간, 시간, 인간 모두를 '사이'의 한 종류로 보기도 한다. 서양의 과학적 사고가 물체를 부분들로 구성되었다고 보고 불변하는 요소들을 분석함으로써 본질 파악을 추구하였다면, 동양은 사이 즉, 요소들 간의 관련성에 초점을 두고, 거기에서 가치와 의미의 원천을 찾았던 것이다. 서양의 건축이 내적 구성, 폐쇄적 조직을 강조한 객체의 형태를 추구했다면, 동양의 건축은 그보다 객체의 형태와 그것이 놓이는 상황 및 자연환경과의 어울림을 통해 미를 추구하였던 것이다.
>
> 동양의 목재 가구법(낱낱의 재료를 조립하여 구조물을 만드는 법)에 의한 건축 구성 양식에서 '사이'의 중요성을 알 수 있다. 이 양식은 조적식(돌·벽돌 따위를 쌓아 올리는 건축 방식)보다 환경에 개방적이고, 우기에도 환기를 좋게 할 뿐 아니라 내·외부 공간의 차단을 거부하고 자연과의 대화를 늘 강조한다. 그로 인해 건축이 무대나 액자를 설정하고 자연이 끝을 내 주는 기분을 느끼게 한다.

① 동양과 서양 건축의 차이를 요소들 간의 관련성으로 설명하고 있다.
② 동양의 건축 재료로 석재보다 목재가 많이 쓰인 이유를 알 수 있다.
③ 한국 건축에서 '사이'의 개념은 공간, 시간, 인간 모두를 포함하고 있다.
④ 동양의 건축은 자연환경에 개방적이지만 인공조형물에 대해서는 폐쇄적이다.

✔해설 위 글에서는 인공조형물에 대한 설명이 없으므로 보기 ④가 적절하지 않은 것이다.

33 다음 글의 중심 내용으로 가장 적절한 것은?

> 한 번에 두 가지 이상의 일을 할 때 당신은 마음에게 흩어지라고 지시하는 것입니다. 그것은 모든 분야에서 좋은 성과를 내는 데 필수적인 요소가 되는 집중과는 정반대입니다. 당신은 자신의 마음이 분열되는 상황에 처하도록 하는 경우도 많습니다. 마음이 흔들리도록, 과거나 미래에 사로잡히도록, 문제들을 안고 끙끙거리도록, 강박이나 충동에 따라 행동하는 때가 그런 경우입니다. 예를 들어, 읽으면서 동시에 먹을 때 마음의 일부는 읽는 데 가 있고, 일부는 먹는 데 가 있습니다. 이런 때는 어느 활동에서도 최상의 것을 얻지 못합니다. 다음과 같은 부처의 가르침을 명심하세요. '걷고 있을 때는 걸어라. 앉아 있을 때는 앉아 있어라. 갈팡질팡하지 마라.' 당신이 하는 모든 일은 당신의 온전한 주의를 받을 가치가 있는 것이어야 합니다. 단지 부분적인 주의를 받을 가치밖에 없다고 생각하면, 그것이 진정으로 할 가치가 있는지 자문하세요. 어떤 활동이 사소해 보이더라도, 당신은 마음을 훈련하고 있다는 사실을 명심하세요.

① 일을 시작하기 전에 먼저 사소한 일과 중요한 일을 구분하는 습관을 기르라.

② 한 번에 두 가지 이상의 일을 성공적으로 수행할 수 있도록 훈련하라.

③ 자신이 하는 일에 전적으로 주의를 집중하라.

④ 과거나 미래가 주는 교훈에 귀를 기울이라.

✔ 해설 화자는 문두에서 한 번에 두 가지 이상의 일을 하는 것은 마음에게 흩어지라고 지시하는 것이라고 언급한다. 또한 글의 중후반부에서 당신이 하는 모든 일은 당신의 온전한 주의를 받을 가치가 있는 것이어야 한다고 강조한다. 따라서 이 글의 중심 내용은 ③이 적절하다.

34

> (가) 따라서 이러한 기능을 지닌 도라지를 우려낸 도라지 차는 봄에 사람들이 필수로 먹어야하는 호흡기 질환 관리 대표 식품이다.
>
> (나) 황사와 미세먼지는 봄에 불어오는 바람에 모래와 먼지가 섞인 것으로 사람들의 호흡기 건강을 위협하는 현대인의 최대 불청객이다.
>
> (다) 하지만 도라지를 과다 섭취하게 되면 소화력이 떨어지므로 적당량을 섭취해야하며, 마른기침을 하는 사람의 경우 더 악화시킬 수 있기 때문에 복용을 피하는 것이 좋다.
>
> (라) 사포닌과 이눌린 성분이 있는 도라지는 외부로부터 바이러스 침투를 막아 호흡기 건강에 도움을 주고 미세먼지 흡입으로 손상되기 쉬운 폐를 보호하는데 효과가 있다.

① (나) - (가) - (라) - (다)　　　　　② (나) - (라) - (가) - (다)

③ (라) - (가) - (다) - (나)　　　　　④ (라) - (나) - (다) - (가)

✔ **해설**　(나)에서 호흡기 악화에 대한 원인을 말하고 있으며, (라)는 호흡기 건강에 좋은 식품을 설명하고 있다. (가),(다)는 문장 앞에 온 접속에 따라 흐름에 맞게 글을 배열하면 (나)-(라)-(가)-(다)의 순서가 된다.

35

> (가) 진화는 반드시 이상적이고 완벽한 구조를 창출해 내는 방향으로만 이루어지는 것은 아니다.
>
> (나) 그래서 진화는 불가피하게 타협적인 구조를 선택하는 방향으로 이루어지며, 순간순간의 필요에 대응한 결과가 축적되는 과정이라고 할 수 있다.
>
> (다) 진화 과정에서는 새로운 환경에 적응하기 위한 최선의 구조가 선택되지만, 그 구조는 기존의 구조를 허물고 처음부터 다시 만들어 낸 최상의 구조와는 차이가 있다.
>
> (라) 질식의 원인이 되는 교차된 기도와 식도의 경우처럼, 진화의 산물이 우리가 보기에는 납득할 수 없는 불합리한 구조를 지니게 되는 이유가 바로 여기에 있다.

① (가) - (라) - (다) - (나)　　　　　② (나) - (라) - (가) - (다)

③ (가) - (다) - (나) - (라)　　　　　④ (나) - (라) - (다) - (가)

✔ **해설**　가장 먼저 (가)에서 진화의 과정이 이상적이고, 완벽하지 않음을 제시하고 있으며 (다)과 (나)에서 진화의 과정에 대해 설명하고, (라)에서 그 과정이 (가)의 이유임을 제시하고 있다.

36

(가) 목청껏 소리를 지르고 손뼉을 치고 싶은 충동 같은 것 말이다.

(나) 나는 가끔 충동을 느낄 때가 있다.

(다) 환호가 아니라도 좋으니 속이 후련하게 박장대소라도 할 기회나마 거의 없다.

(라) 마음속 깊숙이 잠재한 환호에의 갈망 같은 게 이런 충동을 느끼게 하는지도 모르겠다.

(마) 그러나 요샌 좀처럼 이런 갈망을 풀 기회가 없다.

① (가) – (라) – (나) – (마) – (다)

② (나) – (가) – (라) – (마) – (다)

③ (나) – (가) – (마) – (다) – (라)

④ (다) – (가) – (라) – (마) – (나)

✔해설 (나)에서 화제를 제시하고 (가)에서 예를 들어 설명한다. (라)는 (가) 같은 충동을 느끼는 짐작이다. (마), (다)에서는 '그러나'를 통해 내용을 전환하여 충동을 풀 기회가 없다는 것을 아쉬워하고 있다.

37

(가) 하지만 좀 더 거슬러 올라가면 이 불평등은 각 대륙의 발전 속도가 다른 것에서 유래했다.

(나) 그리고 각 대륙의 발전 속도의 이러한 차이를 가져온 것은 궁극적으로 지리 및 생태적 환경이었다.

(다) 더 나아가 그는 생태적 요인이 인간 사회에 어떻게 영향을 미치는지를 비교적 자세히 설명하였다.

(라) 다이아몬드에 따르면, 1500년경 유럽에서 발달된 과학 기술과 정치 조직이 현대 세계의 불평등을 낳았다.

① (라) – (다)– (가) – (나)

② (라) – (다) – (나) – (가)

③ (라) – (가)– (다) – (나)

④ (라) – (가) – (나) – (다)

✔해설 다이아몬드가 생각하는 불평등에 대한 내용이다. 각 문장 앞에 온 접속어에 주의하여 논리적 흐름에 맞게 글을 배열하면 (라) – (가) – (나) – (다)의 순서가 된다.

38

> 유명인 모델의 광고 효과를 높이기 위해서는 유명인이 자신과 잘 어울리는 한 상품의 광고에만 지속적으로 나오는 것이 좋다.
>
> (가) 여러 광고에 중복 출연하는 유명인이 많아질수록 외견상으로는 중복 출연이 광고 매출을 증대시켜 광고 산업이 활성화되는 것으로 보일 수 있다.
>
> (나) 유명인을 비롯한 광고 모델의 적절한 선정이 요구되는 이유가 여기에 있다.
>
> (다) 하지만 모델의 중복 출연으로 광고 효과가 제대로 나타나지 않으면 광고비가 과다 지출되어 결국 광고주와 소비자의 경제적인 부담으로 이어진다.
>
> (라) 이렇게 할 경우 상품의 인지도가 높아지고, 상품을 기억하기 쉬워지며, 광고 메시지에 대한 신뢰도가 제고된다.
>
> (마) 유명인의 유명세가 상품에 전이되고 소비자가 유명인이 진실하다고 믿게 되기 때문이다.

① (가) - (나) - (라) - (다) - (마)

② (가) - (마) - (라) - (나) - (다)

③ (라) - (가) - (마) - (나) - (다)

④ (라) - (마) - (가) - (다) - (나)

✔해설 (라)에서 유명인 모델이 한 상품 광고에만 나올 경우의 장점을 설명하고, (마)에서는 이에 대한 부가적 설명을 하고 있다. (가)는 (라)와 반대되는 사례를 보여주고 (다)에서 모델의 주옥 출연에 대한 단점을 설명하며 (나)에서 결론을 나타내고 있다.

▌39~42▐ 다음 중 주어진 글의 빈칸에 들어갈 문장으로 가장 적절한 것을 고르시오.

39

문화 상품의 저작권 보호를 위해 기본적으로 필요한 요소는 _____. 하지만 우리 소비자들은 수년간의 면역 효과로 인해 공짜 문화 상품의 맛에서 헤어 나오지 못하고 있다. 저작권에 대한 소비자의 의식에 획기적인 변화가 없는 한 문화 상품에 대한 가치는 어디서도 인정받지 못하게 될 것이고 문화 산업계가 꿈꾸고 있는 장밋빛 미래도 없을 것이라고 단언한다.

① 제작자의 관대한 태도이다

② 제작자와 소비자의 대화와 화해이다

③ 저작권 가치에 대한 소비자의 인식이다

④ 수출업자의 적극적인 홍보이다

✔해설 빈칸 이후의 문장에서 소비자 의식의 문제점에 대해 이야기하고 있으므로 빈칸에 가장 적절한 문장은 ③이다.

40

세균과 바이러스는 질병을 일으키는 대표적인 병원체이다. 그런데 이 둘은 병을 유발한다는 공통점을 제외하고 너무나도 많은 차이점을 가지고 있다. 바이러스와 세균은 크기도 다르고 증식 방법도 다르다. 세균은 공기 중이나 사람의 몸 속 등 먹이가 있는 곳에서 증식할 수 있지만, 바이러스는 반드시 살아있는 생물의 세포를 숙주로 삼아야만 번식이 가능하다. 이런 병원체에 감염되었을 때의 대처법도 다르다. 바이러스는 백신(바이러스를 약하게 만들어 몸속에 주입하는 방법)을 통해 우리의 몸이 바이러스 정보를 기억하도록 하여 병원체에 대항할 수 있도록 한다. 이와 반대로 세균은 항생제를 통해 _____.

① 감염된 세포를 약하게 만들어 죽인다.

② 몸에 침입한 세균에 대항 수 있도록 한다.

③ 우리 몸에서 증식할 수 있도록 한다.

④ 몸에 세균정보를 저장시켜 감염되면 기억을 통해 방어한다.

✔해설 지문은 세균과 바이러스의 차이점을 설명하고 있다. 세균의 대처법을 설명하기 전 바이러스의 대처법에서 '백신을 통해, 몸이 바이러스 정보를 기억하고 대항하는 힘을 만든다'라고 설명하고 있으므로 이와 동일한 ②, ④를 제외한 ①이 들어가는 것이 가장 적절하다.

41

　웹 만화의 특징으로 들 수 있는 것은 인터넷상에서 두루마리처럼 아래로 길게 펼쳐 읽는 것이다. 일반적인 출판 만화는 한 편을 오른쪽에서 왼쪽으로 장을 넘겨 가며 읽는 책의 형식인 반면, 웹 만화는 마우스를 이용해 위에서 아래로 내려가며 읽는 형식을 취하고 있다. 이와 같은 웹 만화의 세로 읽기는 한 회의 만화를 끊김 없이 읽어 내려가게 함으로써 _____. 출판 만화의 경우 긴장이 고조된 장면이라고 할지라도 한 장 한 장 넘기며 읽어야 하기 때문에 감정의 흐름이 끊길 수 있지만, 웹 만화는 장면을 연속적으로 이어 볼 수 있으므로 긴장감을 지속적으로 유지해 나갈 수 있다.

① 궁금증을 유발할 수 있다
② 독자의 피곤함을 덜 수 있다
③ 더 빠르게 읽을 수 있다
④ 독자의 흥미를 배가시킬 수 있다

　✔해설　지문의 마지막 문장 '웹 만화는 장면을 연속적으로 이어 볼 수 있으므로 긴장감을 지속적으로 유지해 나갈 수 있다.'를 통해 빈칸에는 '독자의 흥미를 배가시킬 수 있다'가 들어가는 것이 가장 적절하다.

42

　민간 위탁 업체는 수익성을 중심으로 공공 서비스를 제공하기 때문에, 수익이 나지 않을 경우에는 민간 위탁 업체가 제공하는 공공 서비스가 기대 수준에 미치지 못할 수 있다. 또한 민간 위탁 제도에 의한 공공 서비스 제공의 성과는 정확히 측정하기 어려운 경우가 많아서 평가와 개선이 지속적으로 이루어지지 않을 때에는 오히려 민간 위탁 제도가 공익을 저해할 수 있다. 따라서 민간 위탁 제도의 도입을 결정할 때에는 _____.

① 서비스의 성격과 정부의 관리 능력 등을 면밀히 검토하여 신중하게 결정해야 한다
② 서비스의 생산 비용이 가장 적은 업체에 우선적으로 기회를 주어야 한다
③ 서비스의 다양화와 양적 확대를 염두에 두고 결정해야 한다
④ 민간 업체를 선택하는 과정을 축소하여야 한다

　✔해설　민간 업체가 제공하는 서비스의 수준이 낮거나 공익을 저해할 수 있기 때문에 민간 위탁 제도의 도입을 결정할 때에는 서비스의 성격과 정부의 관리 능력 등을 면밀히 검토하여 신중하게 결정해야 한다.

43 다음 글에 대한 설명으로 옳은 것은?

왜 양지는 음지보다 따뜻할까? 태양이 아무리 뜨겁다고 해도 어떻게 적절한 매질도 없는 우주 공간을 건너 아득히 먼 지구의 물체들을 데울 수 있을까? 이를 이해하기 위해서는 우선 열과 빛의 정체에 대해 명확히 알아야 한다.

18세기 중반까지만 해도 학자들은 열이 눈에 보이지 않는 어떤 물질 – '열소' – 의 작용이라고 생각하고, 고체가 녹거나 액체가 증발하는 것은 열소와 고체 혹은 액체를 이루는 입자 사이의 화학 작용의 일종이라고 설명했다. 그러나 럼퍼드와 마이어, 줄 등의 연구 성과에 힘입어 '열소'의 존재는 부정되고 대신 '열에너지'의 개념이 확립되었다. 열의 정체를 구체적으로 밝힌 것은 클라시우스였는데, 그는 기체의 열에너지는 기체 분자들의 운동에너지이며, 따라서 온도는 기체 분자들이 얼마나 빠르게 운동하고 있는가의 정도를 나타내는 것이라고 주장하였다. 여기에 더해서 맥스웰이 일정한 온도에서 기체 분자의 운동 속도는 평균값을 중심으로 다양하게 분포함을 밝힘으로써, 결국 열은 '물체를 이루고 있는 입자들의 평균 운동에너지'임이 밝혀졌다. 모든 물체의 입자들은 평균 위치를 중심으로 끊임없이 진동 운동이나 회전 운동을 하고 있으며, 온도는 바로 이 운동에너지의 크기를 나타내는 것이다.

빛의 정체에 대해 알기 위해서는 전자기 이론에 대한 이해도 필요한데, 이는 빛이 전자기파의 일종이기 때문이다. 전자기파의 존재는, 전류(전기장)가 자기장을 만들어 냄을 밝혀낸 앙페르의 실험과 자기장에서 전류가 만들어짐을 확인한 패러데이의 실험, 그리고 이를 집대성한 맥스웰의 이론을 통해 추론이 가능해졌다. 앙페르는 나란히 놓인 도선에 전류를 통과시키면 자기장이 형성된다는 것과 도선을 원통형으로 감아서 만든 코일 – 이를 '솔레노이드'라고 한다. – 에 전류를 흘리면 자성이 강한 자석이 됨을 확인하였고, 패러데이는 전류가 흐르지 않는 코일에 자석을 통과시키면 자석의 자기장의 변화에서 전류가 생겨남을 확인하였다. 전기장은 자기장을 만들어내고, 자기장은 다시 전기장을 만들어내는 것이다. 맥스웰은 이러한 실험의 결과들을 정리하여 '맥스웰의 방정식'이라는 이론을 세웠으며, 이 이론을 통해 전자기파의 존재를 추론할 수 있었다.

도선에 갑자기 전류를 통하게 하거나 전류의 세기를 변화시키면 그 주변에 자기장이 생겨나는데, 이 자기장은 2차적인 전기장을 만들어내고, 이것이 다시 2차적인 자기장을 만든다. 이처럼 전기장이 자기장을 만들고 그 자기장이 다시 전기장을 만드는 과정이 반복되면서 파동으로 퍼져나가는 것이 바로 전자기파이며, 맥스웰은 이 파동의 속도가 빛의 속도와 동일하다는 계산을 해 낸 후 "빛 자체도 일종의 전자기파이다."라는 천재적인 결론을 내렸다. 소리처럼 물질이 실제로 떨리는 역학적 파동과는 달리, 빛은 전기장과 자기장의 연속적인 변화를 반복하면서 전파해 가는 전자기 파동인 것이다. 이후 과학자들에 의해 전자기파가 매질 없이도 전파된다는 것까지 확인되면서, 햇빛이 텅 빈 우주 공간을 건너올 수 있는 이유를 알게 되었다.

태양에서 오는 것은 열의 입자가 아니라 전자기파이며, 이것이 어떤 물체에 닿았을 때 그 물체를 진동으로 간섭한다. 그리고 이 진동이 물질의 입자들과 상호 작용하여 그 입자들의 운동을 일으키고 결과적으로는 물질의 온도를 높인다. 이러한 과정을 통해 태양의 빛은 아무런 매개물 없이 우주를 건너와 지구의 물체를 데울 수 있는 것이다.

① 특정 이론이 형성된 사회적 배경을 설명하고 있다.

② 새로 발견된 과학 원리의 응용 가능성을 전망하고 있다.

③ 현상의 과학적 원리를 구체적으로 설명하고 있다.

④ 상반된 관점의 해석을 종합하기 위한 방안을 모색하고 있다.

> ✔ **해설** 첫 문단에서 태양이 지구의 물체들을 데우는 방법에 대해 질문을 하고 이를 알기 위해 열과 빛에 대한 과학적 원리를 설명하고 있다.

44 다음의 자료를 활용하여 글을 쓰기 위해 구상한 내용으로 적절하지 않은 것은?

> 우리나라 중학교 여학생의 0.9%, 고등학교 여학생의 7.3%, 남학생의 경우는 중학생의 3.5%, 고등학생의 23.6%가 흡연을 하고 있다. 그리고 매년 청소년 흡연율은 증가하는 추세이다. 청소년보호법에 따르면 미성년자에게 담배를 팔 경우 2년 이하의 징역이나 1천만 원 이하의 벌금, 100만 원 이하의 과징금을 내도록 되어 있다. 그러나 담배 판매상의 잘못된 의식, 시민들의 고발정신 부족 등으로 인해 청소년에게 담배를 판매하는 행위가 제대로 시정되지 않고 있다.
>
> 또한 현재 담배 자동판매기의 대부분(96%)이 국민건강증진법에 허용된 장소에 설치되어 있다고는 하나, 그 장소가 주로 공공건물 내의 식당이나 상가 내 매점 등에 몰려 있다. 이런 장소들은 청소년들의 출입이 용이하기 때문에 그들이 성인의 주민등록증을 도용하여 담배를 사더라도 이를 단속하기가 어려운 실정이다.

① 시사점 : 시민의 관심이 소홀하며 시설 관리 체계가 허술하다.

② 원인 분석 : 법규의 실효성이 미흡하고 상업주의가 만연하고 있다.

③ 대책 : 국민건강증진법에 맞는 담배 자동판매기를 설치한다.

④ 결론 : 현실적으로 실효성이 있는 금연 관련법으로 개정한다.

> ✔ **해설** ③ 담배 자동판매기가 국민건강증진법에 허용된 장소에 설치되어 있다고 자료에서 이미 밝히고 있으므로 대책에 대한 구상으로 적절하지 않다.

45 ⊙~⊜ 중 다음 글이 들어가야 할 위치로 알맞은 것은?

> 이런 SNS를 통해 사람들은 자신의 일상, 생각을 담은 글·사진·영상으로 이루어진 게시물을 올리면서 네트워크상에서 타인과 소통하며 친밀감과 신뢰성을 형성하고 있다.

> SNS(Social Network Service)는 취미와 활동을 공유하는 사람들 간의 인적 네트워크 형성을 온라인상으로 지원하는 서비스이다. ⊙ 현실에서 맺던 기존의 사회적 관계를 인터넷 공간에 구현함으로써 시간과 장소에 얽매이지 않고 활발한 인간관계를 맺을 수 있다. ⓒ 또한 스마트폰 등장 이후로 SNS에 가입하는 사람들이 늘어나면서 그 규모가 가파르게 증가했다. ⓒ 하지만 본인의 게시물을 통해 개인정보와 사생활이 노출되고, 타인의 게시물에 악의적인 댓글을 쓰는 일이 비일비재하게 있다는 문제점 또한 존재한다. ⓔ 따라서 SNS에 게시물·댓글을 작성할 때에는 사람들과 자유롭게 소통하되, 정보의 노출을 방지하고 상대방을 비난하지 않도록 신중해야 할 것이다.

① ⊙ 　　　　　　　　　　　② ⓒ
③ ⓒ 　　　　　　　　　　　④ ⓔ

✅해설 제시된 문장의 '이런 SNS'를 통해 앞에는 SNS에 대한 설명이 나와야함을 알 수 있으며, ⓒ의 다음 문장 속 '하지만'을 통해 앞쪽에 제시된 문장이 들어가야 함을 알 수 있다.

46 ⊙~⊜ 중 글의 흐름으로 볼 때 삭제해도 되는 문장은?

> ⊙ 영어 공부를 오랜만에 하는 분이나 회화를 체계적으로 연습한 적이 없는 분들을 위한 기초 영어 회화 교재가 나왔습니다. ⓒ 이제 이 책으로 두루두루 사용할 수 있는 기본 문형을 반복 훈련하십시오. ⓒ 이 책은 우선 머뭇거리지 않고 첫 단어를 말할 수 있게 입을 터줄 것입니다. ⓔ 저자는 수년간 언어 장애인을 치료, 연구하고 있는 권위 있는 의사입니다. 테이프만 들어서도 웬만한 내용은 소화할 수 있게 이 책은 구성되었습니다.

① ⊙ 　　　　　　　　　　　② ⓒ
③ ⓒ 　　　　　　　　　　　④ ⓔ

✅해설 이 글은 새로 나온 영어 학습 교재를 독자에게 소개하면서, 책의 용도, 구성, 학습 효과 등을 설명하고 있다.
④ 언어 장애인을 치료하는 전문가였다는 내용은 이 책의 소개 내용과 아무 관계가 없다.

47 다음 내용을 바탕으로 글을 쓸 때 그 주제로 알맞은 것은?

> • 경찰청은 고속도로 갓길 운행을 막기 위해 갓길로 운행하다 적발되면 30일간의 면허 정지 처분을 내리기로 결정했다.
> • 교통사고 사망률 세계 1위라는 불명예는 1991년에 이어 1992년에도 계속되었다.
> • 교통사고의 원인으로는 운전자의 부주의와 교통 법규 위반의 비율이 가장 높다.
> • 교통 법규 위반자는 자신의 과실로 다른 사람에게 피해를 준다는 점에서 문제가 더욱 심각하다.
> • 우리나라는 과속 운전, 난폭 운전이 성행하고 있다. 이를 근절하기 위한 엄격한 법이 필요하다.

① 교통사고를 줄이기 위해서는 엄격한 법이 필요하다.
② 사고 방지를 위한 대국민적인 캠페인 운동을 해야 한다.
③ 교통사고의 사망률은 교통 문화 수준을 반영한 것이다.
④ 올바른 교통 문화 정착을 위해 국민적 자각이 요구된다.

✔해설 제시된 내용은 교통사고가 교통 법규를 제대로 지키지 않은 데서 발생하며, 이를 근절하기 위해 보다 엄격한 교통 법규가 필요함을 강조하고 있다.

㉮ 나는 평강공주와 함께 온달산성을 걷는 동안 내내 '능력 있고 편하게 해줄 사람'을 찾는 당신이 생각났습니다. '신데렐라의 꿈'을 버리지 못하고 있는 당신이 안타까웠습니다. 현대사회에서 평가되는 능력이란 인간적 품성이 도외시된 ㉠'경쟁적 능력'입니다. 그것은 다른 사람들의 낙오와 좌절 이후에 얻을 수 있는 것으로 한마디로 숨겨진 칼처럼 매우 ㉡비정한 것입니다. 그러한 능력의 품속에 안주하려는 우리의 소망이 과연 어떤 실상을 갖는 것인지 고민해야 할 것입니다. – 중략 –

'편안함' 그것도 경계해야 할 대상이기는 마찬가지입니다. 편안함은 흐르지 않는 강물이기 때문입니다. '불편함'은 ⓐ흐르는 강물입니다. 흐르는 강물은 수많은 소리와 풍경을 그 속에 담고 있는 추억의 물이며 어딘가를 희망하는 잠들지 않는 물입니다.

당신은 평강공주의 삶이 남편의 입신(立身)이라는 가부장적 한계를 뛰어넘지 못한 것이라고 하였습니다만 산다는 것은 살리는 것입니다. 살림(生)입니다. 그리고 당신은 자신이 공주가 아니기 때문에 평강공주가 될 수 없다고 하지만 살림이란 '뜻의 살림'입니다. ㉢세속적 성취와는 상관없는 것이기도 합니다. 그런 점에서 나는 평강공주의 이야기는 한 여인의 사랑의 메시지가 아니라 그것을 뛰어넘은 '삶의 메시지'라고 생각합니다.

㉯ 왕십리의 배추, 살곶이다리의 무, 석교의 가지, 오이, 수박, 호박, 연희궁의 고추, 마늘, 부추, 파, 염교 청파의 물미나리, 이태원의 토란 따위를 심는 밭들은 그 중 상의 상을 골라 심는다고 하더라도, 그들이 모두 엄씨의 똥거름을 가져다가 걸쭉하게 가꿔야만, 해마다 육천 냥이나 되는 돈을 번다는 거야. 그렇지만 엄 행수는 아침에 밥 한 그릇만 먹고도 기분이 만족해지고, 저녁에도 밥 한 그릇뿐이지. 누가 고기를 좀 먹으라고 권하면 고기반찬이나 나물 반찬이나 목구멍 아래로 내려서 배부르기는 마찬가지인데 입맛에 당기는 것을 찾아 먹어서는 무얼 하느냐고 하네. 또, 옷과 갓을 차리라고 권하면 넓은 소매를 휘두르기에 익숙지도 못하거니와, 새 옷을 입고서는 짐을 지고 다닐 수가 없다고 대답하네.

해마다 정원 초하룻날이 되면 비로소 갓을 쓰고 띠를 띠며, 새 옷에다 새 신을 신고, 이웃 동네 어른들에게 두루 돌아다니며 세배를 올린다네. 그리고 돌아와서는 옛 옷을 찾아 다시 입고 다시금 흙 삼태기를 메고는 동네 한복판으로 들어가는 거지. 엄 행수야말로 자기의 모든 덕행을 저 더러운 똥거름 속에다 커다랗게 파묻고, 이 세상에 참된 은사 노릇을 하는 자가 아니겠는가?

엄 행수는 똥과 거름을 져 날라서 스스로 먹을 것을 장만하기 때문에, 그를 '지극히 조촐하지는 않다'고 말할는지는 모르겠네. 그러나 그가 먹을거리를 장만하는 방법은 지극히 향기로웠으며, 그의 몸가짐은 지극히 더러웠지만 그가 정의를 지킨 자세는 지극히 고항했으니, 그의 뜻을 따져 본다면 비록 만종의 녹을 준다고 하더라도 바꾸지 않을 걸세. 이런 것들로 살펴본다면 세상에는 조촐하다면서 조촐하지 못한 자도 있거니와, 더럽다면서 ㉣더럽지 않은 자도 있다네.

누구든지 그 마음에 도둑질할 뜻이 없다면 엄 행수를 갸륵하게 여기지 않을 사람이 없을 거야. 그리고 그의 마음을 미루어 확대시킨다면 성인의 경지에라도 이를 수 있을 거야. 대체 선비가 좀 궁하다고 궁기를 떨어도 수치스런 노릇이요, 출세한 다음 제 몸만 받들기에 급급해도 수치스러운 노릇일세. 아마 엄 행수를 보기에 부끄럽지 않을 사람이 거의 드물 것이네. 그러니 내가 엄 행수더러 스승이라고 부를지언정 어찌 감히 벗이라고 부르겠는가? 그러기에 내가 엄 행수의 이름을 감히 부르지 못하고 '예덕 선생'이란 호를 지어 일컫는 것이라네.

48 (가)와 (나)에 대한 설명으로 적절한 것은?

① (가)는 대립되는 의미를 나열하여 주제를 부각하고, (나)는 인물의 행위와 그에 따른 의견을 중심으로 전개한다.

② (가)는 함축적인 언어를 통해 대상을 상징화시키고, (나)는 사실적인 진술을 통해 판단을 독자에게 맡기고 있다.

③ (가)는 간결한 문장을 사용하여 단정적인 느낌을 준다.

④ (나)는 나의 대화를 통해 주인공의 부정적 성격을 풍자한다.

> ✔ 해설   (가)는 '당신'의 편안함과, 평강공주의 '불편함'을 대립시켜 현대사회의 바람직한 인간형을 제시하고, (나)는 예덕선생의 구체적인 행동과 그 의미를 서술자가 평가하여 주제를 전달하고 있다.
> ② (가)는 산문이므로 함축이 없고, (나)는 글쓴이의 판단이 나타난다.
> ③ (가) 문장의 길이가 긴 만연체이다.
> ④ (나) 주인공의 긍정적 성격을 그린다.

49 ㉠~㉣ 중에서 (가)의 ⓐ와 그 의미가 가장 가까운 것은?

① ㉠ 경쟁적 능력

② ㉡ 비정

③ ㉢ 세속적 성취

④ ㉣ 더럽지 않은 자

> ✔ 해설   ④ 편안함은 경계해야 할 대상이지만, 흐르는 강물은 불편함이며, 추억과 희망의 긍정적 의미를 가진다.

50 (가)의 글쓴이와 (나)의 글쓴이가 대화를 나눈다고 할 때 적절하지 않은 것은?

① (가): 저는 세속적 편안함을 거부한 한 여인의 삶을 통해 현대인들에게 깨달음을 주려 했습니다.

② (나): 그 깨달음은 자신의 자리에서 묵묵히 일하는 '엄 행수'의 삶과도 연결될 수 있겠군요.

③ (가): 하지만, 현대인들의 무모한 욕심이 인간의 생명을 경시하는 풍조를 만들게 되었습니다.

④ (나): 맞습니다. 그렇기에 노동과 땀의 가치가 더욱 중요한 것이겠지요.

> ✔ 해설   ③ 인간의 무모한 욕심이 생명경시를 만들어 낸 것은 아니다. 본문에서 언급된 것은 능력으로 인한 비정과, 편안함에 안주하려는 태도이다.

생활 속으로 사라지고, 보이지 않고, 조용한 컴퓨터가 바로 유비쿼터스라는 것이다. 이는 사람들이 공기를 마시면서 그 행위를 의식하지 않듯이 생활 속에서 언제, 어디서나 컴퓨터를 사용하지만 컴퓨터를 의식하지 않아야 한다. 컴퓨터가 생활과 아주 자연스럽게 연결되고 그 일부가 되어야 한다.

일반적으로 컴퓨터라고 하면 집에서 사용하는 PC를 떠올리게 되지만, 신호 처리 능력을 가진 디지털 기기 전부를 컴퓨터 부류로 포함시킬 수 있다. 휴대 전화, 디지털 카메라, MP3 플레이어, 세탁기, 에어컨도 모두 컴퓨터가 ㉠ 내장되어 있는 것이다. 이런 기기들은 생활 속에서 아주 쉽고 편리한 수단으로 사용되고 있다. 하지만 오히려 기능이 많아지면서 사용하기에 부담스러운 상황도 발생하고 있다. 이런 것을 보면 기술과 인간의 가치 추구가 똑같이 일치하지는 않는 것 같다. 기술적으로는 의미가 있으나 인간 관점으로는 별로 의미가 없을 수도 있고, 기술적으로 아주 간단한 것이나 생활에서는 너무나 필요하고 중요한 것일 수도 있다.

㉡ 그렇다면 어떻게 해야 컴퓨터가 사람들의 생활과 자연스럽게 어울릴 수 있을까. 가장 먼저 생각해 볼 수 있는 것은 디지털 기기들이 일상생활의 책상, 의자, 거울, 액자, 가방, 옷 등과 같은 사물의 형태를 띠는 수준으로 발전하는 것이다. 그리고 사용 방법도 기존의 사물을 사용하는 것과 그리 다를 바가 없어야 한다. 그렇게 된다면 사람들은 일상생활 환경의 큰 변화 없이 컴퓨터와 비교적 쉽게 가까워 질 수 있다. 좀더 나아가 사람들의 평소 생활 모습을 살펴보고 분석함으로써 컴퓨터가 어떤 형태와 역할로써 생활 속에 들어 와야 하는지 예측해 볼 수 있을 것이다. 사람들의 생활 패턴을 변화시키지 않거나, 새로운 변화에 적응이 가능한 수준의 연장선상에 컴퓨터가 존재한다면 훨씬 자연스럽고 빠른 시일 내에 컴퓨터가 인간의 삶 속에 스며들 수 있을 것이다. 또한, 디자인이나 인터페이스 부분도 사람들의 생활과 잘 어울릴 수 있도록 고려된다면 지금껏 알아 왔던 컴퓨터 모습과는 다른 컴퓨터가 그 자리를 대체하게 될지도 모른다.

사람들이 살아가는 행태, 즉 라이프스타일은 가정 및 사회에서 공통적인 모습이 있으며, 개인의 취향이나 성향에 따라 다른 형태를 나타내기도 한다. 경제적 여유에 따라서도 다양한 라이프스타일이 형성된다. 예를 들어 각종 제품들을 구매할 수 있는 구매력 있는 사람들과 그렇지 못한 사람들은 분명 그 차이가 있을 것이다. 또한 연령층이나 직업에 따라서도 다양한 특성을 보이기도 한다. X세대, Y세대, P세대, 보보스족, 코쿤족 등 다양한 라이프스타일을 분류해 놓은 용어들이 있다. 각각의 라이프스타일에 따라서 어떤 형태의 유비쿼터스 환경을 선호하고, 활용을 하게 될지 살펴볼 필요가 있을 것이며, 가정, 사무실, 거리, 공공 장소 등 장소에 따라 어떤 유비쿼터스 환경이 적합한지 고민해 볼 필요가 있을 것이다.

유비쿼터스 개념이 제안된 최초의 의도는 인간 중심적인 접근이다. 최근에는 유비쿼터스가 기술적인 측면에서 다루어지는 경향이 많이 있다. 유비쿼터스 네트워크라 하여 언제 어디서나 접속이 가능한 IT환경이라는 개념으로 해석되어 연구가 되고 있기도 하다. 다양한 분야와 새로운 개념의 확대로 많은 연구가 진행이 되는 것은 환영할 만한 것이나, 가장 기본적인 요소인 인간과 컴퓨터 관계에 대한 연구도 게을리 해서는 안 될 것이다.

51 이 글의 내용과 일치하지 않는 것은?

① 우리나라는 이미 본격적인 유비쿼터스 환경에 놓여 있다.

② 유비쿼터스는 원래 인간과 기술의 조화를 강조한 개념이다.

③ 고도의 기술 발전은 인간과 기술의 괴리를 불러올 수 있다.

④ 연령, 직업, 취향 등에 따라 사람들의 라이프스타일이 달라진다.

> ✔해설 이 글은 유비쿼터스의 본래 개념에는 컴퓨터와 인간의 자연스러운 조화가 강조되어 있다는 점을 지적하면서, 유비쿼터스의 개념이 언제 어디서나 접속 가능하다는 기술적인 측면으로 확대하고 있지만 여전히 인간적 요소는 중시되어야 한다고 주장하고 있다.
> ①에 대해서는 언급하지 않았다. 오히려 유비쿼터스는 현재의 환경이나 삶의 모습이 아니라 앞으로 다가올 환경이나 삶의 모습임을 추리할 수 있다.

52 다음 밑줄 친 단어 중에서 ㉠과 그 의미가 같은 것은?

① 생선 <u>내장</u>을 꺼내고 소금을 쳐서 냉동실에 넣었다.

② 자동 기어 변속 장치를 <u>내장</u>한 자동차가 더 비싸다.

③ 재개발 지역에 새로 솟은 빌딩들은 <u>내장</u> 공사가 한창이다.

④ 불교에서는 참선을 통해 <u>내장</u>을 줄이거나 없앨 수 있다고 보고 있다.

> ✔해설 ㉠의 '내장(內藏)'은 '밖으로 드러나지 않게 안에 간직함'을 뜻하며 ②의 '내장'도 같은 뜻으로 쓰였다.
> ① 내장(內臟) : 척추동물의 가슴 안이나 배 안 속에 있는 여러 가지 기관을 통틀어 이르는 말
> ③ 내장(內粧) : 건물의 내부를 꾸미는 일
> ④ 내장(內障) : 불교에서, 마음속에 일어나는 번뇌의 장애를 이르는 말

53 ⓒ의 예로 알맞지 않은 것은?

① 음성 명령을 인식하고 음성으로 작동하는 세탁기를 만든다.
② 청소용 로봇의 외형을 친절한 이미지의 사람 모양으로 디자인한다.
③ 인터넷을 이용한 원격 진찰의 절차를 오프라인상의 절차와 유사하게 한다.
④ 컴퓨터의 업그레이드된 기능을 환기할 수 있게 외형을 첨단 이미지로 디자인한다.

> ✔해설 ④는 세 번째 문단에서 언급하고 있는 컴퓨터와 사람들의 생활이 자연스럽게 어울리는 여러 가지 예와 거리가 멀다. 또한 첨단 제품의 첨단 디자인이라고 해서 사람들의 생활과 잘 어울린다고 말할 수 없다.

54 다음 글의 요지를 가장 잘 정리한 것은?

> 신문에 실려 있는 사진은 기사의 사실성을 더해 주는 보조 수단으로 활용된다. 어떤 사실을 사진 없이 글로만 전할 때와 사진을 곁들여 전하는 경우에 독자에 대한 기사의 설득력에는 큰 차이가 있다. 이 경우 사진은 분명 좋은 의미에서의 영향력을 발휘한 경우에 해당할 것이다. 그러나 사진은 대상을 찍기 이전과 이후에 대해서 알려주지 않는다. 어떤 과정을 거쳐 그 사진이 있게 됐는지, 그 사진 속에 어떤 속사정이 숨어 있는지에 대해서도 침묵한다. 분명히 한 장의 사진에는 어떤 인과 관계가 있음에도 그것에 관해 자세히 설명해 주지 못한다. 이러한 서술성의 부족으로 인해 사진은 사람을 속이는 증거로 쓰이는 경우도 있다. 사기꾼들이 권력자나 얼굴이 잘 알려진 사람과 함께 사진을 찍어서, 자신이 그 사람과 특별한 관계가 있는 것처럼 보이게 하는 경우가 그 예이다.

① 사진은 서술성이 부족하기 때문에 사기꾼들에 의해 악용되는 경우가 많다.
② 사진은 사실성의 강화라는 장점을 지니지만 서술성의 부족이라는 단점도 지닌다.
③ 사진은 신문 기사의 사실성을 강화시켜 주며 어떤 사실의 객관적 증거로도 쓰인다.
④ 사진은 신문 기사의 사실성을 더해 주는 보조 수단으로서의 영향력이 상당하다.

> ✔해설 앞에서는 사진의 장점으로 '사실성의 강화'를 들고 있고 뒤에서는 그 단점으로 '서술성의 부족'을 지적하고 있다. 따라서 ②가 중심 내용을 바르게 파악·요약한 것에 해당한다.

55 다음 글의 주제로 가장 적절한 것은?

> 법률 분야에서 특이한 점은 외국법에 낯가림이나 배타적 정서가 심하지 않다는 것이다. 어떤 경우는 오히려 적극적으로 외국법을 가져와 자기 나라에서 국내법으로 변형하여 사용하려 한다. 왜냐하면 주로 선진 법제를 가진 국가의 법은 오랜 기간 효과적으로 운용되어 살아남은 것이므로 충분히 주목할 가치가 있기 때문이다. 사실 법은 수시로 폐기되고 신설된다. 그런데 수정 조항 등을 거쳐 현실 속에서 잘 기능하고 있다면 그 법의 유용성은 검증된 것이나 다름없다. 후발 주자 입장에서는 선진 법제를 참고하여 법률을 제정하는 것이 여러모로 효율적이고 시행착오를 줄이는 길이다. 검증된 유효성이 설익은 독창성보다 중요하기 때문이다. 그러므로 어떤 법을 보면 외국법이나 국내법이나 그 내용이 대동소이한 경우가 많다. 단지 자국의 언어로 표현했다는 점만 다를 뿐, 실질적으로는 같은 내용의 법인 것이다. 이와 같이 선진 법제를 도입하는 형식으로 외국법을 자주 차용하는 영역에서는 국내법과 외국법이 하나로 융합되어 있다고 볼 수 있다.

① 외국법과 국내법의 융합
② 외국법을 받아들이는 우리의 태도
③ 법률제정의 시행착오를 줄이는 법
④ 외국법을 국내법으로 변형하여 사용하는 이유

> ✔해설 ① 마지막 문단에서 이 글의 주제를 알 수 있다.

56 다음 문장을 순서대로 바르게 나열한 것은?

> (개) 에너지는 일을 할 수 있는 능력이고 에너지 자원은 일을 할 수 있는 능력을 가진 물질이나 현상을 말한다.
>
> (내) 마라톤 경기에서 결승선까지 달려온 선수들의 지친 모습을 보면서 우리는 그들이 에너지를 다 써 버렸다고 말한다.
>
> (대) 도로 위를 달리는 트럭은 에너지 자원인 연료를 태워서 에너지를 발생시키고 이 에너지로 바퀴를 굴려 무거운 짐을 먼 곳까지 운반하는 일을 한다.
>
> (래) 여기서 에너지란 무슨 뜻일까?

① (내) - (래) - (개) - (대)　　　　② (래) - (개) - (내) - (대)

③ (개) - (대) - (래) - (내)　　　　④ (대) - (내) - (개) - (래)

✔ **해설**　(내) 에너지에 대한 일반적인 사용 예시
　　　　(래) 문제 제기
　　　　(개) 에너지의 의미와 에너지 자원의 의미
　　　　(대) (개)의 사례

57 다음을 잘 표현한 한자성어는?

> 나의 스승님은 항상 진리를 터득하기 위해 부단히 노력하는 모습을 보여주셨다. 하루는 스승님이 길을 걷던 중 김을 매고 있는 농부에게 무엇인가를 물어본 뒤 농부의 설명을 진지하게 듣는 모습을 보게 되었다. 내가 후에 스승님께 그 연유를 물으니 스승님은 "언제 어디서든 모르는 것이 있으면 그게 누구이든 물어봐야 하는 것이 진정한 학문이네." 라고 대답하셨다.

① 不恥下問　　　　　　　　② 錦上添花

③ 難兄難弟　　　　　　　　④ 男負女戴

✔ **해설**　① 불치하문 : 손아랫사람이나 지위나 학식이 자기만 못한 사람에게 모르는 것을 묻는 일을 부끄러워하지 아니함
　　　　② 금상첨화 : 좋은 일 위에 또 좋은 일이 더하여짐을 비유적으로 이르는 말
　　　　③ 난형난제 : 두 사물이 비슷하여 낫고 못함을 정하기 어려움을 이르는 말
　　　　④ 남부여대 : 남자는 지고 여자는 인다는 뜻으로 가난한 사람들이 살 곳을 찾아 이리저리 떠돌아다님을 이르는 말

58 다음 빈칸에 들어갈 말로 가장 적절한 것은?

이와 같은 상황에서 최치원은 당나라로 유학을 가서 빈공과에 장원급제하고 율수현위를 역임한 뒤 귀국한다. 최치원은 귀국 후 당에 보내는 국서 작성을 주로 담당했는데, 발해를 다만 극복의 대상으로만 파악하여 비방하는 경우가 많았다. 이러한 입장은 당나라의 동방 정책에 대해 적극적으로 대응하지 않고 발해를 우리 민족사의 범위 속으로 수용하지 못한 신라 지배 집단의 한계를 반영한 것이다. 그런데 최치원 개인의 관점도 여기서 크게 벗어나지는 않는다는 데 문제가 있다. 최치원은 현전하지는 않지만 『제왕연대력』이라는 역사서를 편찬했다. 그런데 여러 방증 사료들을 검토해 보면 그는 역사 인식의 폭을 넓혀 신라뿐만 아니라 고구려, 백제, 가야, 중국, 발해에 대해 많은 관심을 표하고 있지만, 역사 서술에서는 폐쇄적 입장을 취한다.
그리하여 (   ) 그의 이러한 발해에 대한 인식은 당의 대외 정책의 의도를 따라 잡지 못한 것으로 볼 수 있다.

① 우리 역사의 정통성이 삼국에서 통일신라로 계승되는 것으로 보고, 역사의 서술 대상에서 발해를 제외한다.

② 역사의 서술 대상에서 통일신라는 제외하고, 관심을 지닌 고구려, 백제, 가야, 중국, 발해의 역사만을 다룬다.

③ 발해의 역사는 부수적으로 살펴보고, 당시 동아시아를 이끌어가던 당나라와 신라의 역사를 중점적으로 서술한다.

④ 우리 역사는 삼국 시대가 끝난 후 발해와 통일신라로 이어지므로, 이들 남북국을 균형 있게 서술한다.

✔해설 발해를 우리 민족사의 범위로 수용하지 못했으며, 역사 서술에서 폐쇄적 입장을 취했으므로 ③의 내용이 들어가야 한다.

59 다음 글에서 알 수 있는 것은?

> 국내에서 벤처버블이 발생한 1999~2000년 동안 한국뿐 아니라 미국, 유럽 등 전 세계 주요 국가에서 벤처버블이 나타났다. 미국 나스닥의 경우 1999년 초 이후에 주가가 급상승하여 2000년 3월을 전후해서 정점에 이르렀는데, 이는 한국의 주가 흐름과 거의 일치한다. 또한 한국에서는 1989년 5월부터 외국인의 종목별 투자한도를 완전 자유화하였는데, 외환위기 이후 해외투자를 유치하기 위한 이런 주식시장의 개방은 주가 상승에 영향을 미쳤다. 외국인 투자자들은 벤처버블이 정점에 이르렀던 1999년 12월에 벤처기업으로 구성되어 있는 코스닥 시장에서 투자금액을 이전 달의 1조 4천억 원에서 8조원으로 늘렸으며, 투자비중도 늘렸다.
>
> 또한 벤처버블 당시 국내에서는 인터넷이 급속히 확산되고 있었다. 초고속 인터넷 서비스는 1998년 첫 해에 1만 3천 가구에 보급되었지만 1999년에는 34만 가구로 확대되었다. 또한 1997년 163만 명이던 인터넷 이용자는 1999년에 천만 명으로 폭발적으로 증가하였다. 이처럼 초고속 인터넷의 보급과 인터넷 사용인구의 급증은 뚜렷한 수익모델이 없는 업체라 할지라도 인터넷을 활용한 비즈니스를 내세우면 투자자들 사이에서 높은 잠재력을 가진 기업으로 인식되는 효과를 낳았다.
>
> 한편 1997년 8월에 시행된 벤처기업 육성에 관한 특별 조치법은 다음과 같은 상황으로 인해 제정되었다. 법 제정 당시 우리 경제는 혁신적 기술이나 비즈니스 모델에 의한 성장보다는 설비확장에 토대한 외형성장에 주력해 왔다. 그러나 급격한 임금상승, 공장용지와 물류 및 금융 관련 비용 부담 증가, 후발국가의 추격 등은 우리 경제가 하루 빨리 기술과 지식을 경쟁력의 기반으로 하는 구조로 변화해야 할 필요성을 높였다. 게다가 1997년 말 외환위기로 30대 재벌의 절반이 부도 또는 법정관리에 들어가게 되면서 재벌을 중심으로 하는 경제성장 방식의 한계가 지적되었고, 이에 따라 우리 경제는 고용창출과 경제성장을 주도할 새로운 기업군을 필요로 하게 되었다. 이로 인해 시행된 벤처기업 육성 정책은 벤처기업에 세제 혜택은 물론, 기술 개발, 인력공급, 입지공급까지 다양한 지원을 제공하면서 벤처기업의 급증에 많은 영향을 주게 되었다.

① 해외 주식시장의 주가 상승은 국내 벤처버블 발생의 주요 원인이 되었다.
② 벤처버블은 한국뿐 아니라 전 세계 모든 국가에서 거의 비슷한 시기에 발생했다.
③ 국내의 벤처기업 육성책 실행은 한국 경제구조 변화의 필요성과 관련을 맺고 있다.
④ 국내 초고속 인터넷 서비스 확대는 벤처기업을 활성화 시켰으나 대기업 침체의 요인이 되었다.

> ✔️**해설** ③ 세 번째 문단 중후반부에서 알 수 있는 내용이다.

60 다음 글에서 추론할 수 있는 것은?

> 나균은 1600개의 제 기능을 하는 정상 유전자와 1100개의 제 기능을 하지 못하는 화석화된 유전자를 가지고 있다. 이에 반해 분류학적으로 나균과 가까운 종인 결핵균은 4000개의 정상 유전자와 단 6개의 화석화된 유전자를 가지고 있다. 이는 화석화된 유전자의 비율이 결핵균보다 나균에서 매우 높다는 것을 보여준다. 왜 이런 차이가 날까?
>
> 결핵균과 달리 나균은 오로지 숙주세포 안에서만 살 수 있기 때문에 수많은 대사과정을 숙주에 의존한다. 숙주세포의 유전자들이 나균의 유전자가 수행해야 하는 온갖 일을 도맡아 해주다 보니, 나균이 가지고 있던 많은 유전자의 기능이 필요 없게 되었다. 이에 따라 세포 내에 기생하는 기생충과 병균처럼 나균에서도 유전자 기능의 대량 상실이 일어나게 되었다.
>
> 유전자의 화석화는 후손의 진화 방향에 중요한 영향을 미친다. 기능을 상실하기 시작한 유전자는 복합적인 결함을 일으키기 때문에, 한번 잃은 기능은 돌이킬 수 없게 된다. 즉 유전자 기능의 상실은 일방통행이다. 유전자의 화석화와 기능 상실은 특정 계통의 진화 방향에 제약을 가하는 것이다. 이는 아주 오랜 시간이 흘러 새로운 환경에 적응하기 위해 화석화된 유전자의 기능이 필요하다고 하더라도 이 유전자의 기능을 잃어버린 종은 그 기능을 다시 회복할 수 없다는 것을 의미한다.

① 결핵균은 과거에 숙주세포 없이는 살 수 없었을 것이다.

② 현재의 나균과 달리 기생충에서는 유전자의 화석화가 일어나지 않았을 것이다.

③ 숙주세포 유전자의 화석화는 나균 유전자의 소멸과 밀접한 관련이 있을 것이다.

④ 화석화된 나균 유전자의 대부분은 나균이 숙주세포에 의존하는 대사과정과 관련된 유전자일 것이다.

> ✔해설 ① 숙주세포가 없이 살 수 없는 것은 나균이다.
> ② 기생충과 병균처럼 나균에서도 유전자의 기능의 대량 상실이 일어났다고 했으므로 기생충에서도 유전자의 화석화가 일어났다.
> ③ 본문 내용으로는 알 수 없다.

Answer 59.③ 60.④

CHAPTER

05

공간지각력

대표유형 1 **도형 회전**

(1) 제시된 도형과 다른 것 찾기

주어진 도형을 90°, 180°, 270° 등 다양한 각도로 회전시켰을 때 나타날 수 없는 형태를 고르는 유형이다.

예제풀이

다음 제시된 도형과 다른 것을 고르면?

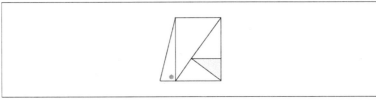

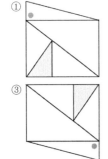

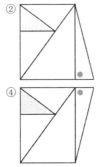

해 설

② 그림을 제시된 도형과 같은 위치로 돌려 보면 오른쪽과 같은 모양이 된다. 왼쪽 삼각형의 모양이 다른 것을 알 수 있다.

① 제시된 그림을 오른쪽으로 90° 회전시킨 모양이다.

③ 제시된 그림을 왼쪽으로 90° 회전시킨 모양이다.

④ 제시된 그림을 180° 회전시킨 모양이다.

답 ②

다음 그림 중에서 회전시켰을 때 서로 일치하는 도형을 고르면?

①

②

③

④

[해설]
② ▲의 모양이 다르다.
④ 2의 위치가 다르다.

답 ①③

대표유형 2 　블록

(1) 블록 개수 세기

① 쌓아놓은 블록의 개수를 세는 유형의 경우 보이지 않는 부분을 추리하는 능력이 요구된다.

② 바닥면부터 각 층별로 블록 개수를 세어 맨 꼭대기 층까지의 블록 개수를 더해 주는 방식으로 문제를 푸는 것이 효과적이다.

예제풀이

아래에 제시된 그림과 같이 쌓기 위해 필요한 블록의 수는?

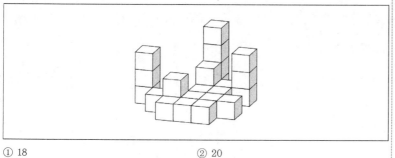

① 18

② 20

③ 22

④ 24

[해설]
제시된 그림을 따라 블록을 세어보면 총 24개이다.
따라서 그림과 같이 쌓기 위한 블록의 개수는 ④이다.

답 ④

(2) 방향에 따른 블록 모양 파악하기

방향에 따라 블록이 어떻게 보이는지 묻는 유형의 경우, 해당 방향에서 보았을 때 왼쪽에서 오른쪽으로 각 열별 블록의 높이를 숫자로 적어놓고 문제를 풀면 빠르고 정확하게 해결이 가능하다.

예제풀이

아래에 제시된 블록들을 화살표 표시한 방향에서 바라봤을 때의 모양으로 알맞은 것은? (단, 바라보는 시선의 방향은 블록의 면과 수직을 이루며 원근에 의해 블록이 작게 보이는 효과는 고려하지 않는다.)

[해설]
제시된 그림을 오른쪽에서 본다고 가정하면 ②가 나타나게 된다.

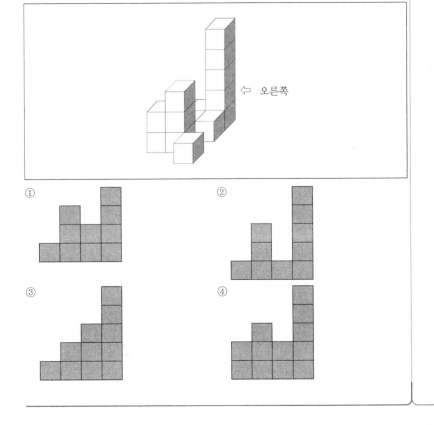

답 ②

(1) 기본적인 전개도의 모양

이름	입체도형	전개도
정사면체		
정육면체		
정팔면체		
정십이면체		
정이십면체		

(2) 정육면체의 전개도

정육면체의 전개도는 대략 다음의 11가지로 볼 수 있다. 각 유형의 전개도에 따라 마주보는 위치에 오는 면을 암기해 둔다면 보다 빠르게 문제를 풀 수 있다.

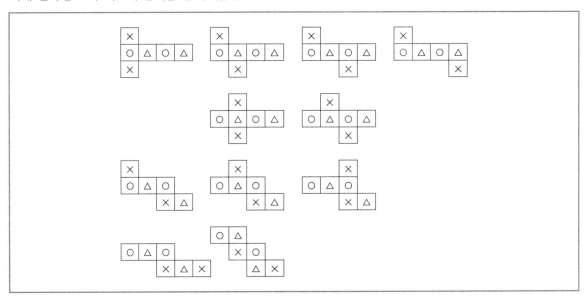

예제풀이

다음 전개도를 접었을 때 만들어질 도형으로 올바른 것은?

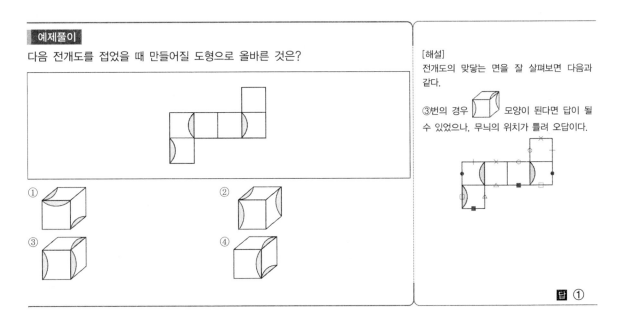

① ② ③ ④

[해설]
전개도의 맞닿는 면을 잘 살펴보면 다음과 같다.

③번의 경우 [그림] 모양이 된다면 답이 될 수 있었으나, 무늬의 위치가 틀려 오답이다.

답 ①

대표유형 4 | 펀칭·절단면

(1) 펀칭

① 종이의 접힌 면을 잘 살펴본다.

② 접힌 면을 중심으로 펀칭구멍이 대칭으로 생긴다는 것을 염두한다.

③ 펀칭 순서를 역으로 추리해나간다.

예제풀이

다음 그림과 같이 화살표 방향으로 종이를 접은 후, 펀치로 구멍을 뚫어 다시 펼친 그림은?

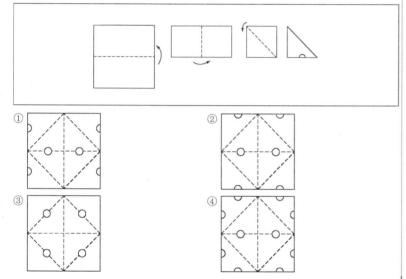

① ②

③ ④

[해설]

역으로 순서를 유추해보면 다음 그림과 같다. 접힌 면을 항상 염두해야 한다.

답 ①

출제예상문제

1 다음 도형을 위에서 내려보았을 때의 형태를 고르시오.

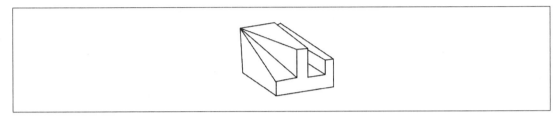

①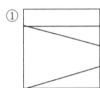

②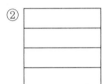

③

④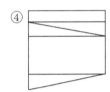

2 다음 중 나머지 셋과 다른 것을 고르시오.

①

②

③

④

✔ 해설 ①③④는 회전관계, ②는 색칠된 부분이 다른 그림이다.

3 다음 제시된 그림을 시계 방향으로 90° 회전 후 왼쪽으로 뒤집을 그림은?

①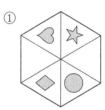

②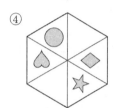

③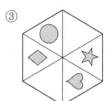

④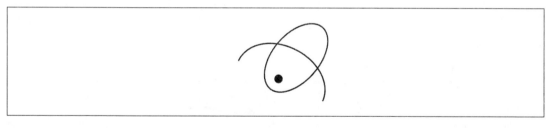

4 다음 제시된 도형과 같은 도형을 고르시오.

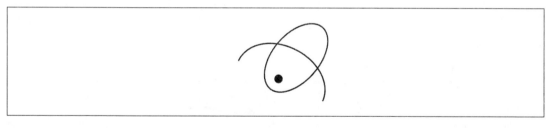

①

②

③

④

5   아래에 제시된 그림과 같이 쌓기 위해 필요한 블록의 수는?

※ 블록은 모양과 크기는 모두 동일한 정육면체임

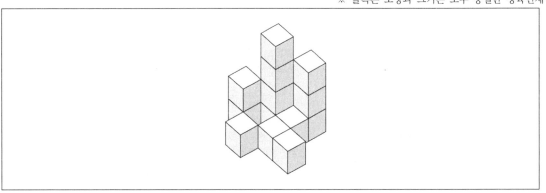

① 11   ② 12

③ 13   ④ 14

✔해설   바닥면부터 블록의 개수를 세어 보면, 7+3+2+1=13개이다.

6   다음 제시된 세 개의 단면을 참고하여 해당되는 입체도형을 고르시오.

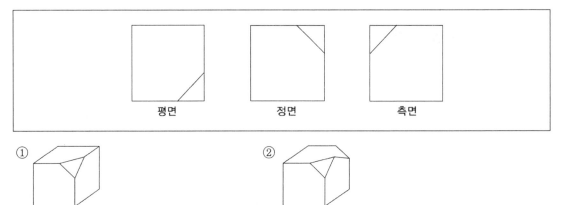

✔해설   ② 평면, 측면의 모양이 다르다.
　　　　③④ 평면, 정면, 측면의 모양이 다르다.

7 아래에 제시된 블록들을 화살표 표시한 방향에서 바라봤을 때의 모양으로 알맞은 것은?

※ 주의사항
- 블록은 모양과 크기는 모두 동일한 정육면체임.
- 바라보는 시선의 방향은 블록의 면과 수직을 이루며 원근에 의해 블록이 작게 보이는 효과는 고려하지 않음.

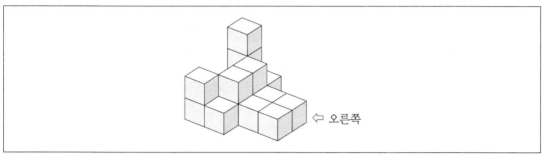
⇦ 오른쪽

① 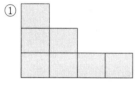　　　　②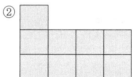

③ 　　　　④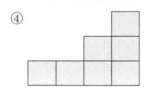

✔해설　제시된 블록을 화살표 표시한 방향에서 바라보면 ③이 나타난다.

Answer　5.③　6.①　7.③

8 다음 제시된 블록에서 바닥에 닿은 면을 제외하고 어디서도 보이지 않는 블록의 개수를 고르시오.

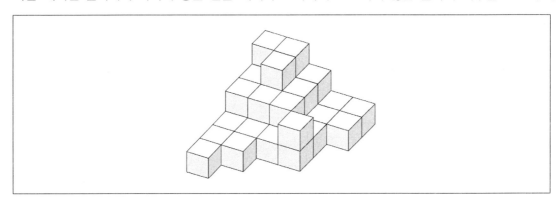

① 3개 ② 4개

③ 5개 ④ 6개

✔해설 다음에 표시된 맨 아래층 블록 4개와 2층의 블록 1개가 어디서도 보이지 않는다.

2	1	1	2	3
1	0	0	1	3
1	0	0	2	
2	1	2	2	
2	3			
4				

2	1	3	
2	0	2	
3	2	3	
			5

9 다음 전개도를 접었을 때, 나타나는 입체도형의 모양으로 알맞은 것을 고르시오.

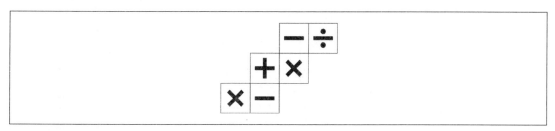

①

②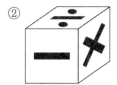

③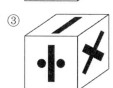

④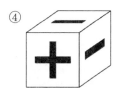

✔해설 제시된 전개도를 접으면 ③이 된다.

10 다음 도형에서 찾을 수 있는 삼각형의 최대 개수는?

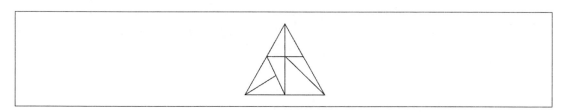

① 12개   ② 13개

③ 14개   ④ 15개

✔해설

①~⑦ 삼각형 7개와

①+②, ①+③, ②+⑦, ④+⑤, ①+③+④+⑤, ②+⑦+⑥,

①+②+③+④+⑤+⑥+⑦의 7개

∴ 14(개)

11 다음 도형에서 찾을 수 있는 최대 사각형의 수는? (단, 정 · 직사각형만 고려한다)

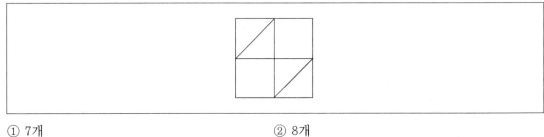

① 7개   ② 8개

③ 9개   ④ 10개

✔해설

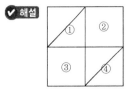

㉠ 정사각형의 수 : ①, ②, ③, ④, ①+②+③+④의 5개
㉡ 직사각형의 수 : ①+②, ①+③, ②+④, ③+④의 4개
　∴ 5+4＝9개

12 다음 입체도형의 전개도로 옳은 것을 고르시오.

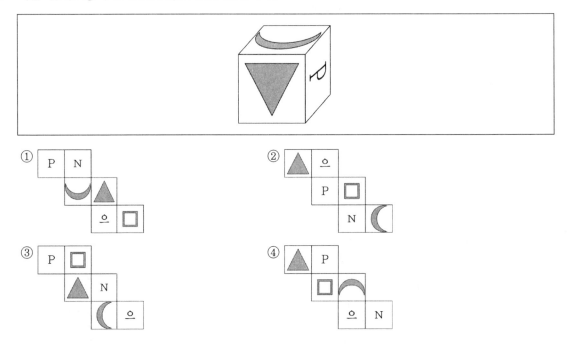

✔해설 해당 도형을 펼치면 ③이 나타날 수 있다.

13 다음 제시된 그림을 화살표 방향으로 접은 후 구멍을 뚫은 다음 다시 펼쳤을 때의 그림을 고르시오.

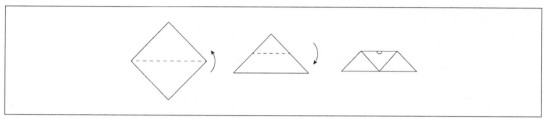

①
②
③
④

14 다음과 같이 화살표 방향으로 종이를 접어 가위로 잘라낸 뒤 펼친 모양에 해당하는 것을 고르시오.

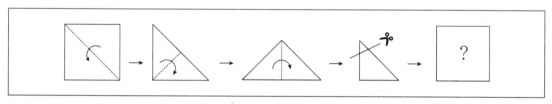

①
②
③
④

✔ 해설 제시된 종이 접기를 가위로 자른 후의 모양은 ④이다.

Answer   11.③   12.③   13.④   14.④

15 다음 제시된 도형을 선을 따라 절단했을 때 나올 수 없는 모양을 고르시오.

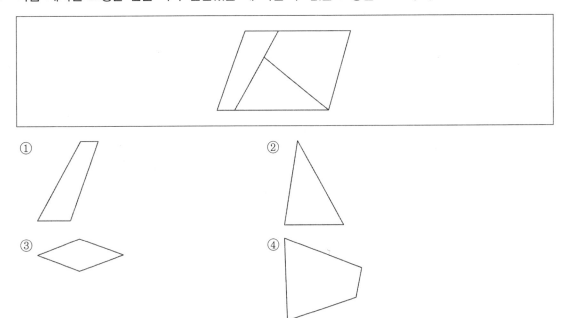

16 다음 제시된 도형을 구성하는 데 필요한 조각을 묶은 것을 고르시오.

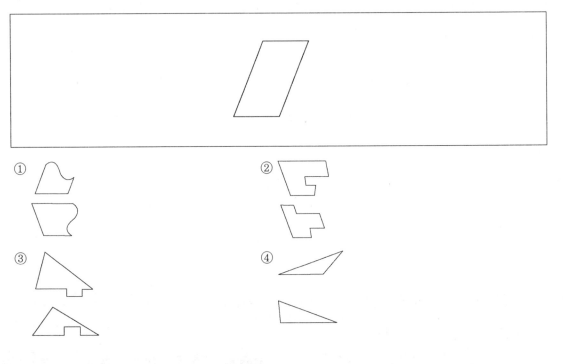

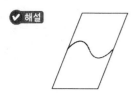

17 다음 제시된 도형을 축을 중심으로 회전시켰을 때 나타나는 회전체의 모양으로 옳은 것은?

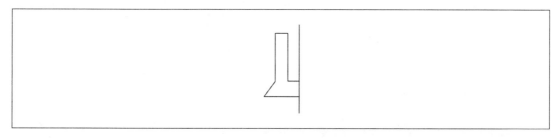

①   ②

③ 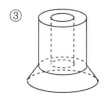   ④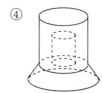

18 제시된 그림의 조각을 맞출 때 가장 잘 맞는 것을 고르시오.

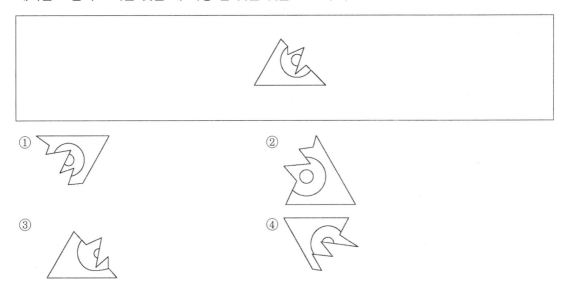

① ② ③ ④

✔해설 ③ 조각의 가운데에 있는 원 모양에 주의한다.

19 다음에 제시된 도형을 조합하여 만들 수 있는 모양으로 가장 알맞은 것을 고르시오.

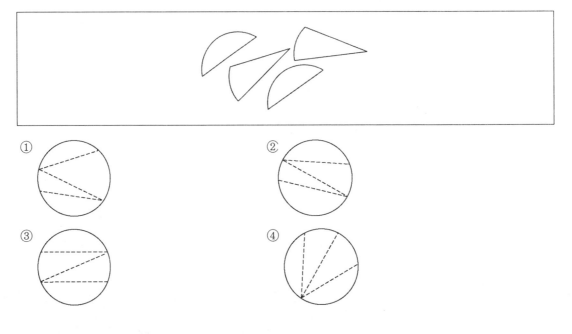

① ② ③ ④

20 다음 제시된 그림을 순서대로 연결하시오.

① ㉠㉣㉢㉡

② ㉠㉢㉣㉡

③ ㉡㉠㉣㉢

④ ㉠㉣㉡㉢

✔ 해설 사람과 벽면의 지도의 단면을 고려하여 연결한다.

CHAPTER

06 관찰탐구력

| 대표유형 1 | 기호·문자·숫자 비교 |

숫자·문자·기호 등을 불규칙하게 나열해 놓고 좌우를 비교하는 유형이다. 시각적인 차이점을 정확히 찾아내는 능력을 파악하며, 비교적 간단한 문제들이 출제된다. 그러나 빠르게 찾아낼 수 있는 집중력이 더욱 필요한 파트이다. 한글, 알파벳, 로마자, 세 자리 숫자, 전각기호 등이 나왔고, 아랍어도 출제되었다. 사전에 비슷한 유형의 문제를 풀어보는 것이 중요하며 가장 직관적으로 접해야 하는 파트이다. 전체적인 것을 보고 문제를 해결하려고 하지 말고, 특징적인 부분을 파악하여 해결하는 연습을 하면 빠른 시간 안에 풀 수 있다.

예제풀이

짝지어진 문자가 서로 다른 것은?

① abcdefghijklmn – abcdefghijklmn
② 가갸거겨고교구규그기 – 가갸거겨고교구규그기
③ 13421423455543 – 13421423455543
④ 小貪大失 – 小償大失

해 설

①②③④를 좌우를 비교했을 때, ④는 '小貪大失 – 小償大失' 밑줄 친 글자가 다르다. 이렇게 양쪽을 비교하는 문제가 출제된다.

답 ④

| 대표유형 2 | 특정 문자·숫자·기호 찾기 |

큰 지문에 다양한 문자·숫자·기호들을 섞어놓고 문제에서 제시한 문자·숫자·기호를 지문 안에서 찾는 유형이다.

① 제시되지 않은 문자 또는 모형 고르기

② 제시된 문자 또는 기호가 모두 몇 번 제시되었는지 개수 찾기

다음에서 마늘은 몇 번 제시되었나?

마음	마을	마늘	마야	마약	마우	마술
마부	마력	마루	마늘	말다	마당	마마
마디	마감	마개	마린	마크	마임	마중
마취	망상	막차	마하	막리	막간	막내

① 1번   ② 2번
③ 3번   ④ 4번

해 설

아래의 표를 보면 마늘은 두 번 제시되었다.

마음	마을	<u>마늘</u>	마야	마약	마우	마술
마부	마력	마루	<u>마늘</u>	말다	마당	마마
마디	마감	마개	마린	마크	마임	마중
마취	망상	막차	마하	막리	막간	막내

답 ②

대표유형 3 **물리영역**

(1) 뉴턴의 운동법칙

① 뉴턴의 운동 제1법칙 : 관성의 법칙

외부로부터 물체에 어떤 힘이 작용하지 않는 한, 그 물체가 자신의 운동 상태를 계속해서 유지하려고 하는 성질이 '관성'이다. 예를 들어, 정지해 있는 물체는 계속해서 정지해 있으려 하고, 운동하고 있는 물체는 계속해서 일정한 속력으로 운동하려고 한다.

※ 관성의 예

ㄱ 버스가 출발하면 사람 몸이 뒤로 쏠린다.

ㄴ 이불에 있는 먼지를 털 때 먼지가 떨어진다.

ㄷ 망치가 자루에서 빠지지 않도록 망치 자루를 세워서 바닥에 친다.

ㄹ 지구의 인력을 벗어난 로켓은 관성의 힘으로 달까지 움직인다.

② 뉴턴의 운동 제2법칙 : 가속도의 법칙

물체의 운동 상태는 물체에 작용하는 힘의 크기와 방향에 따라 변한다. 이와 같은 운동 상태의 변화(속도의 변화)를 가속도라고 한다. 즉, 물체에 힘이 작용하면 물체는 그 힘에 비례해서 가속도를 갖게 된다. 예를 들면 축구공을 세게 차면 빠른 속도로 날아가고, 약하게 차면 천천히 날아간다.

※ 가속도의 예

  ㉠ 공을 얼마만큼 세게 차느냐에 따라 속도가 달라진다.

  ㉡ 비탈면에서 점점 빨라지는 것

  ㉢ 물건을 떨어뜨리고 일정한 시간(거의 0.1초)마다 사진을 찍으면 점점 빨라지는 것을 알 수 있다.

  ㉣ 자전거 페달을 더 세게 밟으면 더 빠르게 움직인다.

③ 뉴턴의 운동 제3법칙 : 작용과 반작용의 법칙

 밀고 당기는 힘은 두 물체 사이에 일어나는 상호 작용이다. 두 물체가 서로 밀 때, 두 물체가 서로에게 작용하는 힘의 크기는 같지만 방향은 반대가 된다. 이때 한쪽 힘은 작용, 다른 쪽 힘은 반작용이다. 작용과 반작용은 힘의 크기가 같고 방향이 반대이며 동일 직선상에서 작용한다. 예를 들어 덩치 큰 사람과 날씬한 사람이 손바닥 밀기 게임을 할 때, 힘의 방향은 서로 반대이지만 크기는 같다.

※ 작용 · 반작용의 예

  ㉠ 포탄이 발사되면 포신이 뒤로 밀린다.

  ㉡ 가스를 뒤로 분사하면서 로켓이 날아간다.

  ㉢ 사람이 땅을 뒤로 밀어서 앞으로 걸어간다.

  ㉣ 자석이 철을 끌어당기면 철도 자석을 끌어당긴다.

④ **만유인력의 법칙(중력)** … 질량을 가진 두 물체 사이에 작용하는 힘으로 두 물체의 곱에 비례하고 거리의 제곱에 반비례한다.

(2) 여러가지 힘

① **중력** … 지구가 물체를 끌어당기는 힘

  ㉠ **크기** : 물체의 질량에 비례, 지구에 가까울수록 중력이 크다. 중력의 크기를 무게라고 한다.

  ㉡ **방향** : 지구 중심 방향(=연직방향)

  ㉢ **중력에 의한 현상과 이용**

   • 고드름이 아래로 자란다.

   • 물이 높은 곳에서 낮은 곳으로 흐른다.

   • 달이 지구 주위를 공전한다.

   • 물건을 던지면 아래로 떨어진다.

ㄹ 질량과 무게
- 질량 : 장소에 따라 변하지 않는 물체의 고유한 양. 측정 장소에 따라 달라지지 않는다.
- 무게 : 물체에 작용하는 중력의 크기이며, 측정 장소에 따라 달라진다.
- 질량과 무게의 관계 : 질량이 큰 물체일수록 물체에 작용하는 중력의 크기는 커진다. 즉 물체의 무게는 질량에 비례한다.

② 탄성력 ··· 변형된 물체가 원래의 모양으로 되돌아가려는 힘
- ㉠ 방향 : 물체에 작용한 힘의 방향과 반대 방향
- ㉡ 크기 : 탄성체의 변형된 정도가 클수록 크며, 탄성체에 작용한 힘의 크기와 같다.
- ㉢ 탄성력의 이용 : 양궁, 침대, 고무줄, 용수철등

③ 마찰력 ··· 물체와 접촉면 사이에서 물체의 운동을 방해하는 힘
- ㉠ 방향 : 물체의 운동 방향과 반대 방향

- ㉡ 크기 : 물체의 무게가 무거울수록, 접촉면이 거칠수록 크다. 접촉면의 넓이와는 관계없다.
- ㉢ 마찰력의 이용
  - 마찰력을 크게 하는 경우 : 자동차 스노우체인, 미끄럼 방지 패드, 등산화 바닥 등
  - 마찰력을 작게 하는 경우 : 수영장 미끄럼틀, 창문에 사용하는 바퀴, 스케이트 등

④ 부력 ··· 액체나 기체가 그 속에 있는 물체를 밀어 올리는 힘
- ㉠ 방향 : 중력과 반대인 위쪽 방향
- ㉡ 크기 : 물에 잠긴 물체의 부피가 클수록 크다. 물체의 질량과는 관계없다.

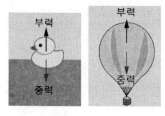

- ㉢ 부력과 중력의 크기(무게) 비교
  - 부력이 무게보다 크면 물체는 떠오르고, 부력이 무게보다 작으면 물체는 가라앉는다.
  - 물체가 떠 있을 때는 부력과 중력의 크기가 같다.

ⓔ 부력의 이용
- 수영장에서 튜브를 이용하면 물에 쉽게 뜬다.
- 열기구 속의 공기를 가열하여 부피를 크게 하면 더 큰 부력을 받아 위로 올라간다.
- 잠수함의 통속에 물을 채우면 가라앉고 물을 비우면 떠오른다.

(3) 에너지의 전환과 보존

① 역학적 에너지

물체가 가지고 있는 위치 에너지와 운동 에너지의 합

$$\text{역학적 에너지} = \text{위치 에너지} + \text{운동 에너지}$$

② 역학적 에너지 보존

ⓐ 역학적 에너지 보존 법칙 : 마찰이나 공기의 저항이 없으면 물체의 역학적 에너지는 일정하게 보존된다.

$$\text{역학적 에너지} = \text{위치 에너지} + \text{운동 에너지} = \text{일정}$$

ⓑ 역학적 에너지가 보존될 때 위치 에너지와 운동 에너지의 전환
- 물체가 내려올 때 : 높이 감소(위치 에너지 감소), 속력 증가(운동 에너지 증가)
- 위치 에너지 → 운동 에너지
- 감소한 위치 에너지 = 증가한 운동 에너지
- 물체가 올라갈 때 : 높이 증가(위치 에너지 증가), 속력 감소(운동 에너지 감소)
- 운동 에너지 → 위치 에너지
- 증가한 위치 에너지 = 감소한 운동 에너지

ⓒ 여러 가지 운동에서 역학적 에너지 보존
- 낙하하는 물체의 운동

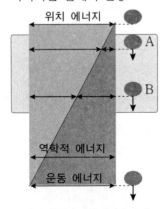

- A점에서의 역학적 에너지 = B점에서의 역학적 에너지

– A~B에서 감소한 위치 에너지 = A~B에서 증가한 운동 에너지
– 꼭대기의 위치에너지 = 바닥의 운동에너지
• 진자의 운동

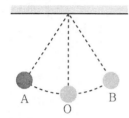

구분	A	A→O	O	O→B	B
위치 에너지	최대	감소	0	증가	최대
운동 에너지	0	증가	최대	감소	0
역학적 에너지	일정				

• 포물선 운동
– C점에서 운동에너지가 존재한다.
– A, E지점의 운동에너지는 C지점의 역학적 에너지(위치 에너지+운동 에너지)와 같다.

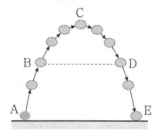

구분	A	B	C	D	E
위치 에너지	최소	증가	최대	감소	최소
운동 에너지	최대	감소	최소	증가	최대
역학적 에너지	일정				

• 수평으로 던진 공의 운동
– A점의 운동에너지가 존재한다.
– A지점의 역학적 에너지(위치 에너지+운동 에너지)는 C지점의 운동 에너지와 같다.

구분	A	B	C
위치 에너지	최대	감소	0
운동 에너지	최소	증가	최대
역학적 에너지	일정		

③ 여러 가지 에너지

㉠ 화학 에너지 : 화석연료(석유, 석탄, 천연가스), 음식과 전지

㉡ 소리 에너지 : 물체의 진동으로 발생, 공기를 통해 전달되는 파동

㉢ 빛 에너지 : 태양이나 조명에서 나오는 에너지. 물체를 볼 수 있게 하고 진공에서도 전달된다.

㉣ 열 에너지 : 온도나 상태를 변화시키는 에너지

㉤ 핵 에너지 : 우라늄의 원자핵에 저장되어 있는 에너지

㉥ 전기 에너지 : 전자의 이동으로 일을 하거나 다른 에너지를 발생시킬 수 있는 에너지. 다른 에너지로 전환이 쉽고 편리하다.

④ 전기 에너지의 전환과 이용

㉠ 전기 에너지의 발생과 에너지 전환 : 일상에서 사용하는 전기 에너지는 주로 발전소에서 화학 에너지, 핵 에너지, 역학적 에너지, 빛 에너지 등 다양한 에너지원을 이용하여 생산한다.

• 화력발전 : 연료를 태워 물을 가열하고, 이때 발생하는 높은 압력의 수증기로 발전기를 회전시킨다. 연료의 화학에너지 → 열에너지 → 발전기의 운동에너지 → 전기에너지

• 수력발전 : 댐에 있는 물을 흘려 보내 발전기를 회전시킨다. 물의 위치에너지 → 발전기의 운동에너지 → 전기에너지

• 풍력발전 : 바람의 힘으로 발전기를 회전시킨다. 바람의 운동에너지 → 발전기의 운동에너지 → 전기에너지

㉡ 가정에서 전기 에너지의 전환

• 전등 : 빛에너지, 열에너지

• 청소기 : 운동에너지, 소리에너지

• 토스터기 : 열에너지

• 세탁기 : 운동에너지

• 선풍기 : 운동에너지

• 난로 : 열에너지

(4) 빛의 성질

① **직진** … 광원에서 나온 빛이 한 물질 내에서 곧게 나아가는 현상

② **분산** … 빛이 여러 가지 색으로 나누어지는 현상(**예** 프리즘을 통과하는 햇빛, 무지개 등). 빛이 분산되는 원인은 빛의 색깔에 따라 굴절하는 정도가 다르기 때문이다.

③ **합성** … 여러 가지 색깔의 빛을 합하는 것. 삼원색을 합치면 백색광이 된다. 빛의 3원색으로 된 화소로 이루어진 텔레비전은 화소에 켜져 있는 빛의 색에 따라 다양한 색을 만든다.

④ **반사** … 빛이 진행하다 다른 물질을 만나면 경계면에서 부딪쳐 되돌아 나오는 현상. 입사각과 반사각은 항상 같다. 광원에서 나온 빛이 물체에서 반사되어 눈으로 들어오기 때문에 물체가 우리 눈에 보이는 것이다.

⑤ **굴절** … 물질마다 빛의 속력이 다르기 때문에 다른 물질로 들어갈 때 빛이 꺾이는 현상
(**예** 아지랑이, 신기루, 물 속의 빨대가 꺾여 보임)

⑥ **회절** … 빛이 슬릿이나 구멍을 통과할 때 직진하지 않고 동심원을 그리며 퍼져 나가는 현상. 파장이 길수록 슬릿의 틈이 좁을수록 잘 일어난다.

대표유형 4   **화학영역**

(1) 기체의 성질

① **보일의 법칙** … 온도가 일정할 때, 압력이 증가하면 기체의 부피는 감소하고, 압력이 감소하면 기체의 부피는 증가한다.
  ㉠ 풍선이 하늘 높이 올라가면 점점 커지다가 터진다.
  ㉡ 주사기의 피스톤을 누르면 주사기 속 공기의 부피가 줄어든다.
  ㉢ 보온병의 꼭지를 누르면 보온병 안의 공기가 압축되어 물이 나온다.

② **샤를의 법칙** … 압력이 일정할 때, 온도가 높아지면 기체의 부피가 증가하고, 온도가 낮아지면 기체의 부피가 감소한다.
  ㉠ 찌그러진 탁구공을 뜨거운 물에 넣으면 펴진다.
  ㉡ 열기구 속 기체를 가열하면 열기구가 떠오른다.
  ㉢ 여름철에는 겨울철보다 자동차 타이어에 공기를 적게 넣는다.

(2) 물질의 변화

① **물리 변화** … 물질의 고유한 성질은 변하지 않으면서 모양이나 상태 등이 변하는 현상
 (**예** 설탕이 물에 녹는다. 물을 끓이면 수증기가 된다)

② **화학 변화** … 어떤 물질이 처음과 성질이 전혀 다른 새로운 물질로 변하는 현상
 (**예** 못이 녹슨다. 양초가 빛과 열을 내며 탄다)

③ **물질의 상태 변화**

 ㉠ 승화 : 고체가 직접 기체로, 또는 기체가 직접 고체로 변하는 현상(**예** 드라이아이스가 작아진다. 냉동실의 얼음이 작아진다, 서리가 내린다. 성에가 낀다. 눈의 결정)

 ㉡ 융해 : 고체가 액체로 변하는 현상(**예** 얼음이 녹는다. 초가 녹아 촛농이 생긴다)

 ㉢ 응고 : 액체가 고체로 변하는 현상(**예** 녹은 양초의 촛농이 다시 굳는다. 고드름이 생긴다. 물이 언다)

 ㉣ 기화 : 증발이라고도 한다. 액체가 기체로 변하는 현상(**예** 물이 끓어 수증기가 된다. 빨래가 마른다. 염전에서 소금이 나온다)

 ㉤ 액화 : 기체가 액체로 변하는 현상(**예** 새벽에 이슬이 맺힌다. 욕실에 물방울이 맺힌다. 물이 끓을 때 김이 생긴다)

④ **질량보존의 법칙** … 화학반응의 전후에서 반응물질의 총질량과 생성물질의 총질량은 같다고 하는 법칙이다.

(3) 물질의 구성

① **원소** … 더 이상 다른 종류의 물질로 분해되지 않는, 물질을 이루는 기본 성분

② **원자** … 더 이상 분해 할 수 없는 물질을 구성하는 기본 입자

③ **분자** … 원소와 원소가 결합한 화합물로 독립적으로 존재하며 물질의 성질을 갖는 가장 작은 입자

④ **분자식과 분자모형 이해하기**

 ㉠ 분자식

$$3H_2$$

 ① ② ③

 ① 분자수, ② 원소기호, ③ 한 분자당 원자수

 즉, 분자수는 3개이고 한 분자당 2개의 수소 원자가 들어 있으며 총 원자수는 6개이다.

ⓛ 분자 모형

• 물(H_2O)의 분자 모형

(4) 물질의 특성

물의 산성이나 염기성의 정도를 나타내는 수치로 수소 이온 농도의 지수인 pH가 있다. 수소 이온은 pH를 낮추므로 수소이온 농도가 낮아지면 pH는 증가하고, pH가 낮다는 것은 수소이온이 많다는 것을 의미한다.

① **산성** … pH7보다 낮은 용액(**예** 식초, 사이다, 레몬주스 등)

② **중성** … 산성도 아니고 염기성도 아닌 용액(**예** 물, 설탕물, 소금물 등)

③ **염기성**(알카리성) … pH7보다 높은 용액(**예** 비눗물, 암모니아수 등)

(5) 광합성

녹색식물이나 그 밖의 생물이 빛에너지를 이용해 이산화탄소와 물로부터 유기물을 합성하는 작용이다.

$$물 + 이산화탄소 \xrightarrow{\text{빛에너지}} 포도당 + 산소$$

(6) 열의 이동방법

① **전도** … 물체를 이루는 입자의 운동이 이웃한 입자에 차례로 전달되어 열이 이동하는 방법. 주로 고체에서 일어나는 열의 이동방법(**예** 전기장판 위에 앉아 있으면 엉덩이가 따뜻해진다. 뜨거운 국이 담긴 냄비 속의 숟가락이 뜨거워진다)

② **대류** … 기체나 액체를 이루는 입자가 직접 이동하여 열을 전달하는 방법. 액체 또는 기체에서 일어나는 열의 이동방법. 찬 공기는 아래로, 따뜻한 공기는 위로 움직이며 공기가 둥글게 도는 것(**예** 에어컨을 켜면 방 안 공기가 시원해진다)

③ **복사** … 물질의 도움 없이 직접 열이 전달되는 방법. 주로 공기 중이나 진공상태에서 일어난다.(**예** 전기난로를 향해 손을 내밀면 손이 따뜻해진다)

④ **단열** … 열의 이동을 막는 것. 전도, 대류, 복사로 인한 열의 이동을 모두 막아야 단열이 잘 된다.(**예** 스티로폼, 양모 등 전도가 잘 일어나지 않는 재질)

출제예상문제

┃1~2┃ 다음 제시된 문자열과 다른 것을 고르시오.

1

> 음료가뜨거우니주의바람

① 음료가뜨거우니주의바람
② 음로가뜨거우니주의바람
③ 음료가뜨거우니주의바람
④ 음료가뜨거우니주의바람

> ✔**해설** ② 음로가뜨거우니주의바람

2

> 심각한피해를안기고떠난태풍

① 심각한피해를안기고떠난태풍
② 심각한피해를안기고떠난태풍
③ 심각한피해를안기고떠난태풍
④ 심각한피해를안기고뗘난태풍

> ✔**해설** ④ 심각한피해를안기고뗘난태풍

┃3~6┃ 다음 제시된 문자를 서로 비교하여 다른 것을 고르시오.

3
① 92374877492 — 92374877492
② 24170565476 — 24170655476
③ 09683752231 — 09683752231
④ 97230368561 — 97230368561

✔해설 24170565476 — 24170655476

4
① cmpsoweirpk – cmpsoweirpk
② cporpoweik – cporqowejk
③ nodcvjpdpori – nodcvjpdpori
④ 제배뎅터펜제 – 제배뎅터펜제

✔해설 ② cporpoweik – cporqowejk

5
① ADOUVWXTNFIFGT – ADOUVWXTNFIFGT
② STUDENTMOMENT – STUDENTMOMENT
③ CNNMANHATANOV – CNNMANAHTANOV
④ GKQRURGKTPDYD – GKQRURGKTPDYD

✔해설 CNNMANHATANOV – CNNMANAHTANOV

6
① 츄코츄코카쾨퇴멍경핑 – 츄코츄코카퇴쾨멍경핑
② 푸르디딩컹콩크몽트타 – 푸르디딩컹콩크몽트타
③ 하쿠나푸타나마아타아 – 하쿠나푸타나마아타아
④ 하으오루나버아러거머 – 하으오루나버아러거머

✔해설 츄코츄코카쾨퇴멍경핑 – 츄코츄코카퇴쾨멍경핑

▌7~8▐ 다음 제시된 단어와 같은 단어의 개수를 모두 고르시오.

마음	마을	마물	마약	마술	마력	마귀	마하	마찰
마부	마을	마력	마늘	마당	마중	마부	마임	마음
마취	마감	마하	마찰	마간	마패	마지	마무	마파
마치	마비	마름	마다	마사	마루	마개	마감	마당
마루	마치	마비	마다	마감	마강	마상	마임	마귀
마지	마개	마하	마늘	마루	마을	마약	마술	마패

7

마을	마주	마인	마전	마정

① 1개 ② 2개

③ 3개 ④ 4개

✔**해설** 마을만 3개가 제시되어 있다.

8

마루	마개	마부	마제	마정

① 4개 ② 5개

③ 6개 ④ 7개

✔**해설** 마루 3개, 마개 2개, 마부 2개가 제시되어 있다.

▮9～11▮ 다음에 제시된 단어의 개수를 모두 고르시오.

자각	자폭	자갈	자의	자격	자립	자유
자기	자극	자녀	자주	자성	자라	자랑
자조	자료	자고	자만	자취	자모	자멸
자색	자본	자비	자재	자질	자수	자동
자신	자연	자원	자괴	자음	자작	자개
자매	자세	자태	자존	자력	자판	자간
자문	자주	자진	자상	자신	자극	자해

9

| 자동 | 자각 | 자극 | 자녀 | 자의 |

① 3개   ② 4개
③ 5개   ④ 6개

✔해설 <u>자동, 자각, 자녀, 자의</u>는 1개씩, <u>자극</u>은 2개가 제시되어 있다.

10

| 자아 | 자속 | 자조 | 자애 | 자백 |

① 1개   ② 2개
③ 3개   ④ 없음

✔해설 <u>자조</u>만 1개 제시되어 있다.

11

| 자연 | 자극 | 자력 | 자작 | 자수 |

① 1개   ② 2개
③ 3개   ④ 6개

✔해설 <u>자연, 자력, 자작, 자수</u> 1개씩, <u>자극</u> 2개가 제시되어 있다.

┃12~13┃ 다음 제시된 두 글을 비교하여 각 문장이 서로 같으면 ①, 다르면 ②를 선택하시오.

12

> 개는 옛날부터 집을 지키거나 망을 보는 용도로 사육(飼育)되어 왔으며, 고대 이집트에서는 특히 규방(閨房)을 지키는 용도로 사육되었다. 투견(鬪犬)의 역사(歷史)도 로마시대까지 거슬러 올라간다. 또 이 시대에는 군용견(軍用犬)으로서 전쟁터에서 쓰이기도 하였다. 유럽의 민속(民俗)에서는 개가 유령(幽靈), 악령(惡靈), 신(神) 및 죽음을 고하는 천사(天使)를 볼 수 있는 힘을 가졌다고 믿기도 하였다.

> 개는 옛날부터 집을 지키거나 망을 보는 용도로 사육(飼育)되어 왔으며, 고대 이집트에서는 특히 규방(閨房)을 지키는 용도로 사육되었다. 투견(鬪犬)의 역사(歷史)도 로마시대까지 거슬러 올라간다. 또 이 시대에는 군용견(軍用犬)으로서 전쟁터에서 쓰이기도 하였다. 유럽의 민속(民俗)에서는 개가 유령(幼齡), 악령(惡靈), 신(神) 및 죽음을 고하는 천사(天使)를 볼 수 있는 힘을 가졌다고 믿기도 하였다.

① 같다   ② 다르다

 해설

> 개는 옛날부터 집을 지키거나 망을 보는 용도로 사육(飼育)되어 왔으며, 고대 이집트에서는 특히 규방(閨房)을 지키는 용도로 사육되었다. 투견(鬪犬)의 역사(歷史)도 로마시대까지 거슬러 올라간다. 또 이 시대에는 군용견(軍用犬)으로서 전쟁터에서 쓰이기도 하였다. 유럽의 민속(民俗)에서는 개가 유령(<u>幽靈</u>), 악령(惡靈), 신(神) 및 죽음을 고하는 천사(天使)를 볼 수 있는 힘을 가졌다고 믿기도 하였다.

> 개는 옛날부터 집을 지키거나 망을 보는 용도로 사육(飼育)되어 왔으며, 고대 이집트에서는 특히 규방(閨房)을 지키는 용도로 사육되었다. 투견(鬪犬)의 역사(歷史)도 로마시대까지 거슬러 올라간다. 또 이 시대에는 군용견(軍用犬)으로서 전쟁터에서 쓰이기도 하였다. 유럽의 민속(民俗)에서는 개가 유령(<u>幼齡</u>), 악령(惡靈), 신(神) 및 죽음을 고하는 천사(天使)를 볼 수 있는 힘을 가졌다고 믿기도 하였다.

13

> 우리 지구가 속해 있는 태양계는 태양을 중심으로 현재 8개 행성이 포함되어 있다. 수성, 금성, 지구, 화성, 목성, 토성, 천왕성, 해왕성이 그것으로 이들은 모두 다른 공전 주기를 갖고 태양 주위를 돌고 있다.

> 우리 지구가 속해 있는 태양계는 태양을 중심으로 현재 8개 행성이 포함되어 있다. 수성, 금성, 지구, 화성, 목성, 토성, 천왕성, 해왕성이 그것으로 이들은 모두 같은 공전 주기를 갖고 태양 주위를 돌고 있다.

① 같다   ② 다르다

✔ 해설

> 우리 지구가 속해 있는 태양계는 태양을 중심으로 현재 8개 행성이 포함되어 있다. 수성, 금성, 지구, 화성, 목성, 토성, 천왕성, 해왕성이 그것으로 이들은 모두 <u>다른</u> 공전 주기를 갖고 태양 주위를 돌고 있다.

> 우리 지구가 속해 있는 태양계는 태양을 중심으로 현재 8개 행성이 포함되어 있다. 수성, 금성, 지구, 화성, 목성, 토성, 천왕성, 해왕성이 그것으로 이들은 모두 <u>같은</u> 공전 주기를 갖고 태양 주위를 돌고 있다.

┃14~16┃ 주어진 보기를 참고하여 제시된 단어가 바르게 표기된 것을 고르시오.

1=이	2=상	3=대	4=명	5=학
6=공	7=생	8=교	9=경	0=보

14

이 경 상 교 대 학

① 1 9 2 8 3 5   ② 1 9 7 6 3 5
③ 1 9 7 8 3 5   ④ 1 9 2 6 3 5

✔해설 이 경 상 교 대 학 – 1 9 2 8 3 5

15

대 명 공 이 생 상

① 3 9 0 1 2 7   ② 3 4 6 1 7 2
③ 3 4 0 1 2 7   ④ 3 9 6 1 7 2

✔해설 대 명 공 이 생 상 – 3 4 6 1 7 2

16

상 생 경 명 교 공 보

① 2 7 4 9 6 8 0   ② 2 7 9 4 8 6 0
③ 2 7 4 9 8 6 0   ④ 2 7 9 4 6 8 0

✔해설 상 생 경 명 교 공 보 – 2 7 9 4 8 6 0

| 17~21 | 다음은 한글의 자음과 모음을 영문 알파벳의 대문자와 소문자로 대응한 것이다. 이를 참고하여 제시된 단어를 알파벳으로 바르게 표기한 것을 고르시오.

ㄱ	ㄴ	ㄷ	ㄹ	ㅁ	ㅂ	ㅅ	ㅇ	ㅈ	ㅊ	ㅋ	ㅌ	ㅍ	ㅎ
A	B	C	D	E	F	G	H	I	J	K	L	M	N
ㅏ	ㅑ	ㅓ	ㅕ	ㅗ	ㅛ	ㅜ	ㅠ	ㅡ	ㅣ	ㅔ	ㅐ	ㅖ	ㅒ
a	b	c	d	e	f	g	h	i	j	k	l	m	n

17

우리나라

① HgDjBaDa

② HhDiBaDa

③ HgDiBaDc

④ HhDlBaDa

> **✔해설** ㅇ→H, ㅜ→g, ㄹ→D, ㅣ→j, ㄴ→B, ㅏ→a, ㄹ→D, ㅏ→a

18

엘리트주의

① HkDDjLiIgHij

② HkDDjLiIgHjj

③ HkDDjLjIgHij

④ HkDDiLiIgHij

> **✔해설** ㅇ→H, ㅔ→k, ㄹ→D, ㄹ→D, ㅣ→j, ㅌ→L, ㅡ→i, ㅈ→I, ㅜ→g, ㅇ→H, ㅡ→i, ㅣ→j

19

건강한신체

① AcBAaHNAbGjBJk

② AcBAaHNaBGjBJk

③ AcBAaHNaBGjBJk

④ AcBAaHNaBGiBJk

> **☑ 해설** ㄱ→A, ㅓ→c, ㄴ→B, ㄱ→A, ㅏ→a, ㅇ→H, ㅎ→N, ㅏ→a, ㄴ→B, ㅅ→G, ㅣ→j, ㄴ→B, ㅊ
> →J, ㅔ→k

20

인적성검사

① HjBjcAGcHAcEGa

② HjBIcACcHAcEGa

③ HjBIcAGcHAcEGe

④ HjBIcAGcHAcEGa

> **☑ 해설** ㅇ→H, ㅣ→j, ㄴ→B, ㅈ→I, ㅓ→c, ㄱ→A, ㅅ→G, ㅓ→c, ㅇ→H, ㄱ→A, ㅓ→c, ㅁ→E, ㅅ
> →G, ㅏ→a

21

안데르센님

① HaBCkdIGkBBjE

② HaBCkDiGkBBjE

③ HaBCKDIGkBBjE

④ HaBCkDlGkBBjE

> **☑ 해설** ㅇ→H, ㅏ→a, ㄴ→B, ㄷ→C, ㅔ→k, ㄹ→D, ㅡ→i, ㅅ→G, ㅔ→k, ㄴ→B, ㄴ→B, ㅣ→j, ㅁ
> →E

┃22~23 ┃ 다음 제시된 문자들을 뒤에서부터 거꾸로 쓴 것을 고르시오.

22

QSJGOSKWOGLW

① WLGOWKSGJSOQ ② WLGOWKSOGJSQ
③ WLSOGOWKGJSQ ④ WGOLWKSOGJSQ

✔해설 QSJGOSKWOGLW를 거꾸로 쓰면 WLGOWKSOGJSQ가 된다.

23

$\pi \, \rho \, \kappa \, \delta \, \varepsilon \, \xi \, \iota \, \tau \, \lambda \, \omega$

① $\omega \, \lambda \, \iota \, \tau \, \xi \, \varepsilon \, \delta \, \kappa \, \rho \, \pi$
② $\omega \, \lambda \, \tau \, \iota \, \varepsilon \, \xi \, \delta \, \kappa \, \rho \, \pi$
③ $\omega \, \lambda \, \tau \, \iota \, \xi \, \varepsilon \, \kappa \, \rho \, \delta \, \pi$
④ $\omega \, \lambda \, \tau \, \iota \, \xi \, \varepsilon \, \delta \, \kappa \, \rho \, \pi$

✔해설 $\pi \, \rho \, \kappa \, \delta \, \varepsilon \, \xi \, \iota \, \tau \, \lambda \, \omega$ 를 거꾸로 쓰면 $\omega \, \lambda \, \tau \, \iota \, \xi \, \varepsilon \, \delta \, \kappa \, \rho \, \pi$ 가 된다.

┃24~25┃ 다음 제시된 단어와 같은 단어의 개수를 고르시오.

24

계곡

계란	계록	개미	거미	갯벌	계곡	계록	갯벌	게임	계란
계곡	개미	거미	거미	계록	갯벌	개미	개미	게임	거미
계곡	개미	계란	계록	거미	게임	거미	계곡	개미	거미

① 1개   ② 2개

③ 4개   ④ 6개

✔해설 계란 계록 개미 거미 갯벌 <u>계곡</u> 계록 갯벌 게임 계란
　　　 <u>계곡</u> 개미 거미 거미 계록 갯벌 개미 개미 게임 거미
　　　 <u>계곡</u> 개미 계란 계록 거미 게임 거미 <u>계곡</u> 개미 거미

25

여신

여성	여선생	여민락	여성	여신	여사관	여법
여고생	여성복	여복	여린박	여관	여신	여사
여관집	여수	여섯	여반장	여급	여걸	여성미
여름철	여신	여세	여북	여신	여과통	여위다
여묘	여신	여간내기	여성	여배우	여름	
여명	여리다	여과기	여수	여비서	여명	

① 2개   ② 3개

③ 4개   ④ 5개

✔해설 여성 여선생 여민락 여성 <u>여신</u> 여사관 여법
　　　 여고생 여성복 여복 여린박 여관 <u>여신</u> 여사
　　　 여관집 여수 여섯 여반장 여급 여걸 여성미
　　　 여름철 <u>여신</u> 여세 여북 <u>여신</u> 여과통 여위다
　　　 여묘 <u>여신</u> 여간내기 여성 여배우 여름
　　　 여명 여리다 여과기 여수 여비서 여명

26 ① 9788962000269 − 9788962000269
② 9788962000301 − 9788960200301
③ 9788962000245 − 9788960200245
④ 9788962000252 − 9788960200252

✔해설 ② 9788962000301 − 9788960200301
③ 9788962000245 − 9788960200245
④ 9788962000252 − 9788960200252

27 ① EHIHIHIEHIHIEHI − EHIHIEIEHIHIEHI
② YAHOYAHOYAHO − YAHOAYHOYAHO
③ BINGGLEBINGGLE − BINGLGEBINGGLE
④ MERONGMERONG − MERONGMERONG

✔해설 ① EHIHIHIEHIHIEHI − EHIHIEIEHIHIEHI
② YAHOYAHOYAHO − YAHOAYHOYAHO
③ BINGGLEBINGGLE − BINGLGEBINGGLE

▌28~30▌ 다음 〈보기〉에서 각 문제의 왼쪽에 표시된 굵은 글씨체의 기호, 문자, 숫자의 갯수를 모두 세어 오른쪽 개수에서 찾으시오.

28

ㄹ	하와이 호놀룰루 대한민국총영사관

① 1개　　　　　　　　　　　　　② 2개

③ 3개　　　　　　　　　　　　　④ 4개

　　　✔해설　하와이 호놀룰루 대한민국총영사관

29

1	2491684954154841 5765514

① 2개　　　　　　　　　　　　　② 4개

③ 6개　　　　　　　　　　　　　④ 8개

　　　✔해설　24916849541548415765514

30

e	He wants to join the police force

① 2개　　　　　　　　　　　　　② 4개

③ 6개　　　　　　　　　　　　　④ 8개

　　　✔해설　He wants to join the police force

31 다음 현상과 같은 원리로 설명할 수 있는 것은?

> 유리컵은 시멘트 바닥에 떨어지면 잘 깨지지만, 같은 높이에서 이불 위에 떨어지면 잘 깨지지 않는다.

① 대포를 쏘면 포신이 뒤로 밀린다.
② 나무에 달린 사과가 땅으로 떨어진다.
③ 달리던 사람이 돌부리에 걸리면 넘어진다.
④ 공을 받을 때 손을 몸 쪽으로 당기면서 받는다.

> ✔해설 지문은 충격력을 완화시키는 방법이다.
> ① 작용·반작용의 법칙
> ② 만유인력의 법칙
> ③ 관성의 법칙

32 다음 중 같은 원리로 사용되어지는 도구를 사용한 사람을 올바르게 짝지은 것은?

> • 민식이는 장도리 뒤에 달린 클로(Claw)를 이용하여 벽에 박힌 못을 뽑았다.
> • 가희는 고정 도르래가 달린 국기개양대의 태극기를 높이 올려 달았다.
> • 미진이는 가위를 이용해서 두꺼운 종이를 잘랐다.
> • 벽에 액자를 다는 데 수진이는 그냥 못을, 재정이는 나사못을 사용했다.

① 민식, 가희
② 민식, 미진
③ 가희, 미진
④ 미진, 수진

> ✔해설 ② 장도리와 가위는 지레의 원리를 이용하여 작은 힘을 들여 큰 힘을 내게 할 때 사용한다.

33 다음 물질의 상태변화와 관련된 설명 중 '승화'가 아닌 것은?

① 풀잎에 맺힌 이슬이 한낮이 되면 사라진다.

② 옷장 속에 넣어둔 좀약의 크기가 작아진다.

③ 늦가을 맑은 날 아침에 서리를 관찰할 수 있다.

④ 겨울철에는 그늘에 있던 얼음의 크기가 작아진다.

> **✔해설** ① 이슬이 사라지는 현상은 액체가 기체로 변화하는 '기화'의 예이다.
>
> 승화 : 물질의 상태변화에서 고체가 액체 상태를 거치지 않고 바로 기체로 변하거나 기체가 바로 고체로 변하는 현상

34 지레를 눌러 물체를 들어올릴 때 힘이 가장 적게 드는 지점은?

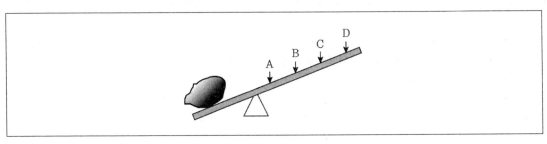

① A   ② B

③ C   ④ D

> **✔해설** ④ 힘점에서 받침점까지의 거리가 작용점에서 받침점까지의 거리보다 길수록 준 힘보다 더 큰 힘이 물체에 작용한다.

35 좋은 볍씨를 고르기 위하여 그림과 같이 소금물을 이용하였다. 이 때 이용한 물질의 성질은?

① 밀도 차이   ② 용해도 차이

③ 끓는점 차이   ④ 입자의 크기 차이

✔해설 ① 소금물에 넣으면 좋은 볍씨는 가라앉고 쭉정이는 뜬다. 이것은 밀도차이를 이용한 것이다.

36 그림과 같은 분자 모형으로 나타낼 수 있는 것은?

① He   ② H_2

③ H_2O ④ NH_3

✔해설 ② 수소원자 2개가 붙은 직선 구조

37 물이 들어 있는 유리컵에 젓가락을 넣었을 때, 꺾여 보이게 하는 빛의 성질은?

① 직진   ② 굴절

③ 반사   ④ 분산

✔해설 ② 굴절 : 빛이 성질이 서로 다른 물질의 경계면을 지날 때, 그 경계면에서 진행 방향이 꺾이는 현상
      ① 직진 : 빛이 곧게 나아가는 현상
      ③ 반사 : 빛이 수면이나 거울과 같은 물체에 부딪혀 되돌아가는 현상
      ④ 분산 : 빛이 여러 가지 색으로 나누어지는 현상

38 딱딱한 버터를 뜨거운 프라이팬에 넣었을 때 일어나는 물질의 상태 변화는?

① 응고　　　　　　　　　　　② 융해

③ 승화　　　　　　　　　　　④ 액화

> ✔ 해설　융해 … 고체가 액체로 변하는 현상
> ① 응고 : 액체가 고체로 변하는 현상
> ③ 승화 : 고체가 직접 기체 또는 기체가 직접 고체로 변하는 현상
> ④ 액화 : 기체가 액체로 변하는 현상

39 깜깜한 방에 들어가면 아무것도 보이지 않지만 전등을 켜면 방안의 물체들을 볼 수 있다. 이와 같이 빛이 있어야 물체가 보이는 까닭은 빛의 어떤 성질 때문인가?

① 반사　　　　　　　　　　　② 직진

③ 굴절　　　　　　　　　　　④ 회절

> ✔ 해설　② 직진 : 빛이 균일한 매질 속에서 곧바로 나아가는 현상
> ③ 굴절 : 빛이 다른 물질로 들어갈 때 경계면에서 진행 방향이 꺾이는 현상
> ④ 회절 : 빛이 진행 도중에 틈이나 장애물을 만나면 빛의 일부분이 슬릿이나 장애물 뒤에까지 돌아 들어가는 현상

40 물체가 운동할 때, 속력과 방향이 함께 변하는 운동은?

① 에스컬레이터의 운동

② 비스듬히 던져 올린 공의 운동

③ 지구 주위를 도는 인공위성의 운동

④ 빗면을 따라 내려가는 수레의 운동

> ✔ 해설　① 속력과 방향이 변하지 않음
> ③ 방향이 변함
> ④ 속력이 변함

41 그림과 같이 용수철을 오른쪽으로 당겼을 때, 손에 작용하는 탄성력의 방향은?

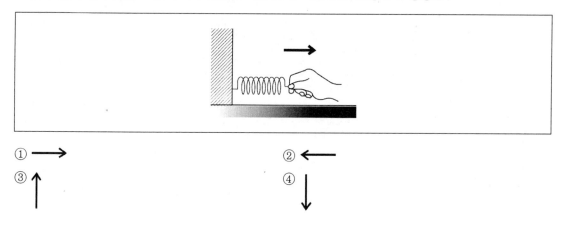

① ⟶
② ⟵
③ ↑
④ ↓

> **해설** 탄성력은 외부의 힘에 의해 변형된 물체가 원래의 모양으로 되돌아가려는 힘으로, 손에 작용하는 탄성력의 방향은 왼쪽이다.

42 그림과 같은 궤도를 가진 공의 운동에 관한 설명 중 옳은 것은? (단, 공기의 저항은 무시한다.)

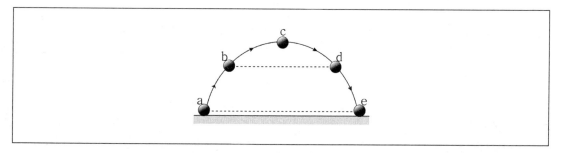

① a에서 위치 에너지가 가장 크다.
② b와 d의 역학적 에너지는 같다.
③ a에서 c로 갈수록 운동 에너지가 증가한다.
④ c에서 e로 갈수록 위치 에너지가 증가한다.

> **해설** ① c에서 위치 에너지가 가장 크다.
> ③ a에서 c로 갈수록 운동에너지가 감소한다.
> ④ c에서 e로 갈수록 위치에너지가 감소한다.

43 다음 설명에서 A와 B에 들어갈 것으로 알맞은 것은?

> • 압력이 일정할 때 온도가 높아지면 기체의 부피는 (A) 한다.
> • 온도가 일정할 때 압력이 높아지면 기체의 부피는 (B) 한다.

    <u>A</u>   <u>B</u>
① 감소   감소
② 감소   증가
③ 증가   감소
④ 증가   증가

✔ **해설** 압력이 일정할 때, 기체의 부피는 온도가 높아지면 증가하고, 온도가 낮아지면 감소한다.
온도가 일정할 때, 기체의 부피는 압력이 증가하면 감소하고, 압력이 감소하면 증가한다.

44 다음은 엽록체에서 일어나는 광합성 과정을 나타낸 것이다. (　　) 안에 들어갈 물질은?

$$(\quad) + 물 \xrightarrow{\text{빛에너지}} 포도당 + 산소$$

① 수소
② 질소
③ 암모니아
④ 이산화탄소

✔ **해설** 광합성 : 녹색식물이나 그 밖의 생물이 빛에너지를 이용해 이산화탄소와 물로부터 유기물을 합성하는 작용이다.

45 다음 현상과 관련된 힘은?

> • 기계의 회전축에 윤활유를 바른다.
> • 눈길을 달릴 때 자동차 바퀴에 체인을 감는다.

① 자기력
② 탄성력
③ 마찰력
④ 전기력

✔해설 마찰력이란 물체가 다른 물체에 접촉하면서 운동을 시작하려고 할 때, 혹은 운동하고 있을 때, 접촉면에 생기는 운동을 방해하는 힘을 말한다.

46 전지의 연결 방법 중 전체 전압이 가장 낮은 것은? (단, 각 전지의 전압은 1.5V이다.)

✔해설 전지 두 개를 병렬로 연결하면 1개보다 밝기는 같지만 시간은 2배 더 길게 사용이 가능하다.
전지 두 개를 직렬연결하면 1개때보다 전압이 2배 높아지며, 이에 따라 전류도 2배 증가하여 전력사용량은 4배가 된다. 즉 직렬연결시 1개보다 시간은 반으로 줄어든다.
따라서 가장 전압이 낮은 것은 ④번 병렬연결이다.

47 철가루 7g이 황가루와 모두 반응하여 황화철 11g이 생성되었다. 이때 철가루와 반응한 황가루의 질량은?

① 2g

② 4g

③ 7g

④ 11g

> **✔해설** 질량보존의 법칙은 화학반응의 전후에서 반응물질의 총질량과 생성물질의 총질량은 같다고 하는 법칙이다. 따라서 철가루 7g + 황가루 xg = 황화철 11g으로 황가루는 4g이다.

48 다음 현상과 관련된 빛의 성질로 가장 알맞은 것은?

> • 햇빛을 프리즘에 통과시키면 여러 가지 색깔의 띠로 나누어진다.
> • 무지개는 햇빛이 공기 중의 물방울에 의해 여러 가지 색으로 나누어지는 현상이다.

① 직진

② 분산

③ 반사

④ 합성

> **✔해설** ① 직진 : 빛이 직선으로 나아가는 현상
> ③ 반사 : 빛이 꺾여서 반대 방향으로 나아가는 현상
> ④ 합성 : 두 가지 이상의 단색광이 합쳐져 다른 색으로 보이는 현상

49 뉴턴의 운동 법칙에 대한 설명으로 옳은 것을 모두 고른 것은?

> ㉠ 질량이 큰 물체일수록 관성이 작다.
> ㉡ 물체의 가속도는 질량에 비례하고 힘에 반비례한다.
> ㉢ 버스가 급정지하면 앞으로 쏠리는 것은 관성 때문이다.
> ㉣ 롤러스케이트를 타고 벽을 밀면 반대로 밀리는 것은 작용·반작용 때문이다.

① ㉠㉡

② ㉠㉢

③ ㉡㉣

④ ㉢㉣

> **✔해설** ㉠ 질량이 큰 물체일수록 관성이 크다.
> ㉡ 물체의 가속도는 질량에 반비례하고 힘에 비례한다.

50 다음 설명에 해당하는 운동 법칙은?

> • 로켓이 가스를 뒤로 분출하면서 앞으로 나아간다.
> • 얼음판 위에서 사람이 벽을 밀면 사람이 뒤로 밀려난다.

① 관성의 법칙
② 케플러 법칙
③ 가속도의 법칙
④ 작용 · 반작용의 법칙

✔해설 작용 · 반작용의 법칙(운동의 제3법칙) … 두 물체 사이에서 일어나는 상호작용으로, 한 쪽의 힘을 작용이라 할 때 반대쪽의 힘을 반작용이라고 한다. 작용과 반작용은 힘의 크기가 같고 방향이 반대이며 동일 직선상에서 작용한다.

51 다음 글의 (가)와 (나)에 들어갈 알맞은 말은?

> 수력 발전이란 높은 곳에 있는 물의 ((가))을(를) 이용하여 ((나))을(를) 얻는 발전 방식이다.

	(가)	(나)
①	운동 에너지	위치 에너지
②	전기 에너지	운동 에너지
③	위치 에너지	전기 에너지
④	전기 에너지	위치 에너지

✔해설 수력 발전은 높은 곳의 물을 수압관로를 통하여 낮은 곳에 있는 수차로 보내어 그 물의 힘으로 수치를 돌리고, 그것을 동력으로 수차에 연결된 발전기를 회전시켜 전기를 발생시키는 것으로 물이 가진 운동 에너지를 기계 에너지로 변환시킨 후 전기 에너지를 얻는다.

52 다음 기구들의 에너지 전환을 가장 바르게 나타낸 것은?

① 형광등 : 전기에너지 → 빛에너지

② 건전지 : 전기에너지 → 화학에너지

③ 전동기 : 역학적에너지 → 전기에너지

④ 진공청소기 : 열에너지 → 역학적에너지

> ✔해설 ② 건전지 : 화학에너지 → 전기에너지
> ③ 전동기 : 전기에너지 → 운동에너지
> ④ 진공청소기 : 전기에너지 → 운동에너지

53 반응속도에 영향을 미치는 요인 중 다음 내용과 가장 관련이 깊은 것은?

> • 채소를 저온창고에 넣어 장기간 보관한다.
> • 시베리아의 얼음 속에서 썩지 않은 동물의 사체가 발견되었다.

① 온도   ② 농도

③ 촉매   ④ 표면적

> ✔해설 온도와 반응속도 … 반응물질의 온도가 높을수록 활성화 에너지를 가진 입자들의 수가 많아져 반응이 빨라지고, 온도가 낮아지면 반응속도가 느려진다.

54 사이다 병의 뚜껑을 열어 놓았더니 기체가 많이 빠져 나갔다. 이 기체의 종류와 남은 사이다의 pH 변화로 옳은 것은?

	기체의 종류	pH 변화		기체의 종류	pH 변화
①	산소	감소	②	산소	감소
③	이산화탄소	증가	④	이산화탄소	감소

> ✔해설 일반적으로 탄산이 들어있는 음료에는 이산화탄소가 함유되어 있으며 이 이산화탄소는 산성을 이루는 음이온에 해당하므로 pH가 작다. 여기서 뚜껑을 열어 놓으면 기체인 이산화탄소는 날아가고 음료의 pH는 증가하게 된다.

55 그림은 지면 위에 있는 물체에 작용하는 힘들을 나타낸 것이다. '물체가 지구를 잡아당기는 힘'에 대한 반작용에 해당하는 힘은?

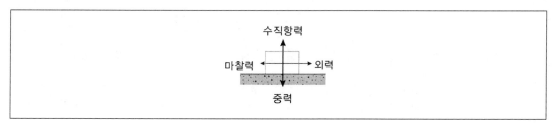

① 중력
③ 마찰력

② 외력
④ 수직항력

✔ **해설** 중력 … 물체에 작용하는 지구의 인력으로 무게라고도 한다.

56 수평면에 놓인 물체를 그림과 같이 끌어 당길 때 물체가 움직이지 않았다면, 이때 당기는 힘의 크기 F와 면 사이의 마찰력의 크기 f 사이에는 어떤 관계가 있는가?

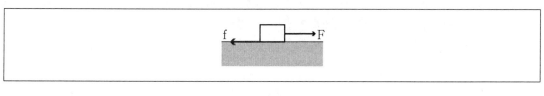

① $F=f$
③ $F\leqq f$

② $F\geqq f$
④ $F<f$

✔ **해설** 물체가 움직이지 않았으므로 당기는 힘의 크기 F와 면 사이의 마찰력의 크기 f는 같다.

57 오징어는 물을 뒤로 내뿜는 작용을 반복하며 앞으로 나아간다. 이와 가장 관련이 깊은 법칙은?

① 관성   ② 가속도

③ 만유인력   ④ 작용과 반작용

> ✔해설 ① 물체에 힘이 작용하지 않을 때 물체는 정지상태나 일정한 운동상태, 즉 현재의 운동상태를 계속 유지하려는 성질을 말한다.
> ② 단위 시간(1초) 동안에 나타나는 속도의 변화량을 말한다.
> ③ 질량을 가진 두 물체 사이에 작용하는 힘으로 두 물체의 곱에 비례하고 거리의 제곱에 반비례한다.

58 다음은 어떤 기체에 대한 설명인가?

> • 화석연료가 연소될 때 발생한다.
> • 온실효과를 일으켜 지구의 온난화를 촉진한다.

① 질소(N_2)   ② 산소(O_2)

③ 아르곤(Ar)   ④ 이산화탄소(CO_2)

> ✔해설 화석연료가 연소될 때 이산화탄소(CO_2)가 발생하며, 이산화탄소의 증가로 온실효과가 생겨 해수면 상승, 생태계 변화, 기온 상승에 영향을 미친다.

59 높은 곳에서 물체를 가만히 떨어뜨렸을 때, 낙하하는 동안 일정하게 유지되는 것은? (단, 공기의 저항은 무시한다.)

① 물체의 속력

② 물체의 운동 에너지

③ 물체의 위치 에너지

④ 물체의 역학적 에너지

> ✔해설 중력과 역학적 에너지 보존…물체가 높은 곳에서 떨어지면 위치 에너지는 감소하나 속도가 증가하여 운동 에너지는 증가한다. 이 때 역학적 에너지의 크기는 일정하게 유지된다.

60 다음 보기 중 열의 이동방법이 같은 것을 고른 것은?

> ㉠ 가스렌지 위에 올려둔 냄비가 손잡이까지 뜨거워졌다.
> ㉡ 병원에서 적외선 온열 치료를 하니 허리가 따뜻해졌다.
> ㉢ 에어컨을 켜니 방 안이 시원해졌다.
> ㉣ 난로 앞에 앉아 있으니 얼굴이 뜨거워졌다.
> ㉤ 전자레인지로 음식을 데웠다.

① ㉠㉡㉢   ② ㉡㉢㉤
③ ㉡㉣㉤   ④ ㉢㉣㉤

✔ **해설** ㉠ : 전도
㉡㉣㉤ : 복사
㉢ : 대류
※ **열의 이동방법**
- **전도** : 물체를 이루는 입자의 운동이 이웃한 입자에 차례로 전달되어 열이 이동하는 방법. 주로 고체에서 일어나는 열의 이동방법
- **대류** : 기체나 액체를 이루는 입자가 직접 이동하여 열을 전달하는 방법. 액체 또는 기체에서 일어나는 열의 이동방법
- **복사** : 물질의 도움 없이 직접 열이 전달되는 방법. 주로 공기 중이나 진공상태에서 일어난다.

PART

III

실전 모의고사

실전 모의고사

제한 시간	
맞힌 문항	
정답 및 해설	P.332

1

다음 제시된 단어와 의미가 유사한 단어를 고르시오.

연유

① 선정   ② 경과

③ 까닭   ④ 수습

2

다음 중 단어의 관계가 다른 하나는?

① 아버지 – 아범

② 길 – 가두

③ 손톱 – 손

④ 말투 – 말씨

3

다음 제시된 단어와 의미가 상반된 단어를 고르시오.

후안무치

① 염치

② 철면피

③ 백치미

④ 버릇

4

제시된 단어의 뜻으로 옳은 것은?

안주(安住)

① 바뀌어 달라지지 아니하고 일정한 상태를 유지함

② 인간이 지각할 수 있는, 사물의 모양과 상태

③ 한곳에 자리를 잡고 편안히 삶

④ 대상이나 물건 따위를 소유한 사람

5

다음 중 띄어쓰기가 옳지 않은 것은?

① 그가 가진 것은 성실함뿐이었다.

② 열을 내리는데 이 약이 최고다

③ 소년은 금세 누나만큼 자랐다.

④ 알지도 못하는 사람이 아는 척하며 다가왔다.

6

다음 제시된 문장의 밑줄 친 어휘와 같은 의미로 사용된 것은?

> 준이는 어딜 가나 편을 갈라 자기편을 확보했다.

① 먼저 입장권을 받은 사람과 그렇지 못한 사람으로 갈 랐다.
② 그가 물을 가르며 질주하자 환호성이 쏟아졌다.
③ 고래의 배를 가르는 일은 베테랑들만 할 수 있는 일 이었다.
④ 허공을 가르는 그의 화살이 팀의 승리를 이끌었다.

7

다음 문장의 빈칸에 들어갈 수 있는 단어가 아닌 것을 고르 시오.

> • 다국의 이해관계가 얽힌 일은 (   )하기가 어렵다.
> • 비행기 연착으로 인해 주말 아침에 귀국하려던 (   ) 에 차질이 생겼다.
> • 그의 의견은 비현실적인 (   )에 불과했다.

① 구상   ② 예측
③ 관측   ④ 계획

8

다음 ( )에 들어갈 말로 적절한 것은?

> 차가운 : 빙하 = 깊은 : (   )

① 해륙   ② 해령
③ 해초   ④ 해저

9

다음 중 밑줄 친 부분의 맞춤법 표기가 바른 것은?

① 벌레 한 마리 때문에 학생들이 벌썩을 떨었다.
② 실낱같은 희망을 버리지 않고 있다.
③ 오뚜기 정신으로 위기를 헤쳐 나가야지.
④ 더우기 몹시 무더운 초여름 날씨를 예상한다.

10

다음을 나타내는 사자성어는?

> 소금장수는 상인에게서 저렴한 가격에 소금을 사 들였다. 기쁜 마음으로 다리를 건너고 있던 장수는 그만 발을 헛디뎌 강에 빠졌다. 급하게 소금이 담긴 보따리를 건져 내려고 했지만 이미 소금은 다 녹아 버린 후였다. 그는 실망을 감추지 못한 채 집으로 돌 아갈 수밖에 없었다.

① 파죽지세(破竹之勢)
② 학수고대(鶴首苦待)
③ 새옹지마(塞翁之馬)
④ 호가호위(狐假虎威)

11

놀이기구 이용과 관련한 다음 명제들을 통해 추론한 설명으로 올바른 것은 어느 것인가?

> • 우주특급을 타 본 사람은 공주의 모험도 타 보았다.
> • 공주의 모험을 타 본 사람은 자이로스핀도 타 보았다.
> • 자이로스핀을 타 본 사람은 번지번지를 타 보지 않았다.
> • 번지번지를 타 본 사람은 기차팡팡을 타 보지 않았다.
> • 기차팡팡을 타 본 사람은 우주특급을 타 보지 않았다.

① 자이로스핀을 타 보지 않은 사람은 우주특급을 타 보았다.
② 번지번지를 타 본 사람은 우주특급을 타 보지 않았다.
③ 기차팡팡을 타 보지 않은 사람은 자이로스핀을 타 보았다.
④ 공주의 모험을 타 본 사람은 기차팡팡을 타 보았다.

12

카페에서 메뉴를 정하는 데, A~G는 커피와 주스 중 하나를 고르기로 하였다. 이들의 의견이 다음과 같을 때 주스를 주문할 사람의 최소 인원은?

> ㉠ A나 B가 커피를 주문하면, C와 D도 커피를 주문한다.
> ㉡ B나 C가 커피를 주문하면, E도 커피를 주문한다.
> ㉢ D는 주스를 주문한다.
> ㉣ E와 F가 커피를 주문하면, B나 D 중 적어도 하나는 커피를 주문한다.
> ㉤ G가 주스를 주문하면, F는 커피를 주문한다.

① 2명　　　　　② 3명
③ 4명　　　　　④ 5명

|13~15| 다음 제시된 숫자의 배열을 보고 규칙을 적용하여 빈칸에 들어갈 숫자를 고르시오.

13

$$13 \quad 5 \quad 18 \quad 23 \quad 41 \quad 64 \quad 105 \quad (\ )$$

① 169　　　　　② 160
③ 159　　　　　④ 148

14

$$7 \quad 13 \quad 20 \quad 27 \quad 36 \quad 43 \quad (\ )$$

① 47　　　　　② 52
③ 59　　　　　④ 61

15

$$13@11=1 \quad 22@25=8 \quad 15@32=4 \quad (19@21)@15=(\ )$$

① 6　　　　　② 5
③ 4　　　　　④ 3

16

다음의 말이 참일 때 항상 참인 것을 고르시오.

> • 진아는 두통이 있을 때 A약을 먹는다.
> • A약은 두통을 해소하고 위장 운동을 촉진하는 데에 효과적이다.
> • A약은 B약과 함께 먹으면 위장 장애를 일으킨다.

① 진아가 B약을 먹을 때는 소화가 안 되는 것이다.
② 진아가 A약을 먹지 않으면 두통이 없는 것이다.
③ A약은 B약과 함께 처방하지 않는다.
④ A약을 먹고 위장 장애가 일어나면 B약을 함께 먹은 것이다.

▌17~18 ▌ 다음 두 사건은 별개의 사건으로 다음이 조건을 읽고 물음에 답하시오.

> 〈사건 1〉
> 가인 : 저는 빵을 훔치지 않았어요.
> 나은 : 다영이는 절대 빵을 훔치지 않았어요.
> 다영 : 제가 빵을 훔쳤습니다.
>
> 그런데 나중에 세 명 중 두 명은 거짓말을 했다고 자백하였고, 빵을 훔친 사람은 한 명이라는 것이 밝혀졌다.
>
> 〈사건 2〉
> 라희 : 저는 결코 창문을 깨지 않았습니다.
> 마준 : 라희의 말이 맞습니다.
> 바은 : 제가 창문을 깼습니다.
>
> 그런데 나중에 창문을 깬 사람은 한 명이고 그 범인은 거짓말을 했다는 것이 밝혀졌다.

17

주어진 조건에 따라 〈사건 1〉과 〈사건 2〉의 범인을 모두 고른 것은?

① 가인, 바은   ② 다영, 라희
③ 다영, 마준   ④ 가인, 라희

18

주어진 조건을 따라 거짓을 이야기 하지 않은 사람은?

① 가인   ② 나은
③ 마준   ④ 바은

19

다음의 조건을 따를 때 수강 신청이 바르게 된 것은?

> 전공과목 3개를 들으면 교양과목 1개를 들어야 한다. 총 학점은 12학점 이상 20학점 이하로 수강할 수 있다.
> • '문학 개론(3학점)'을 수강한 후에 '현대시(3학점)', '국문학사(3학점)'를 수강할 수 있다.
> • '국어음운론(3학점)'을 수강하면 '중세국어(3학점)'를 함께 수강해야 한다.
> • '국어의미론(3학점)'과 '국어음운론'은 동시에 수강할 수 없다.
> • '현대비평론(3학점)'을 수강하면 '국문학사'를 함께 수강해야 한다.
> • 교양과목은 2학점이며, '현대 드라마론', '연애와 결혼', '스포츠 문화의 이해' 과목이 있다.
> • '문학개론'을 수강완료 한 학생은 丙, 丁뿐이다.

① 甲 : 국어의미론, 중세국어, 국어음운론, 현대 드라마론, 스포츠 문화의 이해
② 乙 : 현대비평론, 국문학사, 국어의미론, 중세국어, 연애와 결혼, 현대 드라마론
③ 丙 : 현대시, 국어음운론, 중세국어, 스포츠 문화의 이해
④ 丁 : 국문학사, 현대비평론, 국어음운론, 중세국어, 스포츠 문화의 이해, 연애와 결혼

20

다음 ? 표시된 부분에 들어갈 알맞은 모양의 도형을 고르시오.

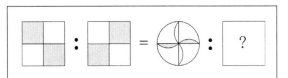

①

②

③

④

21

A기업의 워크숍에 1, 2년차 직원이 50명이 참가하였다. 이 대회에 참가한 직원은 A, B 중 하나의 프로그램을 반드시 골라야 하고, 각 직원들이 고른 주제별 인원수는 표와 같다.

(단위 : 명)

구분	1년차	2년차	합계
A	8	12	20
B	16	14	30
합계	24	26	50

이 워크숍에서 참가한 학생 50명 중에서 임의로 선택한 1명이 1년차 직원일 때, 이 직원이 주제 B를 고른 직원일 확률을 p_1이라 하고, 이 대회에 참가한 직원 50명 중에서 임의로 선택한 1명이 주제 B를 고른 직원 일 때, 이 직원이 1년차 직원일 확률을 p_2라 하자. $\dfrac{p_2}{p_1}$의 값은?

① $\dfrac{1}{2}$

② $\dfrac{3}{5}$

③ $\dfrac{4}{5}$

④ $\dfrac{3}{2}$

22

현수는 집에서 약 $5\,km$ 떨어진 은행에 가려고 한다. 현수가 오후 4시에 집을 출발하여 자전거를 타고 시속 $12\,km$로 가다가 도중에 자전거가 고장 나서 시속 $8\,km$로 뛰어갔더니 오후 4시 30분에 도착하였다. 현수가 자전거를 타고 간 거리는 얼마인가?

① $4\,km$ ② $3\,km$

③ $2\,km$ ④ $1\,km$

23

팀원들에게 사탕을 나누어 주는데 한 사람에게 4개를 주면 5개가 남고, 6개를 주면 3개가 부족하다. 이 때, 사탕의 수를 구하면?

① 21   ② 22

③ 23   ④ 24

│24~25│ 다음 식을 계산하여 알맞은 답을 고르시오.

24

$$\frac{7}{24} \div \frac{28}{432} \times \frac{16}{3}$$

① 20

② 22

③ 24

④ 26

25

$$46 - 3^3 \div \frac{18}{\sqrt{16}}$$

① 40   ② 36

③ 32   ④ 29

| 26~27 | 다음 〈표〉는 2021년과 2022년 甲사의 창업아이디어 공모자를 대상으로 직업과 아이디어 진행단계를 조사한 자료이다. 물음에 답하시오.

〈창업아이디어 공모자의 직업 구성〉

(단위 : 명, %)

직업	2021		2022		합계	
	인원	비율	인원	비율	인원	비율
교수	34	4.2	183	12.5	217	9.6
연구원	73	9.1	118	8.1	ⓐ	8.4
대학생	17	2.1	74	5.1	91	4.0
대학원생	31	3.9	93	6.4	ⓑ	5.5
회사원	297	37.0	567	38.8	864	38.2
기타	350	43.6	425	29.1	775	34.3
계	802	100.0	1,460	100	2,262	100

〈창업아이디어 공모자의 아이디어 진행단계〉

(단위 : 명, %)

창업단계	2021	2022	합계	
			인원	비중
구상단계	79	158	237	10.5
기술개발단계	291	668	959	42.4
시제품제작단계	140	209	ⓒ	15.4
시장진입단계	292	425	717	31.7
계	802	1,460	1,913	100

※ 복수응답 및 무응답은 없음

26

주어진 자료에 대한 설명으로 옳은 것은?

① 2022년 회사원 공모자의 전년대비 증가율은 90%를 넘지 못한다.

② 창업아이디어 공모자의 직업 구성의 1위와 2위는 2021년과 2022년 동일하다.

③ 2021년에 기술개발단계에 공모자수의 비중은 40% 이상이다.

④ 기술개발단계에 있는 공모자수 비중의 연도별 차이는 시장진입단계에 있는 공모자수 비중의 연도별차이보다 크다.

27

제시된 자료에서 ⓐ~ⓒ에 들어갈 수의 합은?

① 436

② 541

③ 664

④ 692

28

다음 자료는 국내 버스운송업의 유형별 업체수, 보유대수, 종사자수에 대한 자료이다. 자료에 대한 설명으로 옳지 않은 것은?

〈국내 버스운송업의 유형별 업체수, 보유대수, 종사자수〉

유형 \ 구분	연도	2017	2018	2019	2020	2021
시외고속버스	업체수	10	10	8	8	8
	보유대수	2,282	2,159	2,042	2,014	1,947
	종사자수	5,944	5,382	4,558	4,381	4,191
시내버스	업체수	99	98	96	92	90
	보유대수	2,041	1,910	1,830	1,730	1,650
	종사자수	3,327	3,338	3,341	3,353	3,400
시외일반버스	업체수	105	95	91	87	84
	보유대수	7,907	7,529	7,897	7,837	7,901
	종사자수	15,570	14,270	14,191	14,184	14,171
농어촌버스	업체수	325	339	334	336	347
	보유대수	29,239	30,036	30,538	30,732	32,457
	종사자수	66,191	70,253	70,404	71,126	74,427

① 시내버스와 농어촌버스의 종사자수는 각각 매년 증가하였다.

② 시외고속버스는 2021년 업체당 종사자수가 2017년에 비해 감소하였다.

③ 농어촌버스의 2017년 대비 2021년의 종사자수 증감률은 10% 이하다.

④ 농어촌버스의 업체당 보유대수는 2018년부터 매년 증가하였다.

29

다음은 교통수단에 따른 A씨의 만보기 측정값과 소비열량에 대한 자료이다. A씨가 버스 타는 날의 평균 만보기 측정값은 얼마인가?

	교통수단	만보기 측정값	소비 열량
1일	택시	9,500	2,800
2일	버스	11,500	2,900
3일	버스	14,000	2,700
4일	버스	12,000	2,700,
5일	버스	11,500	2,800
6일	버스	12,000	2,800
7일	버스	12,000	2,700
8일	버스	11,000	2,700
9일	택시	8,500	2,400
10일	버스	11,000	2,700

① 11,984

② 11,875

③ 11,235

④ 10,887

30

다음은 A국의 친환경 농작물 생산 현황에 대한 자료이다. 자료에 대한 설명으로 옳은 것은?

〈연도별 친환경 농작물 재배농가, 재배면적, 생산량〉

(단위 : 천 호, 천 ha, 천 톤)

연도\구분	2019	2020	2021	2022
재배농가	53	135	195	221
재배면적	53	106	174	205
생산량	798	1,786	2,188	2,258

〈연도별 친환경 농작물 생산방법별 재배면적〉

(단위 : 천 ha)

연도\생산방법	2019	2020	2021	2022
유기농	9	11	13	17
무농약	14	37	42	69
저농약	30	58	119	119

① 친환경 농산물 재배농가 당 생산량은 매년 증가하고 있다.
② 2019년 대비 2022년 친환경 농작물 재배농가 증가율은 생산량의 증가율보다 낮다.
③ 생산방법별 재배 면적에서 저농약의 재배면적 비중은 2021년과 2022년에 동일하다.
④ 친환경 농산물 재배면적 중 유기농 농작물의 비중은 2021년에 가장 낮다.

31

다음에 제시된 글의 흐름이 자연스럽도록 순서대로 배열한 것은?

⊙ 또 정면에서 보면 마치 귀가 있는 것처럼 보이는데, 귀에 점이 생겼다 없어졌다 한다.
⊙ 아프리카나 열대 호수에 사는 민물고기 중에 시클리드라는 물고기가 있다.
⊙ 시클리드는 기분 상태에 따라 색깔이 변한다.
⊙ 이 점이 생기면 지금 기분이 좋지 않다는 것으로 "너, 내가 공격할 테니까 빨리 피해."라는 뜻이다.

① ㉠-㉢-㉡-㉣
② ㉡-㉣-㉠-㉢
③ ㉡-㉢-㉠-㉣
④ ㉢-㉠-㉣-㉡

먼저 냉장고를 사용하면 전기를 낭비하게 된다. 언제 먹을지 모를 음식을 보관하는 데 필요 이상으로 전기를 쓰게 되는 것이다. 전기를 낭비한다는 것은 전기를 만드는 데 쓰이는 귀중한 자원을 낭비하는 것과 같다.

(   ) 냉장고가 없던 시절에는 식구가 먹고 남을 정도의 음식을 만들거나 얻게 되면 미련없이 이웃과 나누어 먹었다. 여러 가지 이유가 있겠지만 그 이유 가운데 하나는 남겨 두면 음식이 상한다는 것이었다. 그런데 냉장고를 사용하게 되면서 그 이유가 사라지게 되고, 이에 따라 이웃과 음식을 나누어 먹는 일이 줄어들게 되었다. 냉장고에 넣어 두면 일주일이고 한 달이고 오랫동안 상하지 않게 보관할 수 있기 때문이다. 냉장고는 점점 커지고, 그 안에 넣어 두는 음식은 하나둘씩 늘어난다.

또한 냉장고는 당장 소비할 필요가 없는 것들을 사게 한다. 그리하여 애꿎은 생명을 필요 이상으로 죽게 만들어서 생태계의 균형을 무너뜨린다. 짐승이나 물고기 등을 마구 잡고, 당장 죽이지 않아도 될 수많은 가축을 죽여 냉장고 안에 보관하게 한다. 대부분의 가정집 냉장고에는 양의 차이는 있지만 닭고기, 쇠고기, 돼지고기, 생선, 멸치, 포 등이 쌓여 있다. 이것을 전국적으로, 아니 전 세계적으로 따져 보면 엄청난 양이 될 것이다. 우리는 냉장고를 사용함으로써 애꿎은 생명들을 필요 이상으로 죽여 냉동하는 만행을 습관적으로 저지르고 있는 셈이다.

32

다음 주어진 글의 중심내용으로 적절한 것은?

① 냉장고를 발 빠르게 공급해야 한다.

② 냉장고는 인심의 전달을 방해한다.

③ 냉장고는 과소비를 조장한다.

④ 현대 사회에서 냉장고는 '보관' 이상의 의미를 지닌다.

33

빈칸에 들어갈 말로 적절한 것은?

① 냉장고의 사용으로 음식들의 유통기한이 늘어나고 있다.

② 우리는 냉장고를 쓰면서 인정을 잃어 간다.

③ 우리는 냉장고를 통해 안정적으로 식량을 확보할 수 있다.

④ 냉장고는 음식에 대한 보다 넓은 가능성을 제시한다.

34

다음 글의 주제와 가장 가까운 것은?

1960년대 중반 생물학계에는 조지 윌리엄스와 윌리엄 해밀턴이 주도한 일대 혁명이 일어났다. 리처드 도킨스의 '이기적 유전자'라는 개념으로 널리 알려지게 된 이 혁명의 골자는, 어떤 개체의 행동을 결정하는 일관된 기준은 그 소속 집단이나 가족의 이익도 아니고 그 개체 자신의 이익도 아니고, 오로지 유전자의 이익이라는 것이다. 이 주장은 많은 사람들에게 충격으로 다가왔다. 인간은 또 하나의 동물일 뿐 아니라, 자신의 이익을 추구하는 유전자들로 구성된 협의체의 도구이자 일회용 노리개에 불과하다는 주장으로 이해되었기 때문이다. 그러나 '이기적 유전자' 혁명이 전하는 메시지는 인간이 철저하게 냉혹한 이기주의자라는 것이 아니다. 사실은 정반대이다. 그것은 오히려 인간이 왜 때로 이타적이고 다른 사람들과 잘 협력하는가를 잘 설명해 준다. 인간의 이타성과 협력이 유전자의 이익에도 도움이 되기 때문이다.

① 유전자의 이익이란 곧 개체의 이익이며 소속 집단의 이익이 되기도 한다.

② 인간은 유전자의 이익에 따라 행동하며 유전자의 이익이라는 관점에서 인간의 이타적인 행동을 설명할 수 있다.

③ 지구상의 모든 개체는 자신의 이익을 위해서만 행동한다.

④ 인간은 유전자의 이익을 위해 행동하기 때문에 그들의 이기적인 행동은 이해 받아야 한다.

35

〈보기〉의 글이 들어갈 위치로 적절한 곳은?

─────── 〈보기〉 ───────

고대 그리스의 민주주의나 마그나 카르타(대헌장) 이후의 영국 민주주의는 귀족이나 특정 신분 계층만이 누릴 수 있는 체제였다.

민주주의, 특히 대중 민주주의의 역사는 생각보다 짧다. ① 우리가 흔히 알고 있는 대중 민주주의, 즉 모든 계층의 성인들이 1인 1표의 투표권을 행사할 수 있는 정치 체제는 영국에서 독립한 미국에서 시작되었다고 보는 것이 맞다. ② 하지만 미국에서조차도 20세기 초에야 여성에게 투표권을 부여하면서 제대로 된 대중 민주주의의 형태를 갖추게 되었다. ③ 유럽의 본격적인 민주주의 도입도 19세기 말에야 시작되었고, 유럽과 미국을 제외한 각국의 대중 민주주의의 도입은 이보다 훨씬 더 늦었다. ④

36

다음 글에 대한 내용으로 옳지 않은 것은?

WTO 설립협정은 GATT 체제에서 관행으로 유지되었던 의사결정 방식인 총의 제도를 명문화하였다. 동 협정은 의사결정 회의에 참석한 회원국 중 어느 회원국도 공식적으로 반대하지 않는 한, 검토를 위해 제출된 사항은 총의에 의해 결정되었다고 규정하고 있다. 또한 이에 따르면 회원국이 의사결정 회의에 불참하더라도 그 불참은 반대가 아닌 찬성으로 간주된다.

총의 제도는 회원국 간 정치·경제적 영향력의 차이를 보완하기 위하여 도입되었다. 그러나 회원국 수가 확대되고 이해관계가 첨예화되면서 현실적으로 총의가 이루어지기 쉽지 않았다. 이로 인해 WTO 체제 내에서 모든 회원국이 참여하는 새로운 무역협정이 체결되는 것이 어려웠고 결과적으로 무역자유화 촉진 및 확산이 저해되고 있다. 이러한 문제의 해결 방안으로 '부속서 4 복수국간 무역협정 방식'과 '임계질량 복수국간 무역협정 방식'이 모색되었다.

① GATT에서 총의 제도를 이용한 의사결정 방식을 사용하였다.
② WTO의 기존 의사결정 제도를 보완하기 위한 방안을 찾고 있다.
③ WTO에서 회원국이 회의에 불참하는 것은 찬성을 의미한다.
④ 총의 제도는 회원국 간 정치적 영향력 격차를 벌어지게 만든다.

37

다음 중 글의 흐름으로 볼 때 삭제해도 되는 문장은?

현재 리셋 증후군이 인터넷 중독의 한 유형으로 꼽고 있다. ①'리셋 증후군'이라는 말은 1990년 일본에서 처음 생겨났는데, 국내에선 1990년대 말부터 쓰이기 시작했다. ②리셋 증후군 환자들은 현실에서 잘못을 하더라도 버튼만 누르면 해결될 수 있다고 생각해서 아무런 죄의식이나 책임감 없이 행동한다. 리셋 증후군 환자들은 현실과 가상을 구분하지 못하여 게임에서 실행했던 일을 현실에서 저지르고 뒤늦게 후회하는 경우가 많다. ③리셋 증후군은 정신질환의 일종으로 판단하여 법적으로 심신미약 상태라는 판정되는 정신적 질환이다. ④특히, 이러한 특성을 지닌 청소년들은 무슨 일이든지 쉽게 포기하고 책임감 없는 행동을 하며, 마음에 들지 않는 사람이 있으면 칼로 무를 자르듯 관계를 쉽게 끊기도 한다.

38

주어진 내용을 순서에 맞게 배열한 것은?

ⓐ 이는 말레이 민족 위주의 우월적 민족주의 경향이 생기면서 문화적 다원성을 확보하는 데 뒤처진 경험을 갖고 있는 말레이시아의 경우와 대비되기도 한다.

ⓑ 지금과 같은 세계화 시대에 다원주의적 문화 정체성은 반드시 필요한 것이기 때문에 이러한 점은 긍정적이다.

ⓒ 영어 공용화 국가의 상황을 긍정적 측면에서 본다면, 영어 공용화 실시는 인종 중심적 문화로부터 탈피하여 다원주의적 문화 정체성을 수립하는 계기가 될 수 있다.

ⓓ 그러나 영어 공용화 국가는 모두 다민족 다언어 국가이기 때문에 한국과 같은 단일 민족 단일 모국어 국가와는 처한 환경이 많이 다르다.

ⓔ 특히, 싱가포르인들은 영어를 통해 국가적 통합을 이룰 뿐만 아니라 다양한 민족어를 수용함으로써 문화적 다원성을 일찍부터 체득할 수 있는 기회를 얻고 있다.

① ⓒⓔⓓⓐⓑ

② ⓒⓑⓐⓔⓓ

③ ⓒⓔⓑⓓⓐ

④ ⓒⓑⓔⓐⓓ

39

다음 (   ) 안에 들어갈 접속사로 알맞은 것은?

> 곤충에도 뇌가 있다. 뇌에서 명령을 받아 다리나 날개를 움직이고, 음식물을 찾거나 적에게서 도망친다. (   ), 인간의 뇌에 비하면 그다지 발달되어 있다고는 말할 수 없다. (   ), 인간은 더욱 더 복잡한 일을 생각하거나, 기억하거나, 마음을 움직이게 하거나 하기 때문이다.

① 왜냐하면, 게다가

② 하지만, 왜냐하면

③ 그렇지만, 아니면

④ 또, 그런데

40

다음은 어느 글의 마지막 문단이다. 이 문단 앞에 올 내용으로 가장 적절한 것은?

> 오늘날 우리가 살고 있는 지구는 이른바 세계화와 신자유주의 경제에 따른 국제 분업 체제에 지배되고 있다. 그런데 이 지구는 생태학적으로 보면 사실 폐쇄계나 다름없다. 석유와 같은 지하자원도 언젠가는 고갈될 것이라는 사실을 생각하면 아바나 시민이 경험한 위기는 세계의 모든 도시가 머지않아 직면하게 될 사태의 예고편이라 할 수 있다. 다시 말해 쿠바는 특수한 정치 상황 때문에 지구의 미래를 좀 더 일찍 경험하게 된 것이다.

① 사회주의체제 유지 강화를 위한 쿠바의 노력

② 쿠바 정부와 미국 정부 간의 갈등

③ 자원이 고갈되고 산업시스템이 멈춘 아바나

④ 쿠바의 인권운동가들을 향한 끊임없는 탄압

41

다음 중 나머지 셋과 다른 것을 고르시오.

①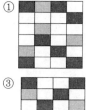

②

③

④

42

아래에 제시된 그림과 같이 쌓기 위해 필요한 블록의 수는?

※블록은 모양과 크기는 모두 동일한 정육면체임

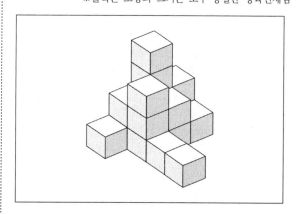

① 17

② 18

③ 19

④ 20

43

아래에 제시된 블록들을 화살표 표시한 방향에서 바라봤을 때의 모양으로 알맞은 것은?

※ 주의사항
• 블록은 모양과 크기는 모두 동일한 정육면체임.
• 바라보는 시선의 방향은 블록의 면과 수직을 이루며 원근에 의해 블록이 작게 보이는 효과는 고려하지 않음.

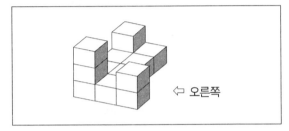

⇦ 오른쪽

①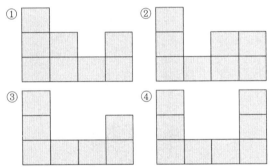

②

③

④

44

다음 입체도형의 전개도로 옳은 것을 고르시오.

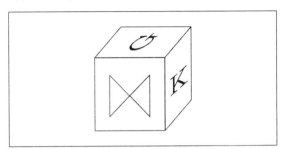

①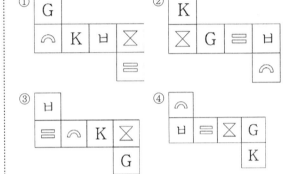

②

③

④

45

다음과 같이 화살표 방향으로 종이를 접어 가위로 잘라낸 뒤 펼친 모양에 해당하는 것을 고르시오.

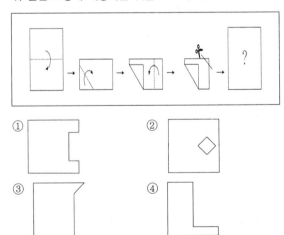

①

②

③

④

46

다음 제시된 문자를 서로 비교하여 다른 것을 고르시오.

① ✳✸✢✗✿★✇✇✏ − ✳✸✢✗✿★✇✇✏

② 교주린달지아류힌햐 − 교주린달지아류힌햐

③ EFOEFISDEWFLIW − EFOEFISPEWFLIW

④ 253275468782451 − 253275468782451

47

다음 〈보기〉에서 각 문제의 왼쪽에 표시된 굵은 글씨체의 갯수를 모두 세어 오른쪽 개수에서 찾으시오.

> **R** ITS RESTAURANT IS RUN BY A TOP CHEF

① 1개   ② 2개

③ 3개   ④ 4개

48

그림과 같이 일정한 온도에서 기체 A에 가해지는 압력을 2배로 증가시킬 때 기체 A의 부피 변화는? (단, 기체의 출입은 없다.)

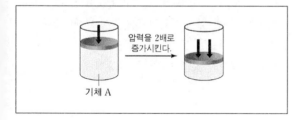

압력을 2배로 증가시킨다.

기체 A

① 변화 없다.   ② 반으로 줄어든다.

③ 2배로 늘어난다.   ④ 5배로 늘어난다.

49

다음 두 사람에게 필요한 거울을 순서대로 나열한 것은?

> • 영민 : 입 속을 확대해 보면서 양치질이 잘 되었는 지 확인하고 싶어요.
> • 수진 : 굽은 길의 안 보이는 방향에서 차가 오고 있는지 볼 수 있으면 더 안전하겠어요.

① 평면 거울, 오목 거울

② 오목 거울, 볼록 거울

③ 볼록 거울, 평면 거울

④ 볼록 거울, 오목 거울

50

광합성과 호흡을 비교한 것으로 옳지 않은 것은?

구분	광합성	호흡
① 장소	엽록체	모든 세포
② 반응물	이산화탄소, 물	포도당, 산소
③ 생성물	포도당, 산소	이산화탄소, 물
④ 에너지	에너지 방출	에너지 저장

실전 모의고사

제한 시간	
맞힌 문항	
정답 및 해설	P.338

1

다음 제시된 단어와 의미가 유사한 단어를 고르시오.

> 승인

① 수용
② 차별
③ 거부
④ 절교

2

다음 제시된 어구 풀이의 의미와 가장 잘 부합되는 어휘는?

> 몹시 어수선하고 쓸쓸하다.

① 스산하다
② 음울하다
③ 청승맞다
④ 오롯하다

3

다음 밑줄 친 단어와 쓰임이 같은 것은?

> 소년은 손이 더러워지는 것은 아랑곳하지 않고 쓰레기를 주웠다.

① 다들 말은 하지 않았지만 주워 온 애는 태가 난다고 생각했다.
② 그녀는 서둘러 젖지 않은 나뭇가지를 주워서 불을 피웠다.
③ 그가 주워 온 테이블이 제법 방의 분위기와 어울렸다.
④ 누나는 배가 부르다면서 다 구워진 전을 주워 먹었다.

4

다음 중 밑줄 친 단어의 형태가 옳은 것은?

① 아이는 언덕이 가파라서 넘어오지 못했다.
② 흰옷은 몇 번 입지 못하고 싯누렇게 변해버렸다.
③ 아내는 하루종일 동치미를 담궜다.
④ 화살은 사과를 맞추고 과녁을 명중했다.

5

다음 중 단어의 형성 원리가 다른 것은?

① 군식구
② 돌다리
③ 헛웃음
④ 건어물

┃6~7┃ 다음에 제시된 9개의 단어 중 관련된 단어를 통해 유추할 수 있는 것을 고르시오.

6

> 응급실, 한자, 의사, 신분증, 환자, 머리띠, 수영복, 해바라기, 달리기

① 병원
② 소방관
③ 고백
④ 사과

7

> 거짓말, 걱정, 립스틱, 부케, 피로연, 트로피, 로션, 신부, 핸드폰

① 우승
② 엄마
③ 운동회
④ 결혼식

8

다음 빈칸에 들어갈 어휘로 가장 적절한 것을 고르시오.

> 다시 한 번 이 행사를 위해 힘써 주신 여러분께 감사드리며, 이것으로 인사말을 _____하겠습니다.

① 갈음
② 가름
③ 가늠
④ 갸름

9

다음 제시어 중 서로 관련 있는 세 개의 단어를 찾아 연상되는 것을 고르시오.

> 상전벽해(桑田碧海) : 능곡지변(陵谷之變)
> = 맥수지탄(麥秀之嘆) : (   )

① 망국지한(亡國之恨)
② 감탄고토(甘呑苦吐)
③ 유유상종(類類相從)
④ 풍비박산(風飛雹散)

10

다음 밑줄 친 부분의 띄어쓰기가 바른 문장은?

① 마을 사람들은 어느 말을 정말로 믿어야 <u>옳은 지</u> 몰라서 멀거니 두 사람의 입을 쳐다보고만 있었다.
② 강아지가 집을 나간 지 <u>사흘만에</u> 돌아왔다.
③ 그냥 모르는 척 <u>살만도 한데</u> 말이야.
④ 자네, 도대체 이게 <u>얼마 만인가</u>.

|11~13| 다음 제시된 숫자의 배열을 보고 규칙을 적용하여 빈칸에 들어갈 알맞은 문자를 고르시오.

11

| 71 67 63 59 55 51 ( ) |

① 41 ② 43
③ 45 ④ 47

12

| 3!7=5 4!3=13 6!9=15 7!( )=18 |

① 9 ② 10
③ 11 ④ 12

13

| 10 4 9   20 6 3   15 6 4   5 18 4   8 3 ( ) |

① 10 ② 11
③ 13 ④ 15

14

다음 중 항상 옳은 것은?

- 오븐을 구매한 사람은 전자레인지를 구매하지 않는다.
- TV를 구매한 사람은 냉장고도 구매한다.
- 전자레인지를 구매한 사람은 믹서도 구매한다.
- 냉장고를 구매한 사람은 오븐을 구매한다.

① 전자레인지를 구매한 사람은 냉장고도 구매한다.
② TV를 구매한 사람은 전자레인지를 구매하지 않는다.
③ 오븐을 구매한 사람은 믹서도 구매한다.
④ 믹서를 구매한 사람은 TV 구매한다.

15

다음을 통해 엘리베이터에서 3번째로 내리는 사람은 누구인가?

- 엘리베이터에 甲, 乙, 丙, 丁, 戊가 타고 있으며 각 층에서 한 명씩 내린다.
- 甲은 丁이 내린 다음 층에 내린다.
- 丙은 乙보다 나중에 내린다.
- 乙은 甲보다 먼저 내린다.
- 戊가 내릴 때 한 사람만 남아 있다.

① 甲 ② 乙
③ 丙 ④ 丁

16

다음의 말이 참일 때 항상 참인 것을 고르시오.

> • 예롱이는 나이가 가장 많고 털이 가장 긴 강아지다.
> • 밀크는 모카보다 덩치는 크지만 어리다.
> • 초코는 막내지만 모카보다 사납다.

① 밀크는 모카보다 털이 길다.
② 예롱이는 애교가 많고 말을 잘 듣는다.
③ 이 강아지들 중에 모카가 나이로는 둘째이다.
④ 초코는 털이 검은 강아지다.

17

N사의 신입사원 오리엔테이션에서 한 조에 배정된 5인은 서로의 부서를 예상하여 2명의 부서를 진술하도록 하였다. 각각 하나의 진술만 정확히 상대의 부서를 맞추었다고 할 때, 신입사원과 부서가 바르게 연결된 것을 고르면?(단 신입사원 5인은 모두 다른 부서이다)

> ㉠ 영 사원=홍보부, 황 사원=기획부
> ㉡ 진 사원=총무부, 서 사원=기획부
> ㉢ 영 사원=인사부, 황 사원=총무부
> ㉣ 강 사원=생산부, 서 사원=기획부
> ㉤ 강 사원=생산부, 진 사원=홍보부

① 황 사원=기획부, 영 사원=홍보부
② 강 사원=생산부, 서 사원=기획부
③ 영 사원=인사부, 진 사원=총무부
④ 서 사원=기획부, 황 사원=총무부

18

다음 중 항상 옳은 것은?

> • 투수 A는 모자를 한 번 만지면 체인지업을 던진다.
> • 타자 B는 투수 A가 체인지업을 던지면 스윙을 하지 않는다.
> • 타자 B는 풀카운트 상황에서는 반드시 스윙을 한다.

① 투수 A는 모자를 한 번 만지고 체인지업을 던지지 않을 수도 있다.
② 풀카운트 상황에서 타자 B는 투수 A가 모자를 만지더라도 스윙을 한다.
③ 타자 B가 스윙을 하면 풀카운트 상황임을 알 수 있다.
④ 타자 B가 스윙을 하지 않으면 투수 A가 체인지업을 던졌기 때문이다.

19

다음은 수도권 甲시의 건물들의 높이를 비교한 내용이다. 가장 높은 건물과 가장 낮은 건물을 바르게 짝지은 것은?

> • 을(乙)시의 ○○타워는 수도권에서 가장 높은 건물로 유명하다.
> • ◇◇시티는 △△타워보다는 낮다.
> • ◎◎빌딩은 甲시에서 가장 높은 건물이다.

① ◎◎빌딩, ◇◇시티
② ○○타워, ◇◇시티
③ ◎◎빌딩, △△타워
④ ○○타워, △△타워

20

다음 ? 표시된 부분에 들어갈 알맞은 모양의 도형을 고르면?

$$\spadesuit \diamondsuit \bigcirc \square\!\!| : \bigcirc \diamondsuit \spadesuit \square\!\!| = \text{ABCD} : \boxed{\quad ? \quad}$$

① CBAD

② CBDA

③ CADꓭ

④ CBAꓷ

21

다음 식을 계산하여 알맞은 답을 고르시오.

$$\frac{72}{5} \times 2^{-3} \div \frac{3}{25}$$

① $\dfrac{15}{2}$ ② 15

③ $\dfrac{17}{2}$ ④ 17

22

어떤 물건의 원가에 20%의 이익을 붙여서 정가를 정하였다가 팔리지 않아서 2,000원을 할인해서 팔았더니 원가의 15%의 이익을 얻었다. 이 물건의 원가는 얼마인가?

① 25,000원

② 30,000원

③ 35,000원

④ 40,000원

23

화창한 어느 날 낮에 3%의 설탕물 400g이 들어있는 컵을 창가에 놓아두었다. 저녁에 살펴보니 물이 증발하여 농도가 5%가 되었다. 남아있는 설탕물의 양은?

① 160g

② 180g

③ 220g

④ 240g

24

직선을 따라 1분에 2m씩 움직이는 물체 A와 1분에 3m씩 움직이는 물체 B가 있다. 물체 A가 원점 O를 출발한지 2분 후에 같은 장소인 원점에서 A가 움직인 방향으로 물체 B가 움직이기 시작했다. A와 B가 서로 만나는 것은 A가 출발한지 몇 분 후인가?

① 3분

② 4분

③ 5분

④ 6분

25~26 다음은 A~E국의 최종학력별 근로형태 비율에 관한 자료이다. 물음에 답하시오.

(단위 : %)

		A	B	C	D	E
중졸	전일제근로자	35	31	31	39	31
	시간제근로자	29	27	14	19	42
	무직자	36	42	55	42	27
고졸	전일제근로자	46	47	42	54	49
	시간제근로자	31	29	15	20	40
	무직자	23	24	43	26	11
대졸	전일제근로자	57	61	59	67	55
	시간제근로자	25	28	13	19	39
	무직자	18	11	28	14	6

25

주어진 자료를 해석한 내용이 옳지 않은 것은?

① 중졸 전일제근로자의 비중은 모두 40%를 넘지 않는다.

② C국은 대졸 전일제근로자 수가 고졸, 중졸보다 각각 10%p, 20%p이상 커서 최종학력이 높을수록 전일제로 근무하는 비율이 높다고 볼 수 있다.

③ A~E국 중 고졸 시간제근로자의 수는 E국이 가장 많다.

④ 대졸 전일제근로자의 비중이 가장 높은 곳은 전 학력 시간제근로자의 비중이 30%를 넘지 않는다.

26

A국의 대졸 인원이 15,000명이고, A국의 무직자의 수와 C국의 무직자의 수가 같을 때 C국의 대졸 인원은 몇 명인가?

① 10,043명
② 9,643명
③ 9,472명
④ 9,356명

27

다음은 지난 분기의 국가기술자격 등급별 시험 시행 결과이다. ⓐ와 ⓑ에 들어갈 수로 적절한 것은?

〈국가기술자격 등급별 시험 시행 결과〉

구분 등급	필기			실기		
	응시자	합격자	합격률	응시자	합격자	합격률
기술사	19,327	2,056	10.6	3,173	1,919	60.5
기능장	21,651	9,903	ⓐ	16,390	4,862	29.7
기사	345,833	135,170	39.1	210,000	89,380	42.6
산업기사	210,814	78,209	37.1	101,949	49,993	ⓑ
기능사	916,224	423,269	46.2	752,202	380,198	50.5
전체	1,513,849	648,607	42.8	1,083,714	526,352	48.6

※ 합격률(%) $= \dfrac{합격자}{응시자} \times 100$

	ⓐ	ⓑ
①	45.7	49.0
②	44.2	48.5
③	45.7	48.5
④	42.2	49.0

28

다음은 2018년~2022년 어느 나라의 음식점 현황에 관한 자료이다. 자료에 대한 설명으로 옳은 것은?

(단위 : 개, 명, 억 원)

구분	업종\연도	2018	2019	2020	2021	2022
사업체	한식	157,295	156,707	155,555	158,398	159,852
	서양식	1,182	1,356	1,306	4,604	1,247
	중식	13,102	9,940	9,885	10,443	10,099
	계	171,579	168,003	166,746	173,445	171,198
종사자	한식	468,351	473,878	466,685	335,882	501,056
	서양식	17,748	13,433	13,452	46,494	14,174
	중식	80,193	68,968	72,324	106,472	68,360
	계	566,292	556,279	552,461	488,848	583,590
매출액		67,704	90,600	75,071	137,451	105,603
부가가치액		28,041	31,317	23,529	23,529	31,410

① 매출액이 높을수록 부가가치액도 높다.

② 부가가치액이 가장 높은 해에 서양식 사업체 수가 가장 적다.

③ 비교기간 동안 한식 종사자 수가 가장 많은 해에 중식 종사자 수는 가장 적다.

④ 총 사업체 수가 가장 적은 해에 총 종사자 수도 가장 적다.

29

다음은 甲지역 물류산업 업종별 현황에 관한 자료이다. 이에 대한 설명으로 옳지 않은 것은?

(단위 : 개, 억 원, 명)

	종합물류업	화물운송업	물류시설업	물류주선업	화물정보업	합
업체 수	19	46	17	23	2	107
매출액	319,763	32,309	34,155	10,032	189	396,448
종업원	22,436	5,382	1,787	1,586	100	31,291
전문인력	3,239	537	138	265	8	4,187
자격증 소지자	1,830	316	80	62	1	2,289

① 종업원 중 자격증 소지자의 비중이 5% 이상인 업종은 총 2개이다.

② 업체 수 대비 종업원의 수는 종합 물류업이 월등히 높다.

③ 종업원 한 명당 매출액이 가장 많은 업종은 물류 시설업이다.

④ 매출액이 높을수록 종업원의 수가 많다.

30

다음은 H사의 전년대비 이익증가율을 나타낸 표이다. 다음 자료를 보고 올바른 판단을 한 것은 어느 것인가?

〈전년대비 이익증가율〉

	2020	2021	2022
이익증가율	30%	10%	20%

※ 2019년의 이익액을 100으로 가정한다.

① 전년대비 이익증가액이 가장 큰 해는 2022년이다.

② 2020년의 이익은 2021년보다 더 크다.

③ 2021년에는 2019년보다 이익액이 감소했다.

④ 2022년의 이익은 2019년에 비해 약 72% 증가하였다.

31

다음 글의 빈칸에 들어갈 단어로 가장 적절한 것은?

전형적인 서양의 풍경화를 눈여겨보면, 설령 화폭에 인물이 그려지지 않은 경우라 할지라도 화면 밖에 반드시 한 사람의 관찰자가 있어서 이젤 앞에 못 박힌 듯이 서서 주위 풍경을 측량하듯이 바라보는 차갑고 단조로운 시선을 느낄 수 있다. 자연 풍경을 그렸다고는 하지만 (   ) 그러므로 풍경화 속의 부분 부분은 한결같이 작품 밖에서 그것을 바라보는 한 개인, 즉 객관적인 관찰자와의 관계 속에서 투시법적으로 형태가 결정되어 그려진다.

① 자연만이 주인공이 되어 캔버스 안에 가득히 펼쳐진다.
② 어디까지나 그 앞에 인간이 있으며, 그 인간이 바로 모든 풍경의 기준점이 되어 있다.
③ 인간의 시선은 캔버스 너머에 존재하며 시선에서 자유로워진 자연만이 존재한다.
④ 자연의 모습을 현대적인 시각으로 재해석하여 유려한 형태로 그려진다.

32

다음 글을 읽고 알 수 있는 내용으로 적절하지 않은 것은?

산소가 관여하는 신진대사에서 부산물로 만들어지는 활성산소는 노화나 질병을 일으킬 수 있다. 따라서 활성산소를 제거하는 항산화 물질을 섭취하는 것은 건강을 지키기 위해 중요하다.

항산화 물질 중 하나인 폴리페놀은 맥주, 커피, 와인, 찻잎뿐만 아니라 여러 식물에 있다. 폴리페놀의 구성물질 중 약 절반은 항산화 복합물인 플라보노이드이며, 플라보노이드는 플라보놀과 플라바놀이라는 두 항산화 물질로 구성되어 있다.

찻잎에는 플라바놀에 속하는 카데킨이 있으며, 이 카데킨이 활성산소를 제거하는 중요한 항산화 물질이다. 카데킨은 여러 항산화 물질로 되어있는데, 이 중 에피갈로카데킨 갈레이트는 차가 우러날 때 쓰고 떫은맛을 내는 성분인 탄닌이다. 탄닌은 차뿐만 아니라 와인 맛의 특징을 결정짓는 중요한 요소이다.

제조 과정에서 산화 과정이 일어나지 않아서 비산화 차로 분류되는 녹차는 카데킨을 많이 함유하고 있다. 하지만 산화차인 홍차는 제조하는 동안 일어나는 산화 과정에서 카데킨의 일부가 테아플라빈과 테아루비딘이라는 또 다른 항산화 물질로 전환되는데, 이 두 물질이 홍차를 홍차답게 만드는 맛과 색상을 내는 것에 주된 영향을 미친다. 테아플라빈은 홍차를 만들기 위한 산화가 시작되면서 첫 번째로 나타나는 물질이다. 테아플라빈은 차의 색깔을 오렌지색 계통의 금색으로 변화시키며 다소 투박하고 떫은 맛을 내게 한다. 이후에 산화가 더 진행되면 테아루비딘이 나타나는데, 테아루비딘은 차가 좀 더 부드럽고 감미로운 맛을 내고 어두운 적색 계통의 갈색을 갖게 한다. 따라서 산화를 길게 하면 할수록 테아루비딘의 양이 많아지고 차는 더욱더 부드럽고 감미로워진다.

① 항산화 물질의 섭취를 통해 노화를 방지할 수 있다.
② 카데킨은 테아플라빈과 테아루비딘으로 이루어져 있다.
③ 녹차는 산화 과정을 일어나지 않는 차로 다량의 카데킨을 함유하고 있다.
④ 테이플라빈은 홍차의 색과 맛에 영향을 끼친다.

세상에 개미가 얼마나 있을까를 연구한 학자가 있습니다. 전 세계의 모든 개미를 일일이 세어 본 절대적 수치는 아니지만 여기저기서 표본 조사를 하고 수없이 곱하고 더하고 빼서 나온 숫자가 10의 16제곱이라고 합니다. 10에 영이 무려 16개가 붙어서 제대로 읽을 수조차 없는 숫자가 되고 맙니다.

전 세계 인구가 65억이라고 합니다. 만약 아주 거대한 시소가 있다고 했을 때 한쪽에는 65억의 인간이, 한쪽에는 10의 16제곱이나 되는 개미가 모두 올라탄다고 생각해 보십시오. 개미와 우리 인간은 함께 시소를 즐길 수 있습니다. 이처럼 엄청난 존재가 개미입니다. 도대체 어떻게 개미가 이토록 생존에 성공할 수 있었을까요? 그건 바로 개미가 인간처럼 협동할 수 있는 존재라서 그렇습니다. 협동만큼 막강한 힘을 보여 줄 수 있는 것은 없습니다.

하나만 예를 들겠습니다. 열대에 가면 수많은 나무들이 조금이라도 더 햇볕을 받으려고 서로 얽히고설켜 빽빽하게 서 있습니다. 이 나무들 중에 개미가 집을 짓고 사는 아카시아 나무가 있는데 자그마치 6천만 년 동안이나 개미와 공생을 해 왔습니다. 아카시아 나무는 개미에게 필요한 집은 물론 탄수화물과 단백질 등 영양분도 골고루 제공하는 대신, 개미는 반경 5미터 내에 있는 다른 식물들을 모두 제거해 줍니다. 대단히 놀라운 일이죠. 이처럼 개미는 많은 동식물과 서로 밀접한 공생 관계를 맺으며 오랜 세월을 살아온 것입니다.

진화 생물학은 자연계에 적자생존의 원칙이 존재한다고 말합니다. 하지만 적자생존이란 어떤 형태로든 잘살 수 있는, 적응을 잘하는 존재가 살아남는다는 것이지 꼭 남을 꺾어야만 한다는 뜻은 아닙니다. 그동안 우리는 자연계의 삶을 경쟁 일변도로만 보아온 것 같습니다. 자연을 연구하는 생태학자들도 십여 년 전까지는 이것이 자연의 법칙인 줄 알았습니다. 그런데 이 세상을 둘러보니 살아남은 존재들은 무조건 전면전을 벌이면서 상대를 꺾는 데만 주력한 생물이 아니라 자기 짝이 있는, 서로 공생하면서 사는 종(種)이라는 사실을 발견한 것입니다.

– 최재천, 「더불어 사는 공생인으로 거듭나기」–

33

화자의 주장으로 가장 적절한 것은?

① 개미들의 생존방법은 협동이다.

② 자연계의 생물들이 공생하며 살아가는 것이 중요하다.

③ 개미는 아카시아 나무에 기생한다.

④ 적자생존의 원칙은 불변의 진리이다.

34

위 글의 내용으로 적절하지 않은 것은?

① 개미는 아카시아 나무와 공생관계이다.

② 개미는 협동하는 능력을 지니고 있다.

③ 오랜 시간 살아남기 위해서는 자신만의 특별한 공격력이 있어야 한다.

④ 적자생존이 꼭 남을 꺾어야만 한다는 뜻은 아니다.

35

〈보기〉의 ㉠에 들어갈 접속 부사로 가장 옳은 것은?

격분의 물결은 사람들의 주의를 동원하고 묶어내는 데는 대단히 효과적이다. 하지만 매우 유동적이고 변덕스러운 까닭에 공적인 논의와 공적인 공간을 형성하는 역할을 감당하지는 못한다. 격분의 물결은 그러기에는 통제하기도 예측하기도 어렵고, 불안정하며, 일정한 형태도 없이 쉽게 사라져 버린다. 격분의 물결은 갑자기 불어났다가 또 이에 못지않게 빠른 속도로 소멸한다. 여기서는 공적 논의를 위해 필수적인 안정성, 항상성, 연속성을 찾아볼 수 없다. (㉠) 격분의 물결은 안정적인 논의의 맥락 속에 통합되지 못한다. 격분의 물결은 종종 아주 낮은 사회적, 정치적 중요성 밖에 지니지 않는 사건들과 관련하여 발생한다.

① 그런데   ② 그리고

③ 따라서   ④ 하지만

36

다음 글의 전개 순서로 가장 자연스러운 것은?

ㄱ 이 세상에서 가장 결백하게 보이는 사람일망정 스스로나 남이 알아차리지 못하는 결함이 있을 수 있고, 이 세상에서 가장 못된 사람으로 낙인이 찍힌 사람일망정, 결백한 사람에서마저 찾지 못할 아름다운 인간성이 있을지도 모른다.

ㄴ 소설만 그런 것이 아니다. 우리의 의식 속에는 은연중 이처럼 모든 사람을 좋은 사람과 나쁜 사람 두 갈래로 나누는 버릇이 도사리고 있다. 그래서인지 흔히 사건을 다루는 신문 보도에는 모든 사람이 '경찰' 아니면 도둑놈인 것으로 단정한다. 죄를 저지른 사람에 관한 보도를 보면 마치 그 사람이 죄의 화신이고, 그 사람의 이력이 죄만으로 점철되었고, 그 사람의 인결에 바른 사람으로서의 흔적이 하나도 없는 것으로 착각하게 된다.

ㄷ 이처럼 우리는 부분만을 보고, 또 그것도 흔히 잘못 보고 전체를 판단한다. 부분만을 제시하면서도 보는 이가 그것이 전체하고 잘못 믿게 만들 뿐만이 아니라, '말했다'를 '으스댔다', '우겼다', '푸념했다', '넋두리했다', '뇌까렸다', '잡아뗐다', '말해서 빈축을 사고 있다' 같은 주관적 서술로 감정을 부추겨서, 상대방으로 하여금 이성적인 사실 판단이 아닌 감정적인 심리 반응으로 얘기를 들을 수밖에 없도록 만든다.

ㄹ '춘향전'에서 이도령과 변학도는 아주 대조적인 사람들이었다. 흥부와 놀부가 대조적인 것도 물론이다. 한 사람은 하나부터 열까지가 다 좋고, 다른 사람은 모든 면에서 나쁘다. 적어도 이 이야기에 담긴 '권선징악'이라는 의도가 사람들을 그렇게 믿게 만든다.

① ㄱㄴㄷㄹ
② ㄹㄴㄷㄱ
③ ㄱㄷㄹㄴ
④ ㄹㄷㄴㄱ

37

다음 글을 내용상 두 부분으로 나눌 때 어느 지점부터 나누는 것이 가장 적절한가?

우리나라는 전통적으로 농경 생활을 해 왔다. 이런 이유로 우리나라에서 소는 경작을 위한 주용한 필수품이지 식용 동물로 생각할 수가 없었으며, 단백질 섭취 수단으로 동네에 돌아다니는 개가 선택되었다. ㄱ 프랑스 등 유럽의 여러 나라에서도 우리처럼 농경 생활을 했음에 틀림없지만 그들은 오랜 기간 수렵을 했기 때문에 개가 우리의 소처럼 중요한 동물이 되었고 당연히 수렵한 결과인 소 등을 통해 단백질을 섭취했다. ㄴ 일반적으로 개고기를 먹는 데 혐오감을 나타내는 민족들은 서유럽의 나라이다. 그들은 쇠고기와 돼지고기를 즐겨먹는다. ㄷ 그러나 식생활 문화를 달리하는 힌두교도들은 쇠고기를 먹는 서유럽 사람들에게 혐오감을 느낄 것이다. ㄹ 또 이슬람교도나 유대교도들도 서유럽에서 돼지고기를 먹는 식생활에 대해 거부감을 느낄 것이다.

① ㄱ
② ㄴ
③ ㄷ
④ ㄹ

38

다음 자료를 바탕으로 쓸 수 있는 글의 주제로서 가장 적절한 것은?

- 몸이 조금 피곤하다고 해서 버스나 지하철의 경로석에 앉아서야 되겠는가?
- 아무도 다니지 않는 한밤중에 붉은 신호등을 지킨 장애인 운전기사 이야기는 우리에게 감동을 주고 있다.
- 개같이 벌어 정승같이 쓴다는 말이 정당하지 않은 방법까지 써서 돈을 벌어도 좋다는 뜻은 아니다.

① 인간은 자신의 신념을 지키기 위해 일관된 행위를 해야 한다.

② 민주 시민이라면 부조리한 현실을 외면하지 말고 그에 당당히 맞서야 한다.

③ 도덕성 회복이야말로 현대 사회의 병폐를 치유할 수 있는 최선의 방법이다.

④ 개인의 이익과 배치된다 할지라도 사회 구성원이 합의한 규약은 지켜야 한다.

39
다음 중 (A)가 들어갈 위치로 가장 적절한 것은?

> (A) 일어난 일에 대한 묘사는 본 사람이 무엇을 중요하게 판단하고, 무엇에 흥미를 가졌느냐에 따라 크게 다르다.

> 기억이 착오를 일으키는 프로세스는 인상적인 사물을 받아들이는 단계부터 이미 시작된다. ㈎ 감각적인 지각의 대부분은 무의식중에 기록되고 오래 유지되지 않는다. ㈏ 대개는 수 시간 안에 사라져 버리며, 약간의 본질만이 남아 장기 기억이 된다. 무엇이 남을지는 선택에 의해서이기도 하고, 그 사람의 경해에 따라서도 달라진다. ㈐ 분주하고 정신이 없는 장면을 보여 주고, 나중에 그 모습에 대해서 이야기하게 해 보자. ㈑ 어느 부분에 주목하고, 또 어떻게 그것을 해석했는지에 따라 즐겁기도 하고 무섭기도 하다. 단순히 정신 사나운 장면으로만 보이는 경우도 있다. 기억이란 원래 일어난 일을 단순하게 기록하는 것이 아니다.

① ㈎

② ㈏

③ ㈐

④ ㈑

40
다음을 뜻이 통하도록 가장 잘 배열한 것은?

> ㈎ 과거에는 종종 언어의 표현 기능 면에서 은유가 연구되었지만, 사실 은유는 말의 본질적 상태 중 하나이다.
>
> ㈏ '토대'와 '상부 구조'는 마르크스주의에서 기본 개념들이다. 데리다가 보여 주었듯이, 지어 철학에도 은유가 스며들어 있는데 단지 인식하지 못할 뿐이다.
>
> ㈐ 어떤 이들은 기술과학 언어에는 은유가 없어야 한다고 역설하지만, 은유적 표현들은 언어 그 자체에 깊이 뿌리박고 있다.
>
> ㈑ 언어는 한 종류의 현실에서 또 다른 현실로 이동함으로써 그 효력을 발휘하며, 따라서 본질적으로 은유적이다.
>
> ㈒ 예컨대 우리는 조직에 대해 생각할 때 습관적으로 위니 아랫니 하며 공간적으로 생각하게 된다. 우리는 이론이 마치 건물인 양 생각하는 경향이 있어서 기반이나 기본구조 등을 말한다.

① ㈎ – ㈏ – ㈒ – ㈑ – ㈐

② ㈎ – ㈐ – ㈏ – ㈒ – ㈑

③ ㈑ – ㈒ – ㈐ – ㈎ – ㈏

④ ㈎ – ㈑ – ㈐ – ㈒ – ㈏

41
다음 중 나머지 셋과 다른 것을 고르시오.

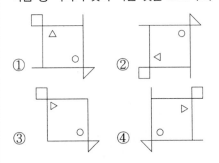

42

다음 제시된 블록에서 바닥에 닿은 면을 제외하고 어디서
도 보이지 않는 블록의 개수를 고르시오.

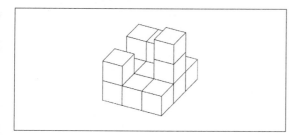

① 0개   ② 1개

③ 2개   ④ 3개

43

다음 전개도를 접었을 때, 나타나는 입체도형의 모양으로
알맞은 것을 고르시오.

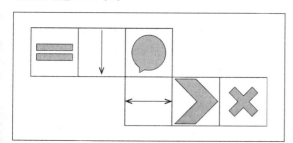

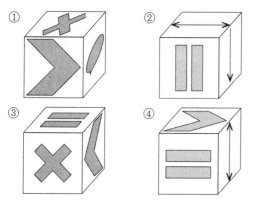

44

제시된 그림의 조각을 맞출 때 가장 잘 맞는 것을 고르시
오.

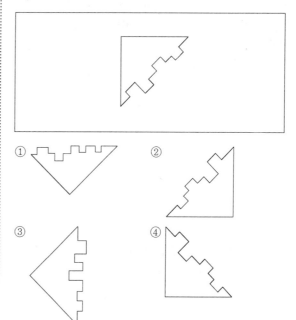

45

다음 제시된 그림을 순서대로 연결하시오.

① ㉠㉣㉡㉢   ② ㉡㉢㉠㉣

③ ㉢㉠㉡㉣   ④ ㉣㉠㉡㉢

46

다음 제시된 문자를 서로 비교하여 다른 것을 고르시오.

① 31526587951356 – 31526587951356
② PTRIFDNFHRUT – PTRIFDNHFRUT
③ 95325712563015 – 95325712563015
④ 가갸거겨고교구규그 – 가갸거겨고교구규그

47

다음 〈보기〉에서 각 문제의 왼쪽에 표시된 굵은 글씨체의 갯수를 모두 세어 오른쪽 개수에서 찾으시오.

(나)	(파)(하)(나)(라)(파)(하)(차)(사)(나)(가)(타)(파)(사)(바)(차)(자)(바)(라)(나)(마)

① 1개
② 2개
③ 3개
④ 4개

48

부력을 이용한 예가 아닌 것은?

① 공을 물속에 넣으면 떠오른다.
② 헬륨을 넣은 풍선이 공중에 떠오른다.
③ 구명환이나 구명조끼는 물에서 뜬다.
④ 용수철을 눌렀다가 놓으면 원래대로 돌아온다.

49

혈액을 통해 ㈎모세 혈관에서 주변 세포로 전달되는 물질과 ㈏주변 세포에서 모세 혈관으로 전달되는 물질을 옳게 짝지은 것은?

	㈎	㈏
①	영양소	산소, 이산화탄소
②	산소, 이산화탄소	영양소
③	산소, 영양소	이산화탄소, 노폐물
④	이산화탄소, 노폐물	산소, 영양소

50

열의 이동 방법에 대한 설명으로 옳은 것은?

① 열이 물질의 도움 없이 직접 이동하는 방법은 전도이다.
② 입자가 직접 이동하여 열이 이동하는 방법은 복사이다.
③ 열은 한 가지 방법으로만 이동하는 것이 아니다.
④ 입자의 운동이 이웃한 입자에 차례로 전달되어 열이 이동하는 방법은 대류이다.

실전 모의고사

제한 시간	
맞힌 문항	
정답 및 해설	P.344

1

다음 빈칸에 들어갈 말로 적절한 것은?

> 보리 : 맥주 = 우유 : (　)

① 쥐포　　　　② 치즈
③ 주스　　　　④ 민트

2

다음 중 제시된 단어가 나타내는 뜻을 모두 포괄할 수 있는 단어는?

> 경작하다/묶다/맺다/저술하다

① 짓다　　　　② 헐다
③ 매다　　　　④ 두다

3

다음에 제시된 단어와 의미가 유사한 단어를 고르시오.

> 요해

① 깨닫다　　　　② 느끼다
③ 맛보다　　　　④ 바라다

4

다음 중 제시된 문장의 밑줄 친 어휘와 같은 의미로 사용된 것을 고르시오.

> 손이 많으면 일도 쉽다

① 작년까지만 해도 이 여관은 손으로 가득 찼었다.
② 가뜩이나 손이 부족한데 어딜 다녀오는 거야!
③ 이 일의 마무리는 너의 손에 달려있어.
④ 그가 가리킨 손끝에는 작은 나룻배가 있었다.

5

다음 설명에 해당하는 단어는?

> 긴장이나 화가 풀려 마음이 가라앉다.

① 삭다　　　　② 곰삭다
③ 소화하다　　　　④ 일다

6

다음 밑줄 친 어휘가 옳지 않은 것은?

① 과녁을 맞히기는 어려웠다.
② 엄마는 설움에 바쳐 울음을 터뜨렸다.
③ 그는 도박으로 재산을 몽땅 털어먹었다.
④ 그들을 서로 빚진 것을 비겨버렸다.

다음 밑줄 친 부분과 문맥적 의미가 가장 가까운 것은?

> 그는 비가 쏟아지는 데도 운동을 <u>가겠</u>다고 했다.

① 네가 올 때쯤엔 영화가 끝나있<u>겠</u>지.
② 합주단의 공연이 있<u>겠</u>습니다.
③ 마지막엔 내가 먹<u>겠</u>어.
④ 네가 해주면 고맙<u>겠</u>어.

8

외래어 표기가 바르지 않은 것은?

① 글라스에 물 대신 포도를 담았다.
② 이번 강의는 제출해야 할 레포트가 많다.
③ 내일 회사 워크숍이 있어서 일찍 자야한다.
④ 나는 쉬림프 파스타를 점심으로 먹었다.

9

다음 중 띄어쓰기가 바른 것은?

① 대문밖에서 누군가 서성거리는 모습이 보였다.
② 그 사람이 오간데 없이 갑자기 사라져 버렸다.
③ 도와주기는커녕 방해만 되지 않았으면 좋겠다.
④ 평소의 실력으로 봐서 그 일을 해낼리가 없다.

10

다음 속담의 쓰임이 어색한 것은?

① '바늘 가는 데 실 간다'더니 저 두 사람은 떨어질 수 없는 사이로구나.
② '못된 송아지 엉덩이에 뿔 난다'더니 성격이 좋지 않던 저 녀석은 커서도 여전히 말썽이구나.
③ '바늘허리에 실 매어 쓸까'라더니 좋은 것도 쓸모를 찾지 못하면 무용지물이구나.
④ '목구멍이 포도청'이라더니 생계 때문에 하기 싫은 일도 해야 하는 현실이 안타깝구나.

▌11~12▌ 다음 제시된 배열을 보고 규칙을 적용하여 빈칸에 들어갈 문자를 고르시오.

11

> 11 17 29 53 101 197 ( )

① 358   ② 374
③ 389   ④ 392

12

> 15 18 13 20 ( )

① 9
② 11
③ 13
④ 15

13

다음의 빈칸에 들어갈 알맞은 수를 고르시오.

$$2 * 3 = 3 \qquad 4 * 7 = 21 \qquad 5 * 8 = 32$$
$$7 * (5 * 3) = (\qquad)$$

① 70

② 72

③ 74

④ 76

14

다음 문제의 〈보기 1〉을 보고 〈보기 2〉에 제시된 문장의 참·거짓, 알 수 없음을 판단하면?

─── 〈보기 1〉 ───
- 甲은 乙과 만나는 날에 항상 강아지를 데려온다.
- 乙은 강아지 털 알레르기가 있다.
- 乙은 강아지를 만나면 알레르기 약을 먹는다.
- 乙은 오늘 알레르기 약을 먹지 않았다.

─── 〈보기 2〉 ───
乙은 오늘 甲을 만나지 않았다.

① 참

② 거짓

③ 알 수 없음

15

다음 중 항상 거짓인 것은?

- 상자에 5장의 카드가 있다.
- 그 중 4장에는 같은 그림이 그려져 있다.
- 다른 한 장에는 다른 그림이 그려져 있다.
- 은아가 상자에서 하트가 그려진 카드를 꺼냈다.

① 상자에 남아있는 그림은 모두 같은 그림이 그려져 있다.

② 상자에 남아있는 카드에는 모두 하트가 그려져 있지 않다.

③ 상자에 남아있는 카드에는 모두 나무가 그려져 있다.

④ 상자에 남아있는 카드는 모두 하트가 그려져 있다.

16

다음에 제시된 전제에 따라 결론을 바르게 추론한 것을 고르시오.

- 유나, 주원, 세운은 각각 레몬티, 라떼, 차이티를 주문했다.
- 유나는 차이티를 주원이는 라떼를 마시고 있다.
- 그러므로 _____

① 유나는 자몽주스를 좋아한다.

② 주원이는 주로 라떼를 마신다.

③ 세운이는 레몬티를 주문했다.

④ 유나는 지금 감기에 걸렸다.

17

다음을 읽고 달리기 시합을 한 'A~E' 중 2등을 한 사람은?

> • A는 최하위권이지만 꼴찌는 아니다.
> • B는 C보다는 늦게 도착했다.
> • E는 B보다는 늦게 D보다는 먼저 도착했다.

① B
② C
③ D
④ E

18

제시된 보기가 모두 참일 때, 다음 중 옳은 것은?

> • 음악을 들으면 신이 난다.
> • 유나는 신이 나면 어떤 잘못도 용서해준다.
> • 재준이는 유나가 가장 아끼는 접시를 깨뜨렸다.

① 유나의 접시는 같은 것으로 구매할 수 없다.
② 재준이는 유나가 음악을 들을 때 용서를 빌면 용서받을 수 있다.
③ 유나는 지금 음악을 듣고 있지 않다.
④ 재준이는 유나에게 한시라도 빠르게 용서를 구해야 한다.

19

A~H 8명은 모임을 갖기 위해 모두 지하철 1호선 또는 7호선을 타고 이동하여 온수역에서 만났다. 그런데 이들이 이동하는데 다음과 같은 조건을 따랐다고 할 때, A가 1호선을 이용하지 않았다면, 다음 중 가능하지 않은 것은?

> ㉠ 1호선을 이용한 사람은 많아야 3명이다.
> ㉡ A는 D와 같은 호선을 이용하지 않았다.
> ㉢ F는 G와 같은 호선을 이용하지 않았다.
> ㉣ B는 D와 같은 호선을 이용했다.

① B는 지하철 1호선을 탔다.
② C는 지하철 7호선을 탔다.
③ H는 지하철 1호선을 탔다.
④ F는 지하철 1호선을 탔다.

20

다음 ? 표시된 부분에 들어갈 알맞은 모양의 도형을 고르면?

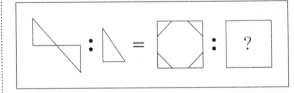

①

②

③ ④

21

A, B 두 사람이 탁구 시합을 할 때, 총 다섯 세트 중 한 사람이 먼저 세 세트를 이기거나 연속하여 두 세트를 이기면 승리하기로 한다. 각 세트에서 A가 이길 확률은 $\frac{1}{3}$ 이고, B가 이길 확률은 $\frac{2}{3}$ 이다. 첫 세트에서 A가 이겼을 때, 이 시합에서 A가 승리할 확률은 $\frac{q}{p}$ 이다. $p+q$의 값을 구하시오. (단, p와 q는 서로소인 자연수이다.)

① 104 ② 109

③ 115 ④ 118

22

14명의 직원이 점심 메뉴를 다음과 같이 하나씩 선택 하였다.

돈까스	제육볶음	연어덮밥
3명	5명	6명

14명의 직원 중에서 임의로 뽑은 3명이 선택한 메뉴가 모두 같을 때, 그 메뉴가 돈가스나 제육볶음일 확률은?

① $\frac{13}{31}$ ② $\frac{15}{31}$

③ $\frac{17}{31}$ ④ $\frac{11}{31}$

23

甲이 농도가 20%인 설탕물에서 물 60g을 증발시켜 농도가 25%인 설탕물을 만든 후, 여기에 설탕을 더 넣어 40%의 설탕물을 만든다면 몇 g의 설탕을 넣어야 하겠는가?

① 50

② 60

③ 70

④ 80

|24~25| 주어진 수의 대소 관계를 바르게 비교한 것을 고르시오.

24

$$A = \frac{\sqrt{37}}{7} \qquad B = \frac{\sqrt{34}}{6}$$

① A < B

② A = B

③ A > B

④ 알 수 없다

25

A : 1, 2, 3, 4가 각각 적힌 카드 네 장을 한 번씩 사용하여 세 자리 수를 만들 때 140 이상이 되는 경우의 수

B : 21

① $A > B$

② $A < B$

③ $A = B$

④ 알 수 없다.

26

다음은 각 기업별 전자제품 매출액에 관한 자료이다. 총 매출액이 높은 순서대로 바르게 나열한 것은?

구분 기업	전자제품 매출액	전년 대비 증가율	총매출액	전자제품 매출액 비율
A	72.9	17.8	( )	81.0
B	62.4	29.7	( )	100.0
C	54.2	28.7	( )	63.2
D	32.1	14.2	( )	57.4

※ 전자제품 매출액 비율(%) = $\dfrac{전자제품 매출액}{총 매출액} \times 100$

① A→C→B→D   ② A→B→C→D

③ C→A→D→B   ④ C→B→A→D

27

다음은 A국의 화훼 재배시설현황에 대한 자료이다. 이에 대한 설명으로 옳은 것은?

A국 화훼 재배시설현황

(단위 : ha)

재배시설별		2020	2021	2022
합계		5,365.0	4,936.4	4,353.3
재배 시설	소계	2,308.6	2,214.3	2,048.2
	철골유리	50.1	70.5	74.5
	철골경질(PC,PET)	129.6	132.6	146.0
	철파이프	ⓐ	1,963.2	1,778.9
	기타(목죽재 등)	50.6	48.0	48.8
노지	소계	3,056.4	2,722.0	2,305.1

① 화훼 재배시설의 규모가 매년 커지고 있다.

② 철골경질 재배시설은 매년 철골유리보다 매년 2배 이상의 규모를 가진다.

③ 노지의 규모는 매년 감소 추세를 보이고 있다.

④ ⓐ에 들어갈 수치는 2,088.3이다.

28

다음 그림에서 구분되는 네 부분에 서로 다른 색을 칠하려 한다. 7가지 색깔에서 4가지 색을 칠하려 한다면 방법의 수는?

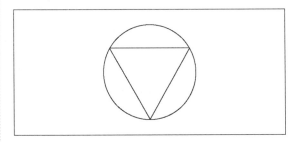

① 190가지   ② 230가지

③ 280가지   ④ 320가지

29

한주는 주말에 피자를 시켜먹을 예정이다. 다음 중 가장 저렴한 메뉴를 주문한다면 한주가 주문할 피자는?(단, 한주는 **통신사 멤버십 회원이다.)

메뉴	가격	비고
페퍼로니 피자	23,600	−
포테이토 피자	21,000	매주 수요일 45%할인
스테이크 피자	31,000	**통신사 멤버십 35% 할인
슈림프 피자	35,900	신 메뉴 행사 40% 할인

① 페퍼로니 피자

② 포테이토 피자

③ 스테이크 피자

④ 슈림프 피자

30

다음은 지역별 방과 후 학습 참여 인원을 조사한 자료이다. ⓐ~ⓓ까지 들어갈 수로 옳지 않은 것은?

지역별	참여	미참여	합계
A		556	2,256
B	797	361	ⓐ
C	ⓑ	433	1,637
D	986	399	1,385
E	1,451	ⓒ	2,081
F		ⓓ	607
합계	6,542	2,582	9,124

① ⓐ—1,158
② ⓑ—1,204
③ ⓒ—630
④ ⓓ—213

31

다음 글의 전개 순서로 가장 적절한 것은?

> ⊙ 또한 실천적 측면 가운데 내적 측면으로 나타나는 것이 선(善), 외적 측면으로 나타나는 것이 정의(正義)이다.
> ⓒ 인간이라면 누구나 이념과 가치를 소중히 여기기 마련이다.
> ⓒ 흔히들 숭고한 이념이나 가치로 진리·선·정의를 언급하기도 한다.
> ⓔ 진리는 인간 생활의 이론적 측면으로 나타나고, 선·정의는 인간 생활의 실천적 측면으로 나타난다.

① ⓒ—ⓒ—ⓔ—⊙
② ⓒ—ⓔ—⊙—ⓒ
③ ⓒ—ⓒ—⊙—ⓔ
④ ⓒ—ⓔ—⊙—ⓒ

32

다음 지문의 내용으로 옳지 않은 것은?

> 옛 학자는 반드시 스승이 있었으니, 스승이라 하는 것은 도(道)를 전하고 학업(學業)을 주고 의혹을 풀어 주기 위한 것이다. 사람이 나면서부터 아는 것이 아닐진대 누가 능히 의혹이 없을 수 있으리오. 의혹하면서 스승을 따르지 않는다면 그 의혹된 것은 끝내 풀리지 않는다. 나보다 먼저 나서 그 도(道)를 듣기를 진실로 나보다 먼저라면 내 좇아서 이를 스승으로 할 것이요, 나보다 뒤에 났다 하더라도 그 도(道)를 듣기를 또한 나보다 먼저라고 하면 내 좇아서 이를 스승으로 할 것이다. 나는 도(道)를 스승으로 하거니, 어찌 그 나이의 나보다 먼저 나고 뒤에 남을 개의(介意)하랴! 이렇기 때문에 귀한 것도 없고 천한 것도 없으며, 나이 많은 것도 없고 적은 것도 없는 것이요, 도(道)가 있는 곳이 스승이 있는 곳이다.

① 스승이라 함은 본디 도를 전하고 의혹을 풀어주기 위한 것이다.
② 사람은 모두 의혹을 가지고 있다.
③ 나보다 먼저 난 사람이 스승이 될 수 있다.
④ 나의 의혹을 풀어주는 사람이 바로 스승이다.

(   )

창의적이고 생산적인 활동에는 당연히 사고 작용이 따르기 때문이다. 역으로, 말을 하고 난 뒤에나 글을 쓰고 난 뒤에 그 과정을 되돌아보면서 새로운 생각을 하거나 발전된 생각을 얻기도 한다. 또한 청자나 독자의 반응을 통해 자신의 생각을 바꾸거나 확신을 가지기도 한다. 이처럼 사고와 표현 활동은 지속적으로 상호 작용을 하게 된다.

사고와 표현 활동은 상호 작용을 하면서 각각의 능력을 상승시킨다는 점을 적극적으로 고려할 필요가 있다. 머릿속에서 이루어진 사고 활동의 내용을 구체적으로 말이나 글로 표현해 보면 부족하거나 개선할 점들을 찾을 수 있게 되고 이후에 좀 더 조직적으로 사고하는 습관도 생긴다. 한편 표현 활동을 하다 보면 어휘 선택, 내용 조직 등의 과정에서 어려움을 느끼게 된다. 이러한 어려움을 해결하기 위해 그에 대해 논리적이고 체계적으로 생각해 보게 되고 이를 통해 표현 능력이 향상된다. 이렇게 사고력과 표현력은 상호 협력의 밀접한 연관을 맺고 있다.

흔히 좋은 글을 쓰기 위한 조건으로 '다독(多讀), 다작(多作), 다상량(多商量)'을 들기도 하는데, 많이 읽고, 많이 써 보고, 많이 생각하다 보면 좋은 글을 쓸 수 있다는 뜻이다. 여기에서 '다상량'은 충분한 사고 활동을 의미한다. 이는 물론 말하기에도 적용되는 것으로 표현 활동과 사고 활동의 관련성을 잘 말해 주고 있다.

33

다음 글의 주제와 가장 가까운 것은?

① 조직적인 사고를 위해서는 표현을 해야 한다.
② 사고 활동과 표현 활동은 상호 협력적인 관계를 맺고 있다.
③ 좋은 글을 쓰는 방법은 여러 가지가 있다.
④ 글을 쓸 때에는 독자의 반응을 반영하는 것이 중요하다.

34

주어진 글의 빈칸에 들어갈 문장으로 적절한 것은?

① 행동과 사고의 선후관계는 명확하다.
② 사고 작용을 하는 것보다 생산적인 활동을 하는 것이 문제해결에 효율적이다.
③ 말을 하고 글을 쓰는 표현 행위는 사고 활동과 분리해서 생각할 수 없다.
④ 사고 과정에는 사고의 시작이 되는 사건이 선행된다.

35

다음 지문에 대한 내용으로 옳지 않은 것은?

잎으로 곤충 따위의 작은 동물을 잡아서 소화 흡수하여 양분을 취하는 식물을 통틀어 식충 식물이라 한다. 대표적인 식충 식물로는 파리지옥이 있다.

주로 북아메리카에서 번식하는 파리지옥은 축축하고 이끼가 낀 곳에서 곤충을 잡아먹으며 사는 여러해살이 식물이다. 중심선에 경첩 모양으로 달린 두 개의 잎 가장자리에는

가시 같은 톱니가 나 있다. 두 개의 잎에는 각각 세 개씩의 긴 털, 곧 감각모가 있다. 이 감각모에 파리 따위가 닿으면 양쪽으로 벌어져 있던 잎이 순식간에 서로 포개지면서 닫힌다. 낮에 파리 같은 먹이가 파리지옥의 이파리에 앉으면 0.1초 만에 닫힌다. 약 10일 동안 곤충을 소화하고 나면 잎이 다시 열린다.

파리지옥의 잎 표면에 있는 샘에서 곤충을 소화하는 붉은 수액이 분비되므로 잎 전체가 마치 붉은색의 꽃처럼 보인다. 파리지옥의 잎이 파리가 앉자마자 0.1초 만에 닫힐 수 있는 것은, 감각모가 받는 물리적 자극에 의해 수액이 한꺼번에 몰리면서 잎의 모양이 바뀌기 때문이라고 알려졌다.

① 식충식물은 잎으로 작은 곤충을 섭취하는 식물이다.
② 파리지옥은 감각모를 이용해 곤충을 감지한다.
③ 파리지옥은 잎에 달린 가시 같은 톱니로 저작운동을 한다.
④ 파리지옥이 곤충을 소화시킬 동안은 잎이 닫혀있다.

36

다음 글의 전개 순서로 가장 자연스러운 것은?

㈎ 상품 생산자, 즉 판매자는 화폐를 얻기 위해 자신의 상품을 시장에 내놓는다. 하지만 생산자가 만들어 낸 상품이 시장에 들어서서 다른 상품이나 화폐와 관계를 맺게 되면, 이제 그 상품은 주인에게 복종하기를 멈추고 자립적인 삶을 살아가게 된다.

㈏ 이처럼 상품이나 시장 법칙은 인간에 의해 산출된 것이지만, 이제 거꾸로 상품이나 시장 법칙이 인간을 지배하게 된다. 이때 인간 및 인간들 간의 관계가 소외되는 현상이 나타난다.

㈐ 상품은 그것을 만들어 낸 생산자의 분신이지만, 시장 안에서는 상품이 곧 독자적인 인격체가 된다. 사람이 주체가 아니라 상품이 주체가 된다.

㈑ 또한 사람들이 상품들을 생산하여 교환하는 과정에서 시장의 경제 법칙을 만들어 냈지만, 이제 거꾸로 상품들은 인간의 손을 떠나 시장 법칙에 따라 교환된다. 이런 시장 법칙의 지배 아래에서는 사람과 사람 간의 관계가 상품과 상품, 상품과 화폐 등 사물과 사물 간의 관계에 가려 보이지 않게 된다.

① ㈎ – ㈐ – ㈏ – ㈑
② ㈎ – ㈐ – ㈑ – ㈏
③ ㈐ – ㈑ – ㈎ – ㈏
④ ㈐ – ㈑ – ㈏ – ㈎

37

다음 글에서 ㉠과 ㉡에 들어갈 접속사로 옳은 것은?

> 들뢰즈가 말하는 '차이'란 두 대상을 정태적으로 비교해서 나오는 어떤 것이 아니라 두 대상이 만나고 섞임으로써 '생성'되는 것이다. (㉠) '달리기를 잘하는 사람(A)'과 '자동차(B)'가 있다고 가정해 보자. A는 원래 땅 위를 달리며, 달리기와 관련된 근육이 발달되어 있었을 것이다. 그런데 A가 달리기 대신 B를 오랫동안 반복적으로 운전한다면 어떻게 될까? A는 달리는 근육 대신 브레이크나 엑셀을 밟는 근육이 발달한 것이다. A는 땅과 자동차 중 어느 것과 관계를 맺느냐에 따라 이전의 A와는 다른 차이를 지니게 된다. (㉡) 그 차이는 A에게 '자동차 운전을 잘하게 된 사람'이라는 새로운 의미를 부여하게 되는데, 이것이 바로 '생성'이다.

① ㉠ : 예컨데 ㉡ : 그러나

② ㉠ : 그럼에도 ㉡ : 하지만

③ ㉠ : 예를 들면 ㉡ : 그리고

④ ㉠ : 게다가 ㉡ : 즉

38

다음 글의 주제로 가장 적절한 것은?

> 한 개인의 창의성 발휘는 자기 영역의 규칙이나 내용에 대한 이해뿐 아니라 현장에서 적용되는 평가 기준과도 밀접한 관련을 갖고 있다. 어떤 미술 작품이 창의적인 것으로 평가받기 위해 당대 미술가들이나 비평가들이 작품을 바라보는 잣대에 들어맞아야 한다. 마찬가지로 문학 작품의 창의성 여부도 당대 비평들의 평가기준에 따라 달라질 수 있다. 예를 들어, 라파엘로의 창의성은 미술사학, 미술 비평이론, 그리고 미적 감각의 변화에 따라 그 평가가 달라졌다. 그는 16세기와 19세기에는 창의적이라고 여겨졌으나, 그 사이 기간과 그 이후에는 그렇지 못했다. 라파엘로는 사회가 그의 작품에서 감동을 받고 새로운 가능성을 발견할 때 창의적이라고 평가받을 수 있었다. 그러나 만일 그의 그림이 미술을 아는 사람들의 눈에 도식적이고 고리타분하게 보였다면, 그는 기껏해야 뛰어난 제조공이나 꼼꼼한 채색가로 불렸을 것이다.

① 창의성은 본질적으로 신비하고 불가사의한 영역이다.

② 상징에 의해 전달되는 지식은 우리의 외부에서 온다.

③ 창의성은 일정한 준비 기간을 필요로 한다.

④ 창의성의 발휘는 평가 기준과 밀접한 관련이 있다.

39

다음 글의 내용으로 추론할 수 없는 것은?

개인이 서로 의지하고 상호관계를 인식하는 곳에 공동사회가 존재한다. 공동사회에 소속된 사람들은 습관이나 전통에 따라 행동하며, 직접적 혜택을 통해서 보상받지 못하더라도 다른 이들을 위해서 무언가를 한다.

그러나 이익사회는 평화로운 방식으로 평등하게 생계를 꾸리고 함께 살아가는 개인들의 집단이다. 개인들이 관계를 맺는다 할지라도 그들은 서로 의존하지 않고 분리된 채 존재한다. 이익사회에서는 자신의 행위에 따른 최소한의 적절한 증여나 서비스가 보상으로 제공되지 않는 한 그 누구도 타인을 위해 무언가를 하지 않는다. 그러므로 이익사회는 자발적, 현실적 참여가 가능한 개인들의 집합체라 할 수 있다. 이러한 사실을 검토해 볼 때 우리는 문화 발전 과정에서 두 시대가 차례로 이어진다는 결론에 도달하게 된다.

① 공동사회에서 개인들은 사적인 관계를 맺는 것이 일반적이다.
② 이익사회 시대에는 공동사회 시대보다 사회 규모가 확대되었다.
③ 오늘날 공동사회는 완전히 사라졌다.
④ 이익사회 시대는 공동사회 시대보다 시장경제가 발전했다.

40

다음 빈칸에 들어갈 말로 가장 적절한 것은?

말 잘하는 것이 요즘처럼 대접을 받는 시기는 우리 역사를 통해서 아마 없었을 것이다. 말은 억제하고 감추고 침묵하는 것이 미덕이었던 시절이 불과 얼마 전이었다. 전달의 효율성보다는 말의 권위를 따졌고, 말로 인해서 관계를 만들기보다는 말을 통하여 사람들 사이에 벽을 쌓았다. 그러나 이제는 사회를 억누르던 말의 권위주의 문화가 퇴조하고 새로운 가치관이 싹트고 있다. 걸출한 커뮤니케이터들이 정치무대의 중심에 등장했고, 이들의 말 한마디가 세상을 바꾸고 있다.
(   )

① 그래서 더욱더 과묵함이 강조되고 있다.
② 꾸민 말에는 진실이 깃들이 어렵게 된 셈이다.
③ 말 한마디로 권위를 잃게 되는 경우가 많아지고 있다.
④ 화려한 말을 구사하는 능력이 대중의 인기를 모으고 있다.

41

다음 제시된 그림을 시계 방향으로 90° 회전한 후 오른쪽으로 뒤집고 반시계 방향으로 다시 90° 회전시켰을 때 나올 수 있는 그림은?

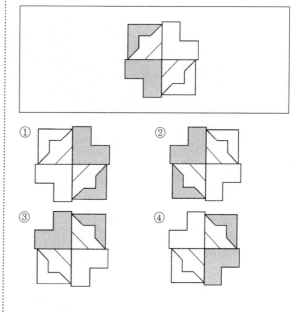

42

다음 중 나머지 셋과 다른 것을 고르시오.

①

②

③

④

43

아래에 제시된 그림과 같이 쌓기 위해 필요한 블록의 수는?

※ 블록은 모양과 크기는 모두 동일한 정육면체임

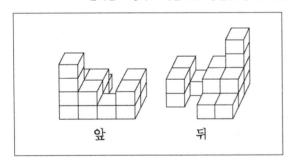

① 13개   ② 15개

③ 17개   ④ 19개

44

다음 제시된 세 개의 단면을 참고하여 해당되는 입체도형을 고르시오.

①

②

③

④

45

다음 제시된 블록에서 바닥에 닿은 면을 제외하고 어디서도 보이지 않는 블록의 개수를 고르시오.

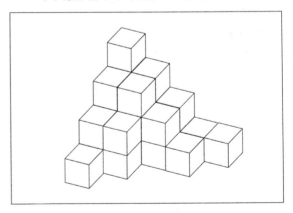

① 1개   ② 2개

③ 3개   ④ 4개

46

다음 제시된 문자를 서로 비교하여 다른 것을 고르시오.

① 自玄音魚石米首比艮 − 自玄音魚舌米首比艮
② 龜鼠虍豖子勹乚뉘ㅐ − 龜鼠虍豖子勹乚뉘ㅐ
③ 自至肉臣隹靑雨魚疯 − 自至肉臣隹靑雨魚疯
④ 髟龍豆豖米食舌肉赤 − 髟龍豆豖米食舌肉赤

47

다음 제시된 문자들을 뒤에서부터 거꾸로 쓴 것을 고르면?

쿵쾅쿵쾅두근두근킹콩

① 콩킹근두근두쿵쾅쾅쿵
② 콩킹근두근두쾅쿵쿵쾅
③ 콩킹근두근두쾅쿵쾅쿵
④ 콩킹근두두근쾅쿵쾅쿵

48

압력에 따라 기체의 부피가 변하는 것과 관계 깊은 현상은?

① 하늘 높이 올라간 풍선이 터진다.
② 여름철에 햇빛이 비치는 곳에 놓아둔 봉지가 부풀어 오른다.
③ 찌그러진 탁구공을 뜨거운 물에 넣으면 탁구공이 다시 펴진다.
④ 페트병을 마개로 막아 냉장고에 넣어 두면 페트병이 찌그러진다.

49

지구 자전과 천체의 일주 운동에 대한 설명으로 옳지 않은 것은?

① 지구의 자전 방향은 서에서 동이며, 지구의 자전으로 태양과 달은 동에서 떠서 서로 진다.
② 지구는 자전축을 중심으로 1시간에 15°씩 회전한다.
③ 북반구 중위도에서 북쪽 하늘의 별들은 북극성을 중심으로 시계 방향으로 돈다.
④ 북반구 중위도에서 남쪽 하늘의 별들은 지평선과 거의 나란하게 동에서 서로 이동한다.

50

전도와 관련 있는 것을 보기에서 모두 고른 것은?

⊙ 뜨거운 국그릇에 넣어 둔 숟가락이 뜨거워진다.
ⓛ 바닥의 난방기를 켜면 방 전체가 따뜻해진다.
ⓒ 프라이팬의 아래쪽만 가열해도 전체가 뜨거워진다.
ⓔ 적외선 카메라로 물체를 촬영하면 물체의 온도 분포를 알 수 있다.

① ⊙ⓒ   ② ⊙ⓔ
③ ⓛⓒ   ④ ⓛⓔ

PART

IV

정답 및 해설

정답 및 해설

Answer

1	2	3	4	5	6	7	8	9	10
③	③	①	③	②	①	③	④	②	③
11	12	13	14	15	16	17	18	19	20
②	③	①	②	①	②	④	②	④	②
21	22	23	24	25	26	27	28	29	30
③	②	①	③	①	④	③	③	②	④
31	32	33	34	35	36	37	38	39	40
③	③	②	②	①	④	③	④	②	③
41	42	43	44	45	46	47	48	49	50
①	①	③	④	②	③	③	②	②	④

1 ③

연유 … 일의 까닭
① 선정 : 여럿 가운데서 어떤 것을 뽑아 정함
② 경과 : 일이 되어 가는 과정
③ 까닭 : 일이 생기된 원인이나 조건
④ 수습 : 어수선한 사태를 거두어 바로 잡음

2 ③

①②④에 제시된 단어들은 유의어 관계이다. ③에 제시된 손톱과 손은 부분과 전체의 관계이다.

3 ①

후안무치(厚顔無恥) … 뻔뻔스러워 부끄러움이 없음
① 체면을 차릴 줄 알며 부끄러움을 아는 마음
② 염치가 없고 뻔뻔스러운 사람을 낮잡아 이르는 말
③ 지능이 낮은 듯하고 단순한 표정을 지닌 사람이 풍기는 아름다움
④ 오랫동안 자꾸 반복하여 몸에 익어버린 행동

4 ③

① 안정(安定)
② 현상(現象)
④ 주인(主人)

5 ②

② '데'는 조사 '에'가 생략된 형태이다. '데'는 '경우'의 뜻을 나타내는 의존명사이므로 관형어와 띄어 써야 한다.

6 ①

① 쪼개거나 나누어 따로따로 되게 하다.
②④ 물체가 공기나 물을 양옆으로 열며 움직이다.
③ 양쪽으로 열어젖히다.

7 ③

• 다국의 이해관계가 얽힌 일은 (예측)하기가 어렵다.
• 비행기 연착으로 인해 주말 아침에 귀국하려던 (계획)에 차질이 생겼다.
• 그의 의견은 비현실적인 (구상)에 불과했다.
① 앞으로 이루려는 일에 대하여 그 일의 내용이나 규모, 실현 방법 따위를 어떻게 정할 것인지 이리저리 생각함. 또는 그 생각
② 미리 헤아려 짐작함
④ 앞으로 할 일의 절차, 방법, 규모 따위를 미리 헤아려 작정함. 또는 그 내용
③ 육안이나 기계로 자연 현상 특히 천체나 기상의 상태, 추이, 변화 따위를 관찰하여 측정하는 일

8 ④

① 바다와 육지

② 깊은 바다에 있는 길고 좁은 산맥 모양의 솟아오른 부분

③ 바다 속에서 나는 풀을 통틀어 이르는 말

④ 바다의 밑바닥

9 ②

① 법썩 → 법석

③ 오뚜기 → 오뚝이

④ 더우기 → 더욱이

10 ③

① 대를 쪼개는 기세라는 뜻으로, 적을 거침없이 물리치고 쳐들어가는 기세

② 학처럼 목을 길게 빼고 기다린다는 뜻으로, 몹시 기다림을 이르는 말

③ 인생의 길흉화복은 변화가 많아 예측하기 어려움

④ 남의 세력을 빌어 위세를 부림

11 ②

대우 명제를 이용하여 해결하는 문제이다. 대우 명제를 생각하기 전에 주어진 명제들의 삼단논법에 의한 연결 형태를 먼저 찾아보아야 한다. 주어진 다섯 개의 명제들 중 첫 번째, 두 번째, 세 번째 명제는 단순 삼단논법으로 연결되어 우주특급→공주의 모험→자이로스핀→~번지번지의 관계가 성립됨을 쉽게 알 수 있다. 따라서 이것의 대우 명제인 번지번지→~우주특급(번지번지를 타 본 사람은 우주특급을 타 보지 않았다)도 옳은 명제가 된다.

12 ③

D는 주스를 주문한다고 했으므로 ㉠의 대우, 'C 또는 D가 주스를 주문하면 A와 B도 주스를 주문한다'에 따라 A와 B도 주스를 주문한다. ㉣의 대우 명제 'B와 D가 주스를 주문하면 E 또는 F가 주스를 주문한다'에 따라 E나 F가 주스를 주문한다. E가 주스를 주문할 경우, ㉡의 대우 명제에 따라 C도 주스를 주문한다. F가 주스를 주문할 경우, ㉤의 대우 명제에 따라 G는 커피를 주문할 것이다. 최소 인원을 구하라고 했으므로 A, B, D, F 총 4명이 된다.

13 ①

주어진 수열은 세 번째 항부터 앞의 두 항을 더한 값이 다음의 항이 되는 규칙을 가지고 있다. 따라서 빈칸에 들어갈 수는 $64+105=169$이다.

14 ②

주어진 수열은 $5n(n=1, 2, 3, 4...)$에 소수가 순서대로 더해지는 규칙을 가지고 있다. 따라서 빈칸에 들어갈 수는 $5 \times 7 + 17 = 52$이다.

15 ①

주어진 식에서 @의 규칙은 @ 앞의 수에 뒤의 수를 나눈 값의 소수점 첫째 자리가 답이 되는 것이다.

따라서 마지막 식을 풀면

$(19@21)@15 = (19 \div 21 = 0.904... = 9)$, $9@15 = 6$이다.

16 ②

주어진 말이 모두 참이라고 했으므로 첫 번째 '진아는 머리가 아플 때 A약을 먹는다'의 대우인 'A약을 먹지 않으면 두통이 없다'는 문장 역시 항상 참이다.

17 ④

주어진 조건에 따라 범인을 가정하여 진술을 판단하면 다음과 같다.

〈사건 1〉

범인 진술	가인	나은	다영
가인	거짓	참	참
나은	참	참	거짓
다영	거짓	거짓	참

〈사건 2〉

범인 진술	라희	마준	바은
라희	거짓	참	참
마준	거짓	참	참
바은	거짓	거짓	참

따라서 〈사건 1〉의 범인은 가인, 〈사건 2〉의 범인은 라희이다.

18 ②

범인이 가인과 라희이므로 거짓을 이야기하지 않은 사람은 '나은'뿐이다.

19 ④

① 국어의미론과 국어음운론은 함께 수강할 수 없다.
② 乙은 문학개론을 수강하지 않았으므로 국문학사를 수강할 수 없다.
③ 총 학점이 11학점이므로 12학점이 넘지 못해 수강할 수 없다.

20 ②

시계 방향으로 $90°$ 회전하는 관계이다.

21 ③

직원 50명 중에서 임의로 선택한 1명이 1년차 직원인 사건을 A, 주제 B를 고르는 사건을 B라 하면

$$p_1 = P(B|A) = \frac{16}{24} = \frac{2}{3}$$

$$p_2 = P(A|B) = \frac{16}{30} = \frac{8}{15}$$

$$\therefore \ \frac{p_2}{p_1} = \frac{\frac{8}{15}}{\frac{2}{3}} = \frac{4}{5}$$

22 ②

현수가 자전거를 타고 간 거리를 x km, 뛰어간 거리를 y km라고 하면

$$\begin{cases} x + y = 5 \\ \dfrac{x}{12} + \dfrac{y}{8} = \dfrac{1}{2} \end{cases}$$

$$\therefore \ x = 3, \ y = 2$$

23 ①

직원의 수를 x라고 하면 $4x + 5 = 6x - 3$, $x = 4$이다. 사탕의 수는 $4 \times 4 + 5 = 21$개이다.

24 ③

$$\frac{7}{24} \div \frac{28}{432} \times \frac{16}{3} = \frac{7}{24} \times \frac{432}{28} \times \frac{16}{3} = 24$$

25 ①

$$46 - 3^3 \div \frac{18}{\sqrt{16}} = 46 - 3^3 \times \frac{4}{18} = 46 - 6 = 40$$

26 ④

기술개발단계에 있는 공모자수 비중의 연도별 차이는 $45.8(2022) - 36.3(2021) = 9.5$, 시장진입단계에 있는 공모자수 비중의 연도별차이 $36.4(2021) - 29.1(2022) = 7.3$으로 기술개발단계에 있는 공모자수 비중의 연도별 차이가 더 크다.

① 2022년 회사원 공모자의 전년대비 증가율은 $\dfrac{567 - 297}{297} \times 100 = 90.9\%$로 90% 이상이다.

② 창업아이디어 공모자의 직업 구성의 1위와 2위는 2021년에는 기타, 회사원이고 2022년에는 회사원, 기타로 동일하지 않다.

③ 2021년에 기술개발단계에 공모자수의 비중은 $291 \div 802 \times 100 = 36.3\%$로 40% 이하이다.

27 ③

ⓐ $73 + 118 = 191$

ⓑ $31 + 93 = 124$

ⓒ $140 + 209 = 349$

ⓐ+ⓑ+ⓒ$=664$

28 ③

농어촌버스의 2017년 대비 2021년의 종사자수 증감률 $(74,427 - 66,191) \div 66,191 \times 100 = 12.4\%$로 10% 이상이다.

② 시외고속버스의 업체당 종사자 수는 '종사자수÷업체수'로 구할 수 있다. 따라서 2021년에는 $4,191 \div 8 = 524$, 2017년에는 $5,944 \div 10 = 594$로 2017년에 비해 2021년에 감소하였다.

④ 농어촌버스의 업체당 보유대수는 2018년부터 $88.6 \rightarrow 91.4 \rightarrow 91.5 \rightarrow 93.5$로 매년 증가하였다.

29 ②

버스를 탄 날의 총 만보기 측정값은 다음과 같다.

$11,500 + 14,000 + 12,000 + 11,500 + 12,000 + 12,000 + 11,000 + 11,000 = 95,000$

버스 탄 날은 총 8일이므로 A씨가 버스 타는 날의 평균 만보기 측정값은 $95,000 \div 8 = 11,875$ 이다.

30 ④

④ 친환경 농산물 재배면적 중 유기농 농작물의 비중은 2019년부터 $17.0\% \rightarrow 10.4\% \rightarrow 7.5\% \rightarrow 8.3\%$로 2021년에 가장 낮다.

① 친환경 농산물 재배농가 당 생산량은 2019년부터 $15.1 \rightarrow 13.2 \rightarrow 11.2 \rightarrow 10.2$로 매년 감소하고 있다.

② 2019년 대비 2022년 친환경 농작물 재배농가 증가율은 $\dfrac{221 - 53}{53} \times 100 ≒ 317\%$, 생산량의 증가율은 $\dfrac{2258 - 798}{798} \times 100 ≒ 183\%$이므로 친환경 농작물 재배농가 증가율이 더 높다.

③ 생산방법별 재배 면적에서 저농약의 재배면적 비중은 2020년에 68.4%, 2021년에 58%로 2020년에 더 높다.

31 ③

ⓒ 시클리드 물고기 - ⓒ 시클리드의 특성(기분 상태에 따라 색이 변함) - ⓐ 시클리드의 특성②(귀의 점) - ⓓ 시클리드 귀의 점의 의미

32 ③

주어진 글을 보면 냉장고는 당장의 필요 이상의 것들을 소비하도록 만든다고 말하고 있으므로 중심내용은 ③이 적절하다.

33 ②

과거 냉장고가 없던 시기에는 이웃들과 음식을 나눠 먹는 일이 빈번했지만 이제 남은 음식은 냉장고에 보관하게 되었다는 내용이 빈칸의 뒤로 이어지고 있다. 따라서 빈칸에는 ②의 내용이 가장 적절하다.

34 ②

제시된 글에서 어떤 개체의 행동을 결정하는 일관된 기준은 오로지 유전자의 이익이며 이는 인간이 냉혹한 이기주의자라는 것이 아닌 오히려 인간의 이타적이고 협력적인 태도를 설명할 수 있는 이론이라고 말한다.

35 ①

〈보기〉의 내용은 우리가 흔히 민주주의의 시작이라고 생각하는 고대 그리스의 민주주의나 대헌장은 대중 민주주의와는 거리가 멀다는 내용이다. ①의 뒤에 오는 내용은 대중 민주주의의 시작에 대해 말하고 있으므로 〈보기〉의 위치는 ①에 오는 것이 적절하다.

36 ④

④ 총의 제도는 회원국 간 정치·경제적 영향력의 차이를 보완하기 위해 도입된 제도이다.

① 첫 번째 문장을 통해 알 수 있다.

② 두 번째 단락에서 총의 제도로 인한 문제점과 더불어 해결 방안으로 모색되어진 방식을 제시하고 있다.

③ 총의 제도에 따르면 회원국이 의사결정 회의에 불참하더라도 그 불참은 반대가 아닌 찬성으로 간주된다.

37 ③

주어진 글은 리셋 증후군의 개념과 증상에 대해 설명하는 글이다. 따라서 ③의 정신적 질환의 일종으로 분류된다는 진술은 앞 문장(리셋 증후군의 행동 양상)과 뒤 문장(청소년기 리셋 증후군의 영향)과 어울리지 않아 삭제하는 것이 적절하다.

38 ④

ⓒⓛ 영어 공용화를 통한 다원주의적 문화 정체성 확립 및 필요성→ⓜ 다양한 민족어를 수용한 싱가포르의 문화적 다원성의 체득→㉠ 말레이민족 우월주의로 인한 문화적 다원성에 뒤쳐짐→㉣ 단일 민족 단일 모국어 국가의 다른 상황

39 ②

'곤충에도 뇌가 있다(인간과 같다).'는 문장과 '인간의 뇌만큼 발달되어 있지 않다(차이).'는 문장으로 역접의 관계를 나타내는 접속어를 선택한다. 두 번째 괄호에는 '때문이다'로 보아 원인을 나타내는 접속사가 들어가야 한다.

40 ③

주어진 문단에서는 지구의 생태학 적인 위기에 대해 이야기하고 있고, "아바나 시민이 경험한 위기"가 문단 앞에 나오는 것이 가장 적절하다.

41 ①

②③④는 회전관계, ①은 색칠된 부분이 다른 그림이다.

42 ①

바닥면부터 블록의 개수를 세어 보면, 9 + 5 + 2 + 1 = 17개이다.

43 ③

제시된 블록을 화살표 표시한 방향에서 바라보면 ③이 나타난다.

44 ④

해당 도형을 펼치면 ④가 나타날 수 있다.

45 ②

제시된 종이 접기를 가위로 자른 후의 모양은 ②이다.

46 ③

EFOEFISDEWFLIW − EFOEFISPEWFLIW

47 ③

ITS RESTAURANT IS RUN BY A TOP CHEF

48 ②

② 기체의 부피와 압력은 서로 반비례하므로 압력을 2배로 증가시키면 부피는 2배로 감소한다.

49 ②

실제 모습보다 큰 상을 보려면 오목 거울을 사용해야 하고, 보이지 않던 방향까지 보려면 볼록 거울을 사용해야 한다.

50 ④

광합성은 빛에너지를 흡수하여 이산화탄소와 물로부터 포도당과 산소를 합성하는 과정이며, 엽록체에서 낮에만 일어난다. 호흡은 산소를 이용하여 광합성 산물인 포도당을 분해하여 에너지를 얻는 과정이며, 식물체의 살아있는 모든 세포에서 밤낮 구분 없이 일어난다.

④ 광합성은 양분에 에너지를 저장하는 과정이고, 호흡은 양분을 분해하여 에너지를 방출하는 과정이다.

Answer

1	2	3	4	5	6	7	8	9	10
①	①	②	②	②	①	④	①	①	④
11	12	13	14	15	16	17	18	19	20
④	②	④	④	①	③	③	②	②	④
21	22	23	24	25	26	27	28	29	30
②	④	④	④	③	②	①	③	④	④
31	32	33	34	35	36	37	38	39	40
②	②	②	③	④	②	②	④	④	④
41	42	43	44	45	46	47	48	49	50
③	①	③	④	②	②	③	④	④	③

1 ①

승인 … 어떤 사실을 마땅하다고 받아들임
① 수용 : 어떠한 것을 받아들임
② 차별 : 둘 이상의 대상을 각각 등급이나 수준 따위의 차이를 두어서 구별함
③ 거부 : 요구나 제의 따위를 받아들이지 않고 물리침
④ 절교 : 서로의 교제를 끊음

2 ①

② 음울하다 : 기분이나 분위기 따위가 음침하고 우울하다.
③ 청승맞다 : 궁상스럽고 처량하여 보기에 몹시 언짢다.
④ 오롯하다 : 모자람이 없이 온전하다.

3 ②

② 바닥에 떨어지거나 흩어져 있는 것을 집다.
① 버려진 아이를 키우기 위하여 데려오다.
③ 남이 분실한 물건을 집어 지니다.
④ 이것저것 되는대로 취하거나 가져오다.

4 ②

② '싯-'은 어두음이 유성음이고 첫음절의 모음이 'ㅓ, ㅜ'인 색채를 나타내는 형용사 앞에 붙으므로 '싯누렇다'는 바른 표기이다.
① '가파르다'는 '르'불규칙 용언으로 어간의 끝소리'가 탈락하면서 'ㄹ'이 덧붙여지는 활용을 한다. 따라서 '가파르다 – 가팔라 – 가파르니' 등으로 활용한다.
③ 'ㅡ'탈락은 모음 앞에서 어간의 'ㅡ'가 탈락하는 규칙 활용이다. '담그다'는 '담가'로 활용하여 제시된 문장에서는 '담갔다'로 써야 한다.
④ '물체를 쏘거나 던져서 어떤 물체에 닿게 하다.'는 '맞히다'이므로 '맞히고'고 고친다.

5 ②

② 어근과 어근의 결합인 합성어이다.
①③④ 접사가 붙은 파생어이다.

6 ①

응급실, 의사, 환자를 통해 병원을 연상할 수 있다.

7 ④

부케, 피로연, 신부를 통해 결혼식을 연상할 수 있다.

8 ①

① 본디 것을 대신에 다른 것으로 가는 일
② 따로따로 갈라놓는 일
③ 목표나 기준에 맞고 안 맞음을 헤아리는 일
④ 보기 좋을 정도로 조금 가늘고 긴 듯함

9 ①

상전벽해와 능곡지변은 모두 세상이 극심하게 변함을 이르는 의미를 담고 있어 유의관계에 있다고 할 수 있다. 따라서 맥수지탄과 유사한 의미를 가진 한자 성어인 망국지한이 괄호 안에 들어가는 것이 적절하다.
① 나라가 망함에 대한 탄식
② 자신의 비위에 맞으면 취하고 그렇지 않으면 버림
③ 같은 무리끼리 서로 사귐
④ 사방으로 날아 흩어짐

10 ④

① 옳은 지→옳은지, 막연한 추측이나 짐작을 나타내는 어미이므로 붙여서 쓴다.
② 사흘만에→사흘 만에, '시간의 경과'를 의미하는 의존명사이므로 띄어서 사용한다.
③ 살만도→살 만도, 붙여 쓰는 것을 허용하기도 하나 (살 만하다) 중간에 조사가 사용된 경우 반드시 띄어 써야 한다(살 만도 하다).

11 ④

제시된 수열은 첫 번째 수에서부터 -4씩 감해지는 규칙을 보인다. 빈칸에 들어갈 수는 51-4=47이 된다.

12 ②

주어진 식들을 따라 유추해보면 !는 (!앞의 수)×4-(! 뒤의 수)이다. 따라서 빈칸에 들어갈 수를 x라고 하면, $7 \times 4 - x = 18$, $x = 10$이다.

13 ④

주어진 수열은 세 개씩 나누어 봤을 때 세 개의 수를 곱하면 360이 되는 규칙을 가지고 있다.

14 ②

TV를 구매한 사람은 냉장고를 구매하며, 냉장고를 구매한 사람은 오븐을 구매한다. 오븐을 구매한 사람은 전자레인지를 구매하지 않으므로 ②는 항상 옳다.

15 ①

주어진 정보에 따르면 乙→丁→甲→戊→丙의 순서대로 내리게 된다. 따라서 세 번째로 내리는 사람은 甲이다.

16 ③

③ 주어진 문장에 따라 강아지들을 나이순으로 세우면 예롱이>모카>밀크>초코 순이다.

17 ③

㉣, ㉤ 진술을 통해 강 사원이 생산부이거나, 서 사원이 기획부, 진 사원이 홍보부인 것을 알 수 있다. 서 사원이 기획부, 진 사원이 홍보부일 경우 ㉠의 진술 중 참인 진술이 없으므로 강 사원이 생산부이다. 서 사원은 기획부가 아니므로 ㉡의 진술에 따라 진 사원은 총무부이다. ㉢의 진술에서 황 사원은 총무부가 아니므로 영 사원이 인사부이고 이에 따라 ㉠에서 황사원은 기획부가 되고 서 사원은 홍보부이다.

18 ②

타자 B는 풀카운트 상황에서는 반드시 스윙을 한다고 했으므로 투수 A가 체인지업을 던지더라도 스윙을 한다.
① 알 수 없는 진술이다.
③ 타자 B는 풀카운트 상황에서는 반드시 스윙을 하지만 스윙을 하면 반드시 풀카운트 상황이라고 볼 수는 없다.
④ 타자 B는 투수 A가 체인지업을 던지면 스윙을 하지 않는다의 역명제 이므로 항상 참이라고 할 수 없다.

19 ②

위 내용에 따라 건물의 높이가 높은 순서대로 나열하면 다음과 같다.

○○타워-◎◎빌딩-△△타워-◇◇시티

따라서 가장 높은 건물은 '○○타워'이며 가장 낮은 건물은 '△△타워'이다.

20 ④

순서대로 대입하여 비교하여 바뀐 부분을 찾으면 된다.

21 ②

$$\frac{72}{5} \times 2^{-3} \div \frac{3}{25} = \frac{72}{5} \times \frac{1}{8} \times \frac{25}{3} = 15$$

22 ④

물건의 원가를 x원이라 하면,

$1.2x - 2000 - x = 0.15x$, $x = 40,000$(원)이다.

23 ④

물이 증발되어도 설탕의 양은 변하지 않음을 이용한다.

(설탕의 양) = (농도) × (설탕물의 양)

증발된 물의 양을 $x\,g$이라 하면,

$$\frac{3}{100} \times 400 = \frac{5}{100} \times (400 - x)$$

$$1200 = 2000 - 5x$$

$$x = 160g$$

24 ④

A가 출발한 지 x분 후의 위치를 y라 하면 A는 $y = 2x$, B는 $y = 3(x-2)$를 만족한다.

서로 만나는 것은 위치가 같다는 뜻이므로

$$2x = 3(x-2)$$

$$\therefore x = 6(분)$$

25 ③

A~E국 중 고졸 시간제근로자의 비중은 40%로 E국이 가장 높지만 근로자의 수는 알 수 없다.

② C국은 대졸 전일제근로자의 비중이 고졸보다 17%p, 중졸보다 28%p 크므로 최종학력이 높을수록 전일제로 근무하는 비율이 높다고 볼 수 있다.

④ 대졸 전일제근로자의 비중이 가장 높은 곳은 67%로 D국이다. D국의 시간제근로자의 비중은 대졸 19%, 고졸 20%, 중졸 19%로 30%를 넘지 않는다.

26 ②

A국의 무직자의 수는 $15,000 \times 18\% = 2,700$명이고, C국의 무직자의 수가 같으므로 C국의 대졸인원의 28%는 2,700명이 된다. C국의 대졸 인원이 x라고 하면 $x \times 28\% = 2,700$이므로 x는 약 9,643명이다.

27 ①

합격률 공식에 따르면 ⓐ는 $\frac{9,903}{21,651} \times 100 = 45.7\%$, ⓑ는 $\frac{49,993}{101,949} \times 100 = 49.0\%$이다.

28 ③

① 2019년은 2021년보다 매출액은 낮지만 부가가치액은 높다.

② 부가가치액이 가장 높은 해는 2022년이고 서양식 사업체 수가 가장 적은 해는 2018년이다.

④ 총 사업체 수가 가장 적은 해는 2020년이고 총 종사자 수가 가장 적은 해는 2021년이다.

29 ④

④ 물류 시설업과 화물 운송업을 비교했을 때 매출액은 물류 시설업이 높지만 종업원의 수는 화물 운송업이 더 많다.

① 종업원 중 자격증 소지자의 비중은 종합 물류업부터 8.2%, 5.9%, 4.5%, 3.9%, 1%으로 5% 이상인 업종은 종합 물류업, 화물 운송업이다.

③ 종업원 한 명당 매출이 가장 많은 업종은 19.1억 원으로 물류 시설업이다.

30 ④

2019년의 이익에 임의의 수치를 대입하여 도표를 만들어 보면 선택지의 내용들을 확인할 수 있다. 2019년의 이익액을 100으로 가정한 연도별 이익액은 다음과 같다.

	2019	2020	2021	2022
이익액	100	130	143	171.6
이익증가율	–	30%	10%	20%

① 전년대비 이익증가액은 2020년이 가장 크다.

② 2021이 143으로 더 크다.

③ 이익증가율은 30%에서 10%으로 줄었지만 이익액은 143로 증가했다.

31 ②

빈칸의 뒤에서 풍경화의 모든 부분은 그것을 바라보는 한 개인과 관계되어 있음을 말하고 있으므로 빈칸에는 ②의 내용이 적절하다.

32 ②

② 카데킨은 테아플라빈과 테아루비딘으로 이루어져 있는 것이 아니라 산화 과정에서 카데킨의 일부가 테아플라빈과 테아루비딘이라는 또 다른 항산화 물질로 전환되는 것이다.

① 활성산소는 노화나 질병을 일으킬 수 있으며 항산화 물질은 활성산소를 제거해준다.

③ 제조 과정에서 산화 과정이 일어나지 않아서 비산화차로 분류되는 녹차는 카데킨을 많이 함유하고 있다.

④ 테아플라빈은 차의 색깔을 오렌지색 계통의 금색으로 변화시키며 다소 투박하고 떫은 맛을 내게 한다.

33 ②

주어진 글은 협동하며 살아가는 개미를 통해 자연계의 생물들의 생존 법칙이 '적자생존'이 아닌 '공생'임을 강조하고 있다.

34 ③

주어진 글에서는 살아남는 존재들의 비결은 공생이라고 말하고 있다.

35 ③

㉠의 앞에서 격분의 물결이 필수적인 안정성, 항상성, 연속성을 찾아볼 수 없다고 말하고 있으며 ㉠의 뒤에서는 그렇기 때문에 격분의 물결은 안정적인 논의의 맥락 속에 통합되지 못한다고 말하고 있다. ㉠에는 앞에서 말한 일이 뒤에서 말할 일의 원인, 이유, 근거가 됨을 나타내는 접속 부사 '따라서'가 오는 것이 적절하다.

36 ②

㉡의 '소설만 그런 것이 아니다'라는 문장을 통해 앞 문장에 소설에 대한 내용이 와야 함을 추측할 수 있으므로 ㉣이 ㉡ 앞에 와야 한다. 또한 '이처럼'이라는 지시어를 통해 ㉣㉡의 부연으로 ㉢이 와야 함을 유추할 수 있으므로 제시된 글의 순서는 ㉣㉡㉢㉠가 적절하다.

37 ②

이 글은 '문화의 다양성'을 말하고 있다. 따라서 개를 식용으로 하는 우리나라와 그렇지 않은 나라의 차이점을 언급하는 ㉡이 두 부분으로 나누는 지점이라고 볼 수 있다.

38 ④

'버스나 지하철의 경로석에 앉지 말기', '신호등 기키기', '정당한 방법으로 돈을 벌기' 등은 사회 구성원의 약속 이므로, 비록 이 약속이 개인의 이익과 충동하더라도 지켜야 한다는 것이 이 글의 주제이다.

39 ④

(다) 뒤에 '분주하고 정신이 없는 장면을 보여 주고, 나중에 그 모습에 대해서 이야기하게 해 보자.'라는 문장이 언급되고 바로 (라) 뒤에서 '어느 부분에 주목하고, 또 어떻게 그것을 해석했는지에 따라 즐겁기도 하고 무섭기도 하다.'라는 내용이 나온다. 따라서 이 두 문장을 논리적 흐름에 맞게 연결하면서 뒤의 내용을 전체적으로 포괄하기 위해 두 문장 사이에 (A)가 들어가는 것이 적절하다.

40 ④

(가), (다), (라)는 언어의 본질과 은유에 대해 설명하고 있다. (마)는 (다)의 예로 (다) 뒤에 오는 것이 적절하며, (나)는 (마)에 대한 예로 볼 수 있으므로 (마) 뒤에 와야 한다. 따라서 (가) – (라) – (다) – (마) – (나)의 순서로 배열해야 한다.

41 ③

①②④ 회전관계, ③은 △의 형태가 다르며, 직선이 없다.

42 ①

모든 블록이 1면 이상 외부로 노출되어 있다.

43 ③

제시된 전개도를 접으면 ③이 나타난다.

44 ④

④를 반시계 방향으로 90° 돌리면 제시된 그림과 맞아서 직사각형을 이룬다.

45 ②

난간, 다리, 배 등의 잘려진 단면을 보고 유추하여 그림을 배열한다.

46 ②

PTRIFDNFHRUT – PTRIFDN<u>H</u>RUT

47 ③

(파)(하)(나)(라)(파)(하)(차)(사)(나)(가)(타)(파)(사)(바)(차)(자)(바)(라)(나)(마)

48 ④

용수철을 눌렀다가 놓았을 때 원래대로 돌아오려는 힘은 탄성력이다.

49 ③

모세 혈관은 온몸에 그물처럼 퍼져 있어 조직 세포와 물질 교환을 한다.
혈액은 모세 혈관을 지나면서 조직 세포에 산소와 영양소를 공급하고 조직 세포로부터 이산화탄소와 노폐물을 받는다.

50 ③

① 열이 물질의 도움 없이 직접 이동하는 방법은 복사
이다.

   예 태양의 열이 지구로 전달된다.

② 입자가 직접 이동하여 열이 이동하는 방법은 대류
이다.

   예 에어컨을 켜면 방 전체가 시원해진다.

④ 입자의 운동이 이웃한 입자에 차례로 전달되어 열
이 이동하는 방법은 전도이다.

   예 프라이팬의 아래쪽만 가열해도 전체가 뜨거
워진다.

1	2	3	4	5	6	7	8	9	10
②	①	①	②	①	②	③	②	③	③
11	12	13	14	15	16	17	18	19	20
③	②	③	①	④	③	①	②	③	①
21	22	23	24	25	26	27	28	29	30
④	④	④	②	②	①	③	③	③	④
31	32	33	34	35	36	37	38	39	40
①	③	②	③	③	②	③	④	③	④
41	42	43	44	45	46	47	48	49	50
②	①	③	③	②	①	③	①	③	①

1 ②

주어진 단어 보리는 맥주의 재료이다. 우유는 치즈의 재료가 되는 것으로 ②가 적절하다.

2 ①

짓다
㉠ 논밭을 다루어 농사를 하다.
㉡ 묶거나 꽂거나 하여 매듭을 만들다.
㉢ 이어져 온 일이나 말 따위의 결말이나 결정을 내다.
㉣ 시, 소설, 편지, 노래 가사 따위와 같은 글을 쓰다.

3 ①

요해(了解) … 깨달아 알아냄

4 ②

주어진 문장과 ②의 '손'은 '일을 하는 사람'의 의미를 갖는다.
① 여관이나 음식점 따위의 영업하는 장소에 찾아온 사람(손님)
③ 어떤 사람의 영향력이나 권한이 미치는 범위
④ 손가락

5 ①

② 곰삭다 : 젓갈 따위가 오래되어서 푹 삭다.
③ 소화하다 : 섭취한 음식물을 분해하여 영양분을 흡수하기 쉬운 형태로 변화시키다, 또는 고유의 특성으로 인하여 다른 것의 특성을 잘 살려 주다.
④ 일다 : 희미하거나 약하던 것이 왕성하여지다.

6 ②

엄마는 설움에 받쳐 울음을 터뜨렸다.
→'화 따위의 심리적 작용이 강하게 일어나다'의 뜻으로 '받치다'를 쓴다.

7 ③

제시된 글의 '-겠-'은 주체의 의지를 나타내는 어미이다. 따라서 ③에서 쓰이는 '-겠-'이 문맥적 의미가 가장 가깝다.

8 ②

② 레포트→리포트

9 ③

① 대문 밖에서 누군가 서성거리는 모습이 보였다.
② 그 사람이 오간 데 없이 갑자기 사라져 버렸다.
④ 평소의 실력으로 봐서 그 일을 해낼 리가 없다.

10 ③

③ 아무리 급해도 밟아야 할 절차는 밟아야 한다는 뜻이다.

11 ③

주어진 수열은 앞의 항×2−5의 규칙을 가지고 있다.
따라서 빈칸은 197×2−5=389이다.

12 ②

주어진 수열은 +3, −5, +7로 변화 하므로, 빈칸에는 −9가 적용되면, 20−9=11이다.

13 ②

계산법칙을 유추하면 두 수를 곱한 후 두 번째 수를 뺀 것이다.

14 ①

乙은 오늘 알레르기 약을 먹지 않았으므로 강아지를 만나지 않은 것이므로 甲을 만나지 않은 것은 참이다.

15 ④

상자에 남아있는 카드는 모두 하트가 아닌 그림이 그려져 있거나 하트 3장 다른 그림 1장이 들어 있을 수 있다.

16 ③

유나, 주원, 세운이 각각 레몬티, 라떼, 차이티를 주문했고 유나는 차이티, 주원이는 라떼를 마시고 있으므로 세운이는 레몬티를 주문했음을 알 수 있다.

17 ①

조건에 따르면 달리기 시합의 최종 순위는 다음과 같다.
C−B−E−A−D
따라서 2등을 한 사람은 B이다.

18 ②

음악을 들으면 신이 나고 유나는 신이 나면 어떤 잘못도 용서 해주기 때문에 재준이는 유나가 음악을 들을 때 용서를 빌면 용서받을 수 있다.

19 ③

A는 7호선을 탔으므로 D는 1호선을 탔고 따라서 B도 1호선을 탔다. F와 G는 같은 호선을 이용하지 않았으므로 두 사람 중 하나는 1호선을 탔고, 이로써 B, D와 함께 1호선을 탄 사람은 세 사람이 되었다. 따라서 H는 지하철 1호선을 탈 수 없다.

20 ①

오른쪽 도형은 왼쪽 도형에서 삼각형을 1개 뺀 것이다.

21 ④

각 세트에서 A가 이기는 것을 O, B가 이기는 것을 X라 하면 A가 승리하는 경우와 그 확률은 다음과 같다.

$O : \dfrac{1}{3}$

$XOO : \dfrac{2}{3} \times \dfrac{1}{3} \times \dfrac{1}{3}$

$XOXO : \dfrac{2}{3} \times \dfrac{1}{3} \times \dfrac{2}{3} \times \dfrac{1}{3}$

따라서 A가 승리할 확률은

$\dfrac{1}{3} + \dfrac{2}{3^3} + \dfrac{4}{3^4} = \dfrac{37}{81}$

$\therefore \ p+q = 81+37 = 118$

22 ④

14명의 직원 중에서 임의로 뽑은 3명이 선택한 메뉴가

모두 돈까스일 확률은 $\dfrac{_3C_3}{_{14}C_3}$

14명의 직원 중에서 임의로 뽑은 3명이 선택한 메뉴가

모두 제육볶음일 확률은 $\dfrac{_5C_3}{_{14}C_3}$

14명의 직원 중에서 임의로 뽑은 3명이 선택한 메뉴가

모두 연어덮밥일 확률은 $\dfrac{_6C_3}{_{14}C_3}$

따라서 구하는 확률은

$$\dfrac{\dfrac{_3C_3+_5C_3}{_{14}C_3}}{\dfrac{_3C_3+_5C_3+_6C_3}{_{14}C_3}}=\dfrac{1+10}{1+10+20}=\dfrac{11}{31}$$

23 ②

20% 설탕물의 양을 Xg이라 하면, 증발시킨 후 설탕의
양은 같으므로

$X\times\dfrac{20}{100}=(X-60)\times\dfrac{25}{100}$에서 $X=300$이다.

더 넣은 설탕의 양을 xg이라 하면,

$300\times\dfrac{20}{100}+x=(300-60+x)\times\dfrac{40}{100}$

$x=60$

24 ①

A : $\dfrac{6\sqrt{37}}{42}=\dfrac{\sqrt{36\times37}}{42}=\dfrac{\sqrt{1,332}}{42}$

B : $\dfrac{7\sqrt{34}}{42}=\dfrac{\sqrt{49\times34}}{42}=\dfrac{\sqrt{1,666}}{42}$

$\therefore A<B$

25 ②

1□□일 때 140 이상인 경우는 142, 143이고,

2□□, 3□□, 4□□은 무조건 140 이상이므로

$3(3\times2)=18$

$\therefore$ 총 경우의 수는 20이므로 $A<B$

26 ①

주어진 공식을 이용해 총 매출액을 구하면

총 매출액 $=\dfrac{전자제품 매출액\times100}{전자제품 매출액 비율}$이다.

따라서 총 매출액이 높은 순서대로 나열하면 A(90.0)
→C(85.8)→B(62.4)→D(55.9)이다.

27 ③

③ 노지의 규모는 $3,056.4\to2,722.0\to2,305.1$로 매
년 감소하고 있다.

① 화훼 재배시설의 규모는 $2,308.6\to2,214.3\to2,048.2$
로 매년 감소하고 있다.

② 2022년 철골유리는 74.5ha, 철골경질은 146.0ha로
철골유리의 2배(149ha)에 미치지 못한다.

④ 재배시설의 소계가 2,308.6이므로 ⓐ에 들어갈 수
치는 $2,308.6-(50.1+129.6+50.6)=2,078.3$이다.

28 ③

7가지 색에서 4가지 색을 선택하는 방법의 수는 $_7C_4$,
선택된 4가지 색에서 1가지 색을 선택하는 방법의 수
는 $_4C_1$이고 이것을 가운데 ▽부분에 칠하며, 나머지 3
가지 색을 둘레에 칠하는 방법의 수는 원순열에 해당
하므로 $(3-1)!$

$\therefore {_7C_4}\times{_4C_1}\times(3-1)!=280$(가지)

29 ③

다음은 한주가 지불하게 될 피자의 금액이다.

메뉴	가격	비고
페퍼로니 피자	23,600	-
포테이토 피자	21,000	주말은 할인사항 없음
스테이크 피자	20,150	**통신사 멤버십 35% 할인
슈림프 피자	21,540	신 메뉴 행사 40% 할인

30 ④

    ⓐ$=797+361=1,158$

    ⓑ$=1,637-433=1,204$

    ⓒ$=2,081-1,451=630$

    ⓓ$=2,582-(556+361+433+399+630)=203$

31 ①

글의 전개는 일반적인 내용에서 구체적인 내용으로 세분화되어 전개되어야 한다.

ⓛ 인간이 소중히 여기는 이념과 가치→ⓒ 숭고한 이념이나 가치의 종류→ⓔ 이론적 측면과 실천적 측면→ⓖ 실천적 측면의 내적 측면과 외적 측면

32 ③

주어진 지문의 내용에 따르면 나보다 뒤에 났더라도 나보다 먼저 도를 들었다면 스승이라 할 수 있다고 하였고 나보다 먼저 났다고 해도 도를 듣지 못한 이는 스승이라 할 수 없다.

33 ②

주어진 글은 사고 활동과 표현 활동의 관련성을 주장하며 서로 떼려야 뗄 수 없는 상호 협력적인 관계에 있음을 말하고 있다.

34 ③

빈칸의 뒤에는 말을 하거나 글을 쓰는 것과 같은 생산적인 행동에는 사고 작용이 따르며, 생산적인 행동 뒤에 사고 작용으로 발전된 생각을 얻기도 한다고 말하고 있으므로 ③의 내용이 적절하다.

35 ③

파리지옥이 저작운동을 한다는 내용은 없으며 수액을 분비해 곤충을 소화한다고 하였다.

36 ②

㉮ 시장에 나온 상품의 자립성→㉰ 주체가 된 상품→㉱ 시장 법칙에 지배를 받는 상품→㉯ 인간을 지배하게 된 상품

37 ③

㉠은 앞문장과 구체적인 예시를 이어주고 있으므로 예시를 나타내는 접속사가 어울리며 ㉡은 앞문장과 뒷문장을 동등하게 연결하는 '그리고'가 어울린다.

38 ④

창의성의 발휘는 자기 영역의 규칙이나 내용에 대한 이해뿐만 아니라 현장에서 적용되는 평가 기준과 밀접한 관련이 있다는 것이 중심 내용이다.

39 ③

마지막 문장에서 두 시대가 차례로 이어진다고 했으므로 ③의 내용은 옳지 않다.

40 ④

걸출한 커뮤니케이터들이 정치무대의 중심에 등장했고, 이들의 말 한마디가 세상을 바꾸고 있다고 했으므로 ④가 들어가는 것이 적절하다.

41 ②

해설) 제시된 그림에서 시계 방향으로 90° 회전하였을

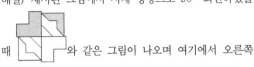

때 와 같은 그림이 나오며 여기에서 오른쪽

으로 뒤집었을 때 와 같은 그림이 나오게

된다. 마지막으로 반시계 방향으로 다시 90° 회전시켰

을 때는 와 같은 그림이 나오게 된다.

42 ①

②③④ 회전관계, ①은 모양이 다르다.

43 ③

바닥면부터 블록의 개수를 세어 보면, 9+6+1+1=17개
이다.

44 ③

① 정면, 측면의 모양이 다르다.
② 정면의 모양이 다르다.
④ 평면, 정면, 측면의 모양이 다르다.

45 ②

다음에 표시된 맨 아래층 블록 1개와 2층의 블록 1개가
어디서도 보이지 않는다.

2	1	1	2	4
1	0	1	3	
1	2			
4				

2	1	3
1	0	3
3	3	

46 ①

自玄音魚石米首比艮 － 自玄音魚舌米首比艮

47 ③

쿵쾅쿵쾅두근두근킹콩을 거꾸로 쓰면 콩킹근두근두쾅쿵
쾅쿵이 된다.

48 ①

지표면으로부터 높이 올라갈수록 공기의 양이 적어 대
기압이 작아지기 때문에 풍선의 부피가 커지다 결국
터진다.
②③④ 현상은 기체의 온도와 부피 사이의 관계와 관
련된 현상이다.

49 ③

① 천체의 일주 운동은 지구 자전에 의해 나타나는 현
  상이다.
② 지구는 자전축을 중심으로 하루에 한 바퀴씩 회전
  하므로 360° ÷ 24시간 = 15°/시이다.
③ 북극성은 천구의 북극 가까이에 위치하며, 북반구
  중위도에서 북쪽 하늘의 별들은 북극성을 중심으로
  시계 반대 방향으로 돈다.

50 ①

전도는 고체에서 열의 이동 방법이다. 뜨거운 국그릇에
넣어 둔 숟가락이 뜨거워지는 것이나, 프라이팬의 아래
쪽만 가열해도 전체가 뜨거워지는 것은 모두 전도에
의한 현상이다.
ⓛ 대류에 의한 현상이다.
ⓔ 복사에 의한 현상이다.

서원각 용어사전 시리즈

상식은 "용어사전"

용어사전으로 중요한 용어만 한눈에 보자

중요한 용어만 공부하자!

❋ **시사용어사전 1200**

매일 접하는 각종 기사와 정보 속에서 현대인이 놓치기 쉬운, 그러나 꼭 알아야 할 최신 시사상식을 쏙쏙 뽑아 이해하기 쉽도록 정리했다!

❋ **경제용어사전 1030**

주요 경제용어는 거의 다 실었다! 경제가 쉬워지는 책, 경제용어사전!

❋ **부동산용어사전 1300**

부동산에 대한 이해를 높이고 부동산의 개발과 활용, 투자 및 부동산 용어 학습에도 적극적으로 이용할 수 있는 부동산용어사전!

- 최신 관련 기사 수록
- 다양한 용어를 수록하여 1000개 이상의 용어 한눈에 파악
- 용어별 중요도 표시 및 꼼꼼한 용어 설명
- 파트별 TEST를 통해 실력점검